墨色将至

晚清关键事件中的名人和书札

李俭 著

九州出版社
JIUZHOUPRESS

目录

第一章

鸦片战争

道光二十年五月二十九日（1840 年 6 月 28 日），英军总司令懿律率领四十余艘舰船封锁珠江口。通常，这一天被视为鸦片战争正式爆发的日子。如果以朝廷正统观念厘定，这本不过是一次普通的以夷侵华。也就是说，和普通的外族犯边并无二致。

不过，事情并没有那么简单。这次战争的主角变了，主角不再是人，而是物——一种从一年生草本植物罂粟中提炼出来的棕色或金黄色块状物体，以前被当作药物，现在则是可吸食的奢侈品，它有一个奇怪的名字，叫作“鸦片”。资料显示，罂粟的种植最早从小亚细亚开始，经过漫长的岁月，在整个世界蔓延开来。当一个个瘦骨嶙峋的“烟”人躺在炕上吞云吐雾时，田野中绚烂华美的大朵罂粟花，似乎散发着说不出的邪恶。

主角变了，战争的性质也就随之而易。

始于 15 世纪的地理大发现又叫大航海时代。地理大发现虽非一次严格意义上的宏伟发现，但航海却进入了一个波澜壮阔的时代。随着航海技术和蒸汽技术的突破，“欧洲中心主义”亦即以欧洲人眼光看世界的日子开启了，随之而生的将是白银、茶叶、奴隶和殖民地等等，被殖民主义和自由贸易主义改造成“消费品”或“商品”。自 18 世纪 70 年代，英国的贸易之手就从遥远的英吉利海峡伸向被马可 · 波罗神化了的中国。

白银外流和鸦片外入，已成为老大帝国说不出的痛。“鸦烟流毒，为中国三千年未有之祸。”1821 年至 1834 年，清朝就八次颁布禁令。谁知事与愿违，禁令颁布越多，鸦片流入越多。道光十九年（1839），输入中国的鸦片已高达四万多箱。英军到达珠江口之前，中英贸易战已经开始了。我们甚至可以说，这样一场商品战争，最初与任何“主义”以及现代化都毫无关系。

如果说浙江仁和（今杭州）人许乃济（1777—1839）在中国史上能够占有一席之地，不是因为这位嘉庆十四年（1809）的进士曾担任过太常寺少卿，而是因为其写过一道奏折。道光十六年（1836）农历四月二十七日，许乃济上《奏为鸦片烟例禁愈严流弊愈大应亟请变通办理折》，提出了历史上著名的“弛禁论”，他认为禁止鸦片，流弊甚多，不如把鸦片当作药材，“仍用旧例……只准以货易货”，官员、士人、兵丁“不得沾染恶习”，“民间贩卖吸食者，一概勿论”，“内地得随处种植”。他说，只需二十年，鸦片就会禁绝。

许乃济的核心意思是，鸦片贸易要合法化。有研究说，曾担任过广东按察使的许乃济之所以能提出“弛禁论”，一方面与广东曾经实施弛禁相关，另一方面是得到了两广总督邓廷桢的支持。“弛禁论”有没有效果并不知道，因为没有实施的机会。不过，这个折子却受到了鸦片贩子的欢迎，英国驻华商务监督义律报告本国外务大臣巴麦尊说：“许乃济弛禁论的直接影响将要刺激印度的鸦片种植。”据说，十三行商人闻风也向邓廷桢提出了鸦片种植合法化的举措。

鹾務易盐以錢而交課以銀盐商賠累甚重遂使各省鹾務俱
形疲敝州縣徵收錢粮其賠累亦復相同以中原易盡之藏填
海外無窮之壑日增月益貽害將不忍言或欲絶夷人之互市
為拔本塞源之說在
天朝原不惜捐此百餘萬之税餉然西洋諸國通市舶者千有餘年
販鴉片者止暎咭唎耳不能因絶暎咭唎並諸國而概絶之瀕海數
十萬衆恃通商為生計者又將何以置之且夷船在大洋外隨地可
以擇島為廛内洋商船皆得而至又烏從而絶之比歲夷船周歷閩
浙江南山東天津奉天各海口其意即在消售鴉片雖經各地方官當
時驅逐然聞私售之數亦已不少是雖絶粤海之互市而不能禁止
私貨之不來或謂有司官查禁不力致令鴉片来者日多然法令
者胥役棍徒之所藉以為利法愈峻則胥役之賄賂愈豐棍徒之計
謀愈巧道光元年兩廣督臣阮元嚴辦澳門屯戶葉恒樹夷商無可託足因自販於
零丁洋其地在蚊門以外水路四通有大船七八隻終歲停泊收貯鴉片烟謂之躉船
有省城包買戶謂之窑口由窑口兑價銀於夷館由
夷館給票單至躉船取貨有來往護艇名曰快蟹
亦曰扒龍砲械畢具七命數十輩運槳如飛所過關
卡均有重賄遇兵役巡船向捕輒敢抗拒互致殺傷
前督臣盧坤調派水師副將秦裕昌香山縣知縣田

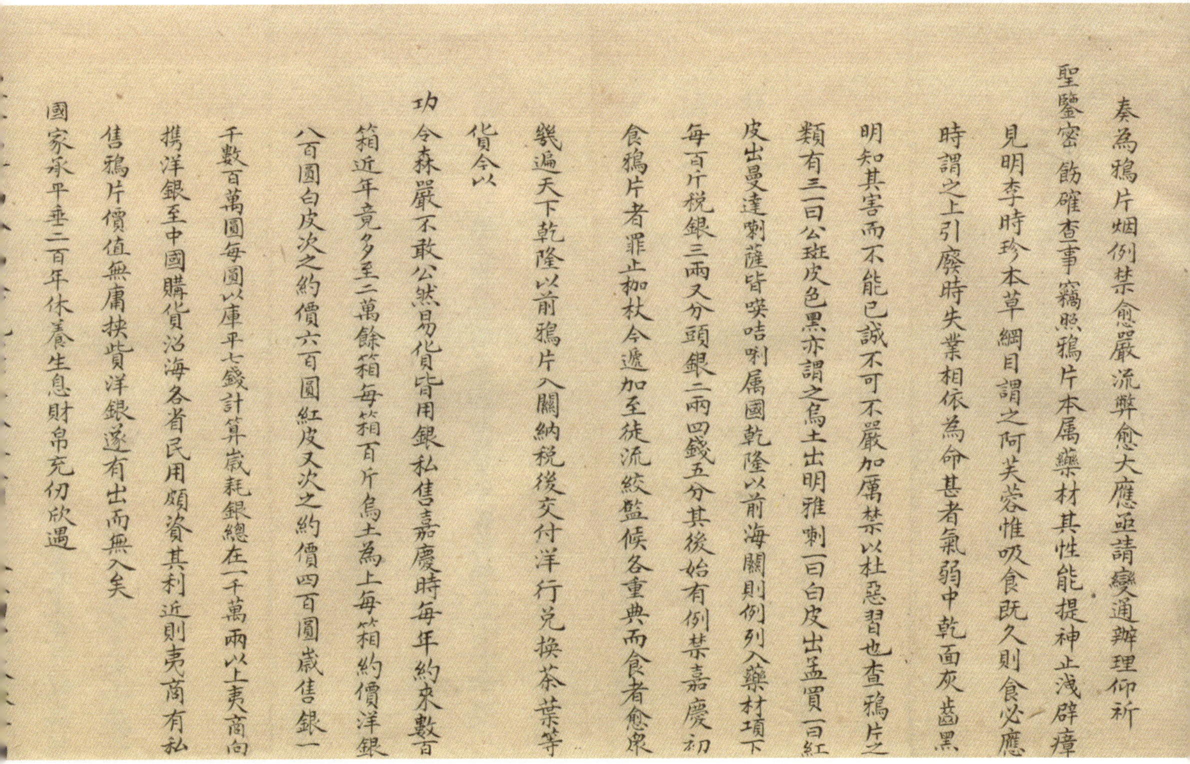

奏為鴉片烟例禁愈嚴流弊愈大應亟請變通辦理仰祈
聖鑒密飭確查事竊照鴉片本屬藥材其性能提神止洩辟瘴
見明李時珍本草綱目謂之阿芙蓉惟吸食既久則食必應
時謂之上引廢時失業相依為命甚者氣弱中乾面灰齒黑
明知其害而不能已誠不可不嚴加厲禁以杜惡習也查鴉片之
類有三一曰公班皮色黑亦謂之烏土出明雅喇一曰白皮出孟買一曰紅
皮出曼達喇薩皆暎咭唎屬國乾隆以前海關則例列入藥材項下
每百斤稅銀三兩又分頭銀二兩四錢五分其後始有例禁嘉慶初
食鴉片者罪止枷杖今遞加至徒流絞監候各重典而食者愈衆
幾遍天下乾隆以前鴉片入關納稅後交付洋行兌換茶葉等
貨今以
功令森嚴不敢公然易貨皆用銀私售嘉慶時每年約來數百
箱近年竟多至二萬餘箱每箱百斤烏土為上每箱約價洋銀
八百圓白皮次之約價六百圓紅皮又次之約價四百圓歲售銀一
千數百萬圓每圓以庫平七錢計算歲耗銀總在一千萬兩以上夷商向
携洋銀至中國購貨沿海各省民用頗資其利近則夷商有私
售鴉片價值無庸挾貲洋銀遂有出而無入矣
國家承平垂二百年休養生息財帛充仞欣遇

许乃济奏《鸦片烟例禁愈严流弊愈大应亟请变通办理折》

弛禁於政體攸關不知觴酒衽席皆可戕生附子
烏頭非無毒性從古未有一一禁之者且弛禁僅屬
愚賤無職事之流若官員士子兵丁仍不在此數似無
傷於政體而以貨易貨每年可省中原千餘萬金
之偷漏孰得孰失其事瞭然倘復瞻顧遲回徒徇
虛體竊恐鴉片終難禁絶必待日久民窮財匱
而始轉計則已悔不可追臣以一介菲材由給事中
仰沐
聖恩拔擢歷官中外前任嶺表監司幾十年報稱毫
無深自愧恨而於地方大利大害未嘗不隨時訪問
因見此日查禁鴉片流弊日甚一日未有據實直
陳者臣既知之甚確曷敢壅於
上聞伏乞
皇上敕下粵省督撫及海關監督家查以上各情節如
果屬實速議變通辦理章程奏請
宸斷施行庶足以杜漏卮而裕
國計臣不勝悚惶待命之至謹
奏
再臣更有請者鴉片煙土係用罌粟花結苞時刺取

灣等拿獲梁顯業販賣鴉片船隻起出烟泥一
萬四千餘斤格殺生擒者共數十人並按治窑口匪
犯姚九歐寬等籍產入官查辦非不認真而此風
終未能戢蓋凡民之畏法不如其騖利鬼蜮伎倆法
令實有時而窮更有內河匪徒冒充官差以搜查
鴉片為名乘機搶劫臣前在廣東署臬司任內報
案紛紛至栽贓訛詐之案尤所在多有良民受累
者不可勝計此等流弊皆起自嚴禁以後究之食
鴉片者率皆游惰無志不足重輕之輩亦有年邁耆
艾而食此者不盡促人壽命海內生齒日衆斷無減
耗戶口之虞而歲竭中國之脂膏則不可不大為之防
早為之計今閉關不可徒法不行計惟仍用舊例
准令夷商將鴉片照藥材納稅入關交行後只准以
貨易貨不得用銀購買夷人納稅之費輕於行賄在彼
亦必樂從洋銀應照紋銀一體禁其出洋有犯被獲
者鴉片銷燬銀兩充賞至文武員弁士子兵丁等或
效職從公或儲材備用不得任令沾染惡習致蹈廢
時失業之愆惟用法過嚴轉致互相容隱如有官員
士子兵丁私食者應請立予斥革免其罪名寬之正
所以嚴之也該管上司及保結統轄官有知而故縱者

许乃济“弛禁论”遭到许多重臣的极力反对，其本人两年后由三品降为六品，且被勒令退休，又过一年，在非议中离世。敌人欢迎的就是我们反对的，许乃济被认为代表了鸦片贩子的利益，并和吃“鸦片饭”的腐朽官员站在了一起。庆幸的是，他距离“卖国贼”的帽子尚有咫尺——如果不是死得早，也许和琦善一样，上了被清算的名单。许乃济上折后两年，即道光十八年（1838）闰四月初十日，鸿胪寺卿黄爵滋（1793—1853）也上了一折，就是这一折，让他在中国史中成为和林则徐并列的名臣之一。

黄爵滋，江西宜黄人，道光三年（1823）进士。一般提起他，会冠以政治家、思想家和文学家之名，史书中也称，其人和龚自珍、魏源等友善，“以直谏负时望，遇事锋发，无所回避”。如果料想不错，此人当是清流。“清流”二字出自《汉书·礼乐志》：“犹浊其源而求清流。”在《三国志·魏志》中，被视为德行高洁且有名望的士大夫，后来演化为统治阶级内部政治派别的代称，东汉末、北宋末、明末均有。到了晚清，清流更是层出不穷，其最大特点是褒贬时弊，嘴上先痛快一番，赚个直名。

在《请严塞漏卮以培国本折》中，黄爵滋一下子就抓住了鸦片贸易的要害，即白银大量外流，导致国帑空虚，欲扭转困局，必须“先重治吸食”，他说：“以中国有用之财，填海外无穷之壑，易此害人之物，渐成病国之忧，日复一日，年复一年，臣不知伊于胡底。”白银耗费多，是因为吸食者众，“无吸食，自无兴贩，则外夷之烟，自不来矣”。他提出的新办法是，限期吸食者一年戒掉，否则置之重刑。

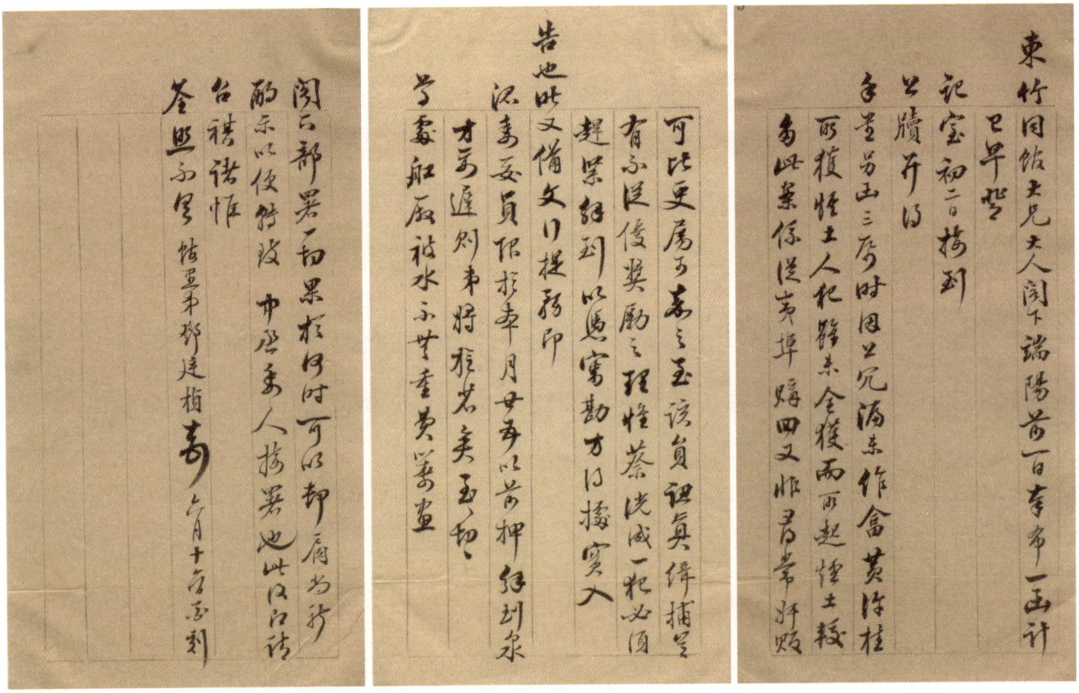

東竹同館大兄大人閣下端陽前一日肅布一函計
已早登
記室初二日接到
大牘并悉
手書另函三件時因兄冗滿未作答黃許桂
所獲煙土人犯雖未全獲而所起煙土較
多此案係從寬辦理四文非君常抒悃
可比更屬可喜之至該員認真緝捕實
有不從優獎勵之理惟蔡洪成一犯必須
趕緊緝到以憑實勘方得據實入
告也此又備文行提務卽
深感委員限於本月廿五以前押解到泉
才可遲則本將擬若矣至切
此番船廠被水不甚重要蒙查
閣下部署一切果於何時可以卸肩為祈
酌示以便銷假 中丞委人接署也此以口請
台祺諸惟
荃照不宣 愚弟鄧廷楨頓首 六月十六日亥刻

邓廷桢致东竹同馆大兄大人函

道光（1782—1850）将该折发给各地将军督抚，令其“各抒己见，妥议章程”。

道光可能是个好皇帝，他最卓越的特点是“节俭”。1821年，即道光元年，甫一登基，这位清朝唯一以嫡长子身份继位的皇帝，就颁布《御制声色货利论》，声称“百姓不足，君孰与足”，以倡俭朴。《满清外史》载，道光的衣服一个月才换一次，破了，补一补再穿，节俭程度，皇帝中无人可出其右。这怨不得他。等道光当了清朝第八位皇帝，因剿白莲教起义和张格尔叛乱，国库已几无一文。仅仅将禁烟视为清流的鼓吹，显然不符合实际。不当家不知柴米贵，黄爵滋的折子击中了道光的心坎儿。

道光收到的二十九份将军督抚奏折中，仅有八份赞同黄爵滋吸烟者诛的主张，其中包括湖广总督林则徐、两江总督陶澍，而有十九份主张查禁的重点是海口而不是吸食者。这意味着重臣们多不同意黄爵滋的主张，却也不敢重启许乃济之议。茅海建《天朝的崩溃》据此认为，“当道光帝在谕旨中已明显表露其倾向时，没有一位大臣敢用自己的乌纱帽开玩笑”。

道光十八年九月二十三日（1838年11月9日），道光下令远在湖广总督任上的林则徐进京陛见。这道圣旨意味着，禁烟的主张在皇帝的心里生了根。很多研究表明，该决定与一天前的一件事密不可分。九月二十二日（11月8日），直隶总督琦善报告说，他在天津查获鸦片十三万两，而这些毒品，都是从广东运来的。此时，琦善还是禁烟的最大功臣之一，距离他自战争前线被锁拿进京问罪尚有两年零两个月。

林则徐（1785—1850），福建侯官人，有理由相信，他本人或父辈因仰慕武穆岳飞为人，而以“少穆”字之，嘉庆十六年（1811）中进士。在六十五年的人生岁月里，林则徐曾任湖广总督、陕甘总督、云贵总督。这位普通的清朝官员，因为鸦片，即将成为中国近代史上最著名、最正面的人物，且没有之一。

道光十八年十月七日(11月23日),林则徐接到诏书,四天后即动身赴京。现在，已无法猜想林则徐在旅途驿站中内心的波澜，只知道半年后，因虎门销烟，林则徐将自己“羽化”为家喻户晓的民族英雄。道光十八年十一月十日（1838年12月26日）至十一月二十一日（1839年1月6日），林则徐在京十二天，被道光单独召对八次，每次二至三刻。有资料还称，林则徐被赏紫禁城骑马。十一月十五日（12月31日），他被任命为钦差大臣，统领广东水师，查禁鸦片。

一则坊间的资料对林则徐“睁眼看世界第一人”的形象是不利的。传说，道光帝问，听说鸦片里掺了小孩儿的肉？林则徐说，估计是掺了乌鸦的肉，故而叫鸦片。这一传闻似乎并不可靠。不过，嗣后不久诸多事宜均表明，熟悉官场掌故的林则徐对夷人并不那么了解。道光十九年正月二十五日（1839年3月10日），林则徐抵达广州。他的第一个大动作就是将三百五十多

道光壬寅四月督西川過華陰邑侯

海珊姜兵招遊華山同遊太陳廣堂

判間石雨彩至及火子沖方也悒途賦

得一章東海珊莞約陳判三羣同作

雲生先生閒而見和且為心華飛圖

鈞翰雙美深感其意因錄菊詩寺

彙昌布判至

神君管領金天嶽坐對三峯尊

未足以錄喜世家坐作我逼西京失

不速櫻首廚閒浴佛時起輒叔衡

事体沐瀨靈官啓訪群山

清白園林對東宿

自別雲遊山淵一夕宿遊陵嚴天氣半陰晴畫水苦煩

宵秉燭什救苦鞋結時侶泗樓茶鍋

付僮傑雲觀東約象雲王聚院中

臉瀨玉同宿名挾宿膝具初坡陀蹉

拍候峯疊舉迴路旦客逢往

在山忽懲徑悕迤懺捷磨孫砡攀

踏鉆上竹萌鐵依稀玉蘊臺丹砂隱

現張起谷莎霍圩与青柯坪小憩閒

哥道老陵過此嶠嶺金危絕鐵

錄嶠夌手難偶五手伊唆徒詧步

十八盤經程驗目高掌真鬓百靈

攀陟頂愿學昌黎哭游人玉岫悃

山靈壽隥偁人何太酷誰去山更怪

人頹世瑞跳踦宇其胘莙山峭拔

奉天咸但以骨挺不以陶呼汲岁岁

帝座通邇趑一任人凡侄岁男趑諮

乃出塵上感蔍神遠民禧瀘骨

自己曾雲生秀謹堂徒尊山係布

夷石宝名畫同招廣海霞仙庵永甚

梁四山廣搬我華山公峯保石

枘腷寧亦芳

山陽逸勝對人上三祝

戈人仍日隆崖攷茅屋惟期坤岛此

少穆弟林別字和榮

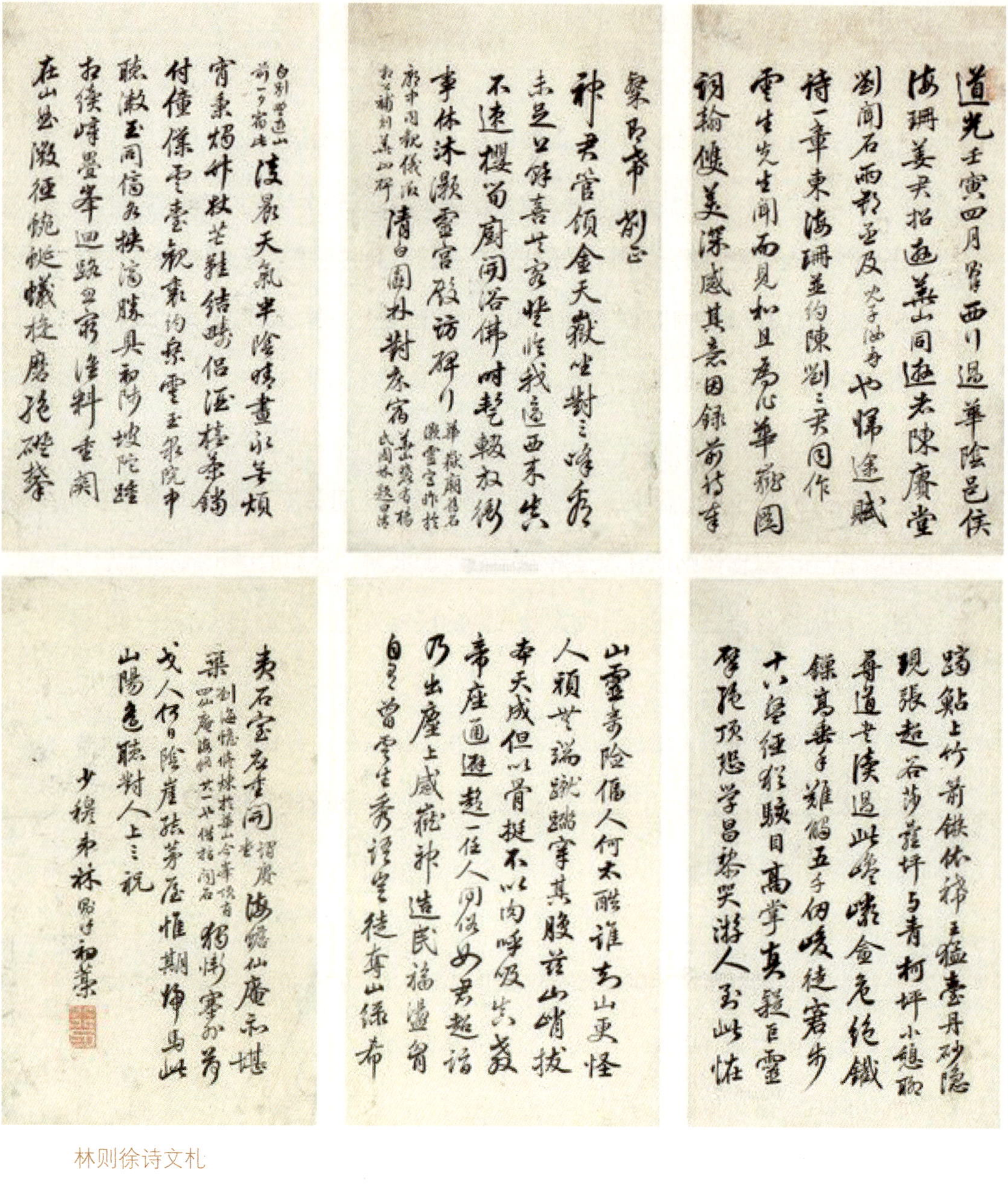

名鸦片贩子扣押起来，勒令交出鸦片。以下情节我们都有如目睹了，四月二十二日（6月3日），林则徐下令销烟，历时二十三天方完成，道光闻讯，欣喜万分：“可称大快人心事！”

没有人意识到，鸦片战争自四月二十二日（6月3日）甚至于去年九月二十二日（11月8日）就开始了；也没有人意识到，林则徐的壮举，将由远在北京的琦善背锅：林则徐和琦善同样的举动将面临不一样的结局。如果说在时代面前，林则徐和琦善没有选择，一个国家有得选择吗？答案是艰难的，不过，至少有人根据日本明治维新的经验得出这样的结论：和。“和”意味着委曲求全，在谋得一个现代化新国后再作他图。而如果“和”，谁照顾我们的民族大义和自尊？在大是大非面前，根本就不存在回旋、喘息、讨价还价的余地。

但根据今天的资料，我们已经知道，林则徐的做法还有可商榷的余地。

林则徐站在虎门看着一箱箱鸦片化为烟尘时，相关情报已经在奔向英国的路上。最初，英国或许并没有侵华的打算，这不是为英国辩解：他们要的是所谓的自由贸易，自由贸易不可得，当然战争会随之而来。这是强者的逻辑，自由贸易和战争不过是一体两面。同年九月，关于是否开战的辩论和一艘艘战舰开往中国，是同时开始的。而此前的七月二十四日（9月1日），尚沉浸在销烟之得的林则徐，做出了这样的判断：“知彼万不敢以侵凌他国之术窥伺中华。”至于兵船，在他看来，不过是“虚张声势”。次年二月，离鸦片战争正式打响只有几个月的时间，林则徐在给朋友怡良的一封信中，依旧认为英国所来二三十只船，乃“虚张声势”。

结果众所周知。道光二十年六月初（1840 年 7 月），定海失陷，知县、总兵阵亡。攻陷定海，懿律又虚晃一枪，声东击西，率主力直扑天津大沽口。可见，多少年前，洋人就熟悉《孙子兵法》或所谓的“斩首行动”了。七月初（8 月），英船进逼，京畿危急。道光震怒，九月四日（9 月 29 日），将林则徐撤职。同时，改任琦善为钦差大臣，又令两江总督伊里布查清英军攻占定海事因。

不难理解道光的心境。道光十九年十二月一日（1840 年 1 月 5 日），以为大局已定的道光解除林则徐钦差之责，改任两广总督。孰料想，不到半年，这些“虚张声势”的夷人竟然打到了天津。残酷的现实让道光意识到，“虚张声势”的恰恰是林则徐。显然，他已经忘记了派林则徐禁烟的正是自己。在一道由琦善向英方宣布的谕旨中，道光指责林则徐“受人欺蒙，措置失当”，而英方则是冤枉的，道光要做的就是“逐细查明，重治其罪”。“其”指的是林则徐。也许考虑到了林则徐的功劳和苦劳，才留了情，命“交部严加议处，来京听候部议”。十月初一（10 月 25 日），又令林则徐暂留广州，候琦善审问。次年闰三月十一日（1841 年 5 月 1 日），林则徐接到圣旨，降为四品卿衔。奕山广州之战失利后，林则徐成了“替罪羊”，五月初十（6 月 28 日），革去四品卿衔，“从重发往新疆伊犁，效力赎罪”。

追根究底，如果过于指摘林则徐，也冤枉了他。林则徐无疑是能吏，也有可能是廉吏，史料中有限的关于林则徐收授馈赠的记录，不过是一种陋规，且数额不大。事实证明，除了道德操守，他的视界和治政手段比同时代的臣子究竟高出多少，也可以探讨。

但他的命运 / 声名似乎比琦善、奕山、邓廷桢好不少。

道光二十年九月初八（1840年10月3日），道光帝诏革林则徐、邓廷桢职。此前，新任钦差已南下。当然，懿律也同意南下。前来收拾烂摊子的琦善，在对方开出的天价条件中举棋不定，他所能做的似乎就是在对方约见会谈时坚持一个字：躲。大鼻子先生们等不及了，十二月十五日（1841年1月7日），英军突然攻陷沙角、大角炮台。而此时，道光还在挥笔疾书："逆夷再或投递字帖，亦不准收受，亦不准遣人再向该夷理论。"

这意味着，当琦善试图拿着《穿鼻草约》和夷人谈判时，决策中枢一直沉浸在奋力围剿的设想里。

一和一战，道光和琦善成了粘不到一起的两张皮，整个古老帝国正在这场互不着调又息息相关的游戏里，深深沉沦下去。

道光二十一年正月初八（1841年1月30日），奕山被任命为靖逆将军，主持广东军务。正月二十九日（2月20日），道光收到林则徐密友怡良关于琦善私许香港的密折，下令将其革职拿问。需要补充的是，整个朝野，蔓延着琦善“贿和”的说法。六天后，虎门之战打响，仅七个小时，战斗结束，水师提督关天培战死。闰三月，英军逼近广州城。下旬，奕山求和，签订《广州和约》，内容是：向英军缴纳六百万元赎城（广州）费。

英军几次探底，一定暗自窃喜，这个庞大的帝国原来是个纸老虎。他们发现了一个更大的商机：战争将比鸦片贸易更赚钱，且一本万利。在洋人的日历中，1841年8月下旬，新任全权公使璞鼎查率英舰自香港北犯攻陷厦门，9月英军侵犯台湾，10月攻陷定海、镇海、宁波。需要特别提出的是，定海保卫战中，三位总兵葛云飞、王锡朋和郑国鸿同日阵亡，五千余官兵殉国。次年6月，英军攻陷宝山、上海。当英军溯江而上到达江宁时，迎接他们的是盛京将军耆英和中国近代史上第一个不平等条约——《南京条约》。

道光二十二年七月二十四日（1842年8月29日），条约签订当日，战争结束。当然，结束的只是第一次鸦片战争，此后，战争将像瘟疫一样，在整个古老的中国大地上蔓延成灾。

林则徐和琦善是鸦片战争中的两面镜子。林则徐充军伊犁后，被启用为署陕甘总督、陕西巡抚，又晋升云贵总督，在任钦差大臣去镇压起义路上病死。琦善被查抄家产后，也没一棒子打死，而是先后任驻藏大臣、热河都统、四川总督、陕甘总督等职。咸丰二年（1852），琦善任钦差大臣，建“江北大营”，以之为基地，出击太平军，咸丰四年（1854）秋，殁于军中。

仕途波折几乎相同的两个人物，面对的是截然不同的命运，林则徐成为民族英雄，琦善则饱受批评。他唯一值得欣慰的是，学术界认为他主持的《穿鼻草约》是近代史上代价最小的条约。

是非成败转头空。这千秋功过，谁又一时能够说得清？

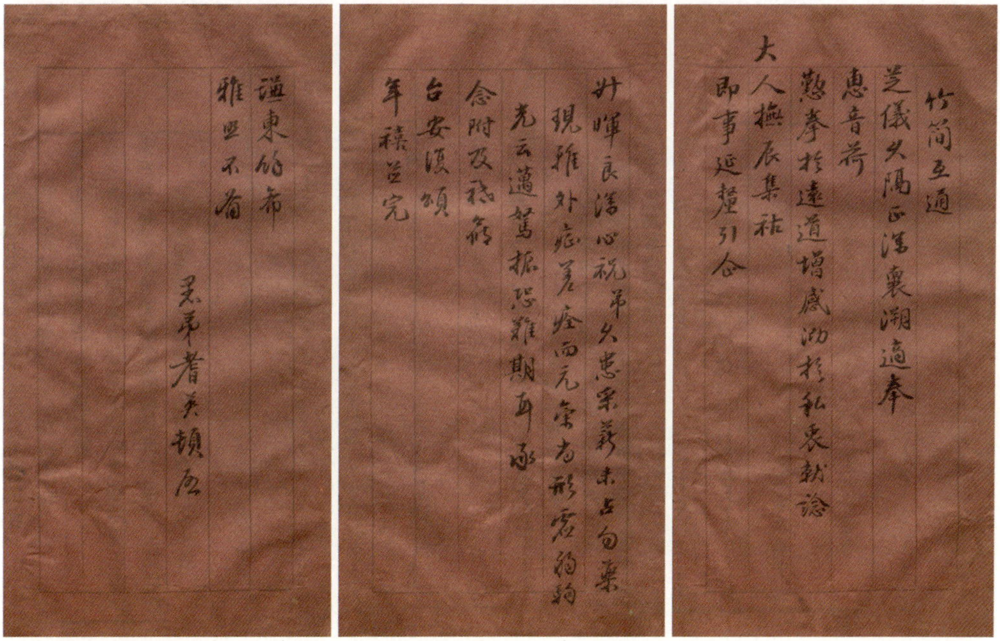

耆英信札

第二章

太平天国

咸丰二年（1852）十二月十三日，在籍丁忧的礼部右侍郎曾国藩接到天子谕旨，受命帮同湖南巡抚张亮基督办该省团练。此前，像曾国藩这样的团练大臣已任命了几十位。在冠冕堂皇的理由中，咸丰极有可能怀有有枣没枣打一竿子的心思。文人曾国藩并非天生就是办团练的料儿。六月，曾国藩奉旨出任江西正考官，七月，母卒，由太湖返乡。让一个礼部官员办团练，实在是不得已而为之。去岁，太平天国起义爆发，一时间，星火燎原，让整个朝廷不得半分安宁。

国库空虚，兵不堪用，咸丰能做的似乎唯有举用团练一途。

谁也没有料想，这一纸任命即将改变整个国家的权力版图。太平天国起义固然被扑灭了，私人武装亦将成为日后逼宫的主要力量——除了听信粮饷，新军只遵从于“操练者”。此外，汉臣将和满臣在帝国的舞台分庭抗礼。也就是说，汉臣自此腰杆子硬了，不需要再仰提着笼子遛鸟、盘着核桃遛弯、闻着鼻烟壶通窍的八旗子弟之鼻息。

谁说“百无一用是书生”？书生当国，恰恰起于这一纸任命。

日后封伯的曾国藩曾经是一个清流。曾国藩（1811—1872），字伯涵，号涤生，湖南湘乡（今娄底）人，道光十八年（1838）中进士，后入翰林院，为军机大臣穆彰阿门生。累迁内阁学士、礼部侍郎。曾国藩自以为满腹经纶，

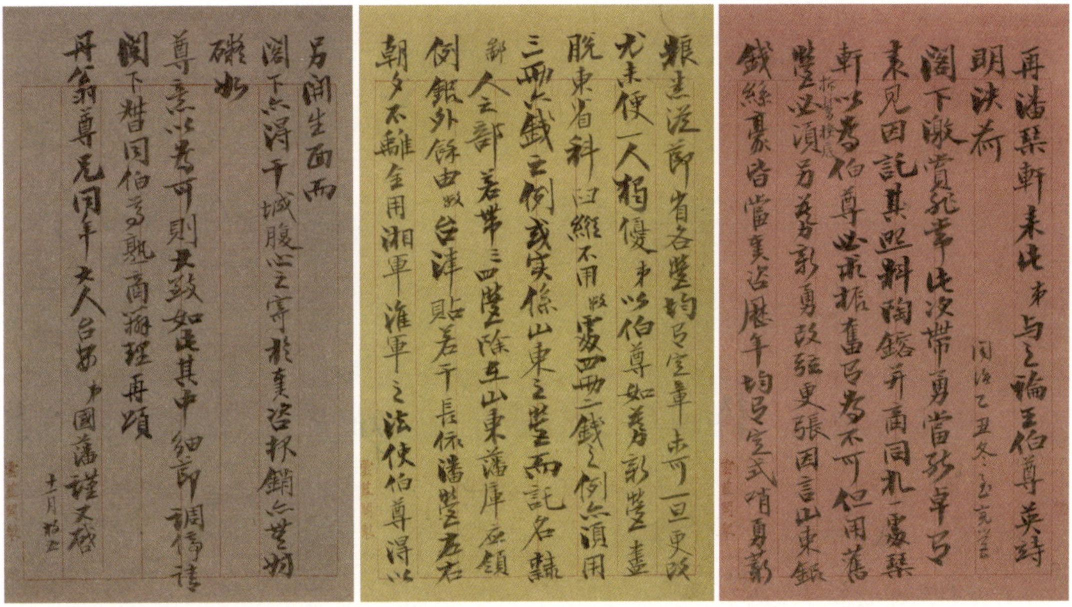

再請琴軒來此，亦與之論王伯尊英琦
明決。荷
閣下激賞，既帶勇當能卓立
來見，因託其照料陶鎔。弁函同札一處，琴
軒以為伯尊必能振舊旨，為不可但用舊
營，必須另募新勇，改經史張，因言山東餉
錢綠營皆當實發，歷年均已定式，增勇新
糧，直隸省各營均已定章，未可一旦更改，
尤未便一人獨優。亦以伯尊如募新營，盡
脫東省科曰，縱不用數處四兩二錢之例，亦須用
三兩六錢之例。或實係山東之營而託名隸
部人之部，若帶三四營，除照山東藩庫應領
例餉外，餘由數台津貼若干，長係藩營左右，
朝夕不離，全用湘軍、淮軍之法，使伯尊得以
另闢生面。而
閣下亦得干城腹心之寄，於冀省抹銷亦甚妥
磋妙。
尊意以為可，則要致如何，其中細節，調停請
閣下酌同伯尊熟商辦理。再頌
丹翁尊兄同年大人台安。弟國藩謹又啟。十二月初五

曾国藩致阎敬铭（丹翁）函

谁料在京城居以闲职，思之每每以为不得志。咸丰元年（1851）四月二十六日，曾国藩干了一件掉脑袋的事情。在罗泽南等人鼓动下，上《敬陈圣德三端预防流弊疏》，批评咸丰，说其骄矜自是，堪比昏君。咸丰大怒，未待读完，就将奏折摔在地上。若非祁隽藻、季芝昌等人苦求，曾国藩恐遭不测。说来奇怪，咸丰发完火，又提拔了这个刺儿头，命其兼署刑部侍郎。

“团练”一词出自《周礼》：“今之团练乡兵，其遗意也。”其最早可以追溯到周代保甲制，唐代设有团练使一职，宋代置诸州团练使。概而言之，团练就是私人武装。需要特别指出的是，将明朝搅得天翻地覆的闯王李自成就死于团练——所谓的地主武装之手。白莲教起义乍作，因朝廷兵不足御之，合州知州龚景瀚上《坚壁清野并招抚议》，建议设置团练乡勇，确使地方自保，而经费则来自民间。这个主意周而正，立即得到天子的附和和支持。

团练是散兵游勇，而曾国藩要的却是正规武装。他的主张是：“于省城立一大团，认真操练……”“参仿前明戚继光、近人傅鼒成法，但求其精，不贵其多，但求有济，不求速效。”团练虽按兵法操练，但总其事者是书生，讲的是儒家修齐治平那一套，组织方式则按亲、师、友三伦行之。曾国藩练兵较真：“凡枪炮刀锚之模式，帆樯桨橹之位置，无不躬自演试，殚竭思力。”不只如此，他在组建步兵之外，还积极筹备水师。

初办团练，日后得谥“文正”的曾国藩并不顺利。史书上说，曾国藩刚搭起草台子，湖南巡抚骆秉章就予以支持。事实上，并不是这么回事儿。骆秉章（1793—1866），字籲门，号儒斋，广东花县人。道光十二年（1832）进士，选庶吉士，后授编修。道光三十年（1850），任湖南巡抚。史料记载，因太平军屡犯长沙，湖南巡抚这顶帽子在骆秉章头上飞来飞去，盘旋良久而不能落实。一来二去，办团练办得风生水起的曾国藩就引来异样的眼神。加之曾国藩行事恪守儒家规范，不做变通，一时成为众矢之的。咸丰三年（1853）六月，曾国藩苦于打不开局面，绕过骆秉章，会同湖广总督张亮基参奏相关人等。而提督鲍起豹则在骆秉章暗中支持下，处处刁难曾国藩，还差点儿闹起哗变，迫使其将办团练的大本营移师衡阳。

咸丰四年（1854）二月，办团练初有成效的曾国藩觉得可以出一口恶气了，便亲率湘军近两万人欲过洞庭，直扑金陵，结果出师不利，虽拿下湘潭，却损兵折将。曾国藩自请处分，被革职留用。不过，曾国藩也小小舒了一口气：此役最大的胜利是，鲍起豹因不出兵被曾国藩铁杆儿将领塔齐布取而代之，要知道，塔齐布曾是骆秉章的人。值得一提的是，在战争中，目睹困局，曾国藩几次自杀未遂，多亏左宗棠、李元度等人宽慰，才没有做出傻事。

此时，左宗棠尚为骆秉章幕僚。

左宗棠（1812—1885），字季高，号湘上农人，湖南湘阴人。其人二十岁乡试中举后屡试不第，就不再中意科考。左宗棠虽科场失意，但因

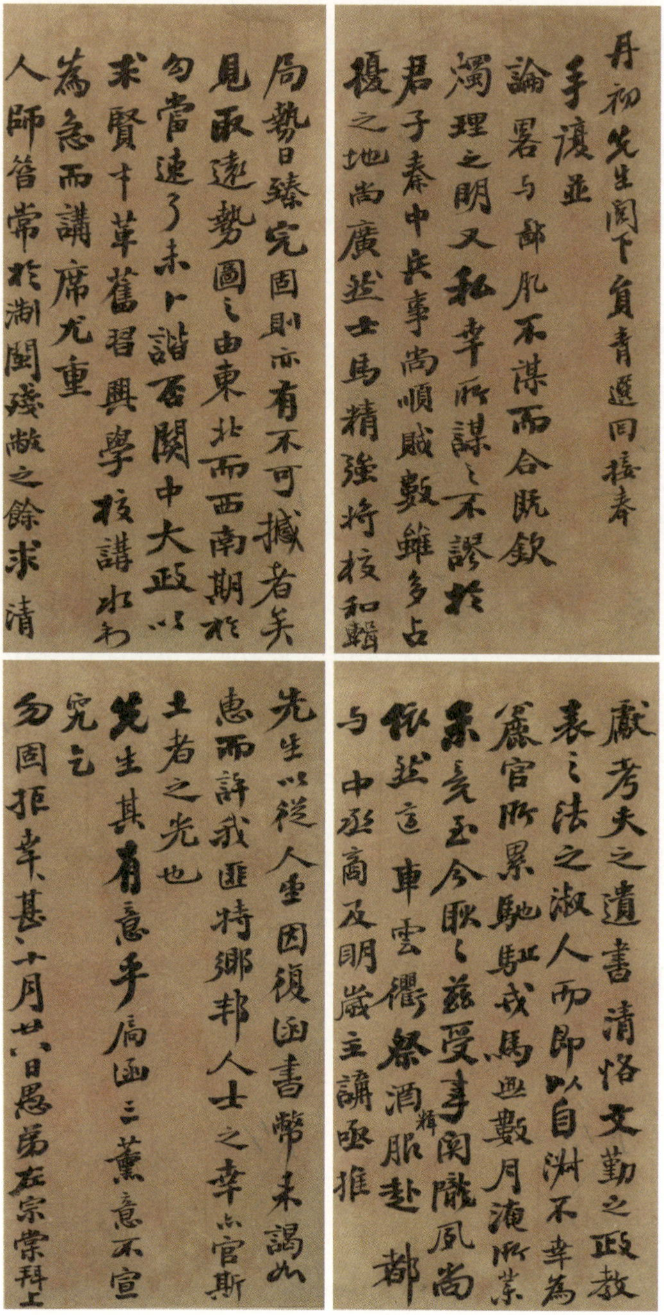
丹初先生閣下負青遞回接奉
手復並
論略与鄙見不謀而合既欽
燭理之明又私幸所謀之不謬於
君子秦中兵事尚順賊數雖多占
據之地尚廣然士馬精強將校和輯
局勢日臻完固則亦有不可撼者矣
見取遠勢圖之由東北而西南期於
勿當速了未卜諸君閱中大政以
求賢才革舊習興學校講水利
為急而講席尤重
人師當常於湖閩殘敝之餘求清
獻考夫之遺書清恪文勤之政教
表之法之淑人而即以自淑不幸為
應官所累馳驅戎馬逾數月適所業
未竟至今耿耿茲受事關隴凰尚
總然宜車雲衢祭酒輝腒赴都
與中丞商及明歲主講無推
先生以從人望因復函書幣未謁如
惠而許我匪特鄉邦人士之幸亦官斯
土者之先也
先生其有意乎局函三薰意不宣
究之
勿固拒幸甚幸甚十月廿八日愚弟左宗棠拜上

左宗棠致阎敬铭（丹初）函

志大才优，声名显赫于士林。陶澍和其长谈后，屈尊和左宗棠结为儿女亲家。陶澍（1779—1839），湖南安化县人，嘉庆七年（1802）进士，嘉庆二十四年（1819）冬，任川东道，道光五年（1825）任两江总督兼江西巡抚。在川东道任上，陶澍回乡探亲，见到八岁的胡林翼，目为奇才，称“我已得一快婿”，将其和五岁的女儿陶琇姿定为娃娃亲。胡林翼（1812—1861），字贶生，号润芝，湖南益阳人。道光十六年（1836）进士，授编修，1846 年，由学生出钱，捐了个知府，分发贵州，咸丰四年（1854）迁四川按察使，次年调湖北按察使，升湖北布政使、署巡抚。在湖北期间，因举荐左宗棠、李鸿章、阎敬铭等，为时人所称道。

不可小觑陶澍，这位官场老前辈以姻亲和中兴四大名臣中的左、胡连为一体。

咸丰二年（1852），太平军围困长沙，左宗棠应张亮基之邀出山，张充分授权，将全部军务托付给左宗棠。左氏不负厚望，调度有方，太平军三月无果而去。咸丰四年（1854）三月，左宗棠应骆秉章之邀，又入佐幕府，此次长达六年之久。正是这六年，左宗棠奠定了日后出仕的所有资本：骆对其言听计从，一时间，盛传“天下不可一日无湖南，湖南不可一日无左宗棠”。不过，树大招风，左宗棠被永州镇总兵樊燮构陷，幸赖潘祖荫、肃顺、胡林翼、郭嵩焘等一时风云人物保举，才免于性命之忧。左宗棠罹祸，并非只此一次。左宗棠曾在石达开部任事，后刻意隐瞒，被官文获知，上疏请斩。

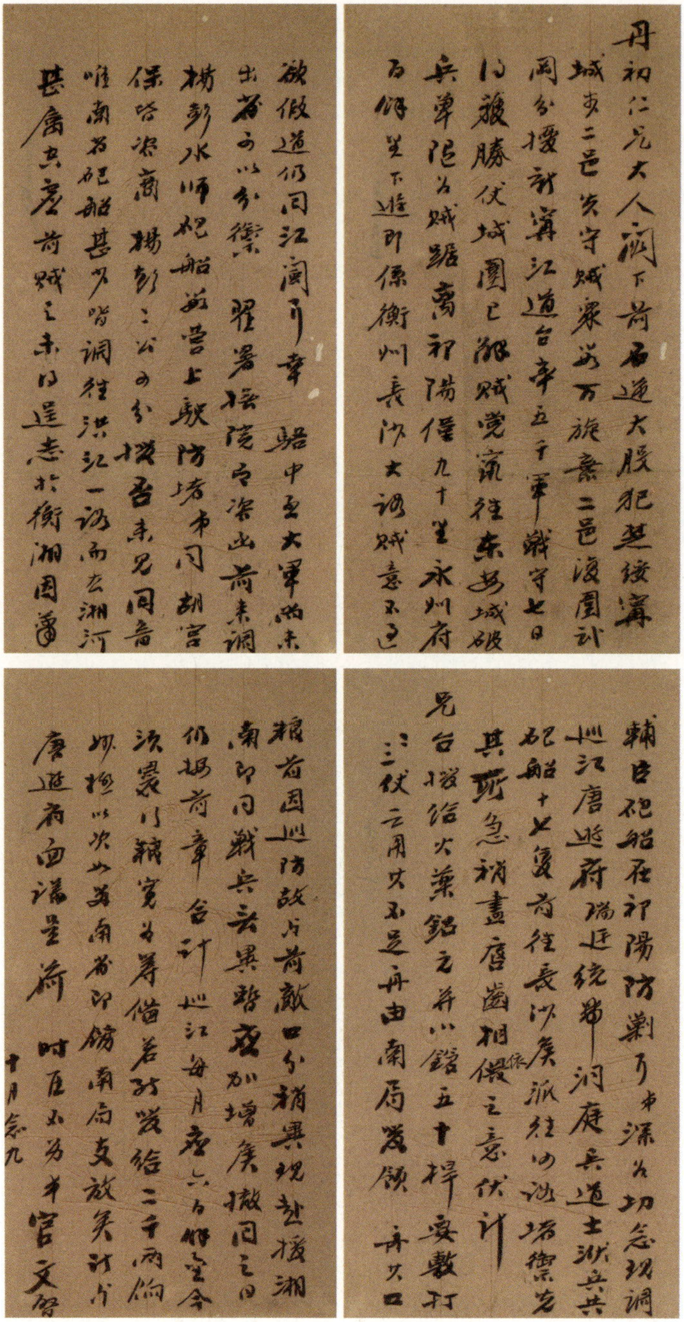

丹初仁兄大人阁下：前函述大股犯楚后窜
城步二邑，次守贼众约万，旋窜二邑复围武
冈，分援新宁。江道台率五千军战守七日，
以获胜仗，城围已解，贼党窜往东安，城破。
兵单，沿为贼踞，宝祁阳仅九十里，永州府
石仍坐下游，所保衡州、长沙大局。贼意不过
欲假道，仍同江闽门章。骆中丞大军西来
出省，可以分御。程署按院自深出，前来调
杨彭水师炮船并营上驶防堵，市同胡宫
保皆深商。杨彭二公均分拨晋来，兄同商
唯南省炮船甚少，皆调往洪江一路，而玄湘河
甚广，贼前贼之来，以遏志于衡湘，固当
辅以炮船在祁阳防剿，于中深为切急。现调
巡江唐道府瑞廷统带洞庭兵、道士洑兵共
炮船十七只，前往长沙，庚派往四路堵御，若
其疏急，稍尽唇齿相依之意。伏计
兄台拨给火药铅丸并以铅五十桶，妥数打
三三伏，云用火不足，再由南省发领。再火口
粮前因巡防，故片前敷四分，稍异现赴援湘
南，即同战兵去，再暂为加增廪，撤同之日
仍拨前章台计。巡江每月应六万两，至今
须裹以粮，实为筹借，尚讨发给二千两，倘
州拖以次，如蒙南省即饬南局支放，奚讨片
唐道府面议呈府。时值为劳，弟官文顿首
十月念九

官文致阎敬铭（丹初）函

官文（1798—1871），又名僖，字秀峰，王佳氏，满洲正白旗人，道光初补蓝翎侍卫，擢荆州将军、湖广总督。官文举报左宗棠，并非没有代价。同治五年（1866）十一月，官文剿捻军无功，左宗棠联合曾国荃上疏弹劾，据史料显示，“议革职，诏念前劳，原其尚非贪污欺罔，优与保全，解总督，仍留大学士、伯爵，罚伯俸十年。召还京，管理刑部，兼正白旗蒙古都统。寻出署直隶总督”。官文其人不谙政事，诸事决于家奴，时人称其总督府有“三大”，即妾大、门丁大、庖人大。曾国藩责其“才具平庸”。不过，胡林翼却不这么认为，公开收官文小妾为义妹，极尽拉拢之能事。

官文和胡林翼之间，似有玄德、孔明之风。据《清史稿》：

官文在湖北，事事听林翼所为，惟驭下不严，用财不节，林翼忧之。阎敬铭方佐治饷，一日林翼与言，恐误疆事。敬铭曰：“公误矣！本朝不轻以汉大臣专兵柄。今满、汉并用，而声绩炳著者多属汉人，此圣明大公划除畛域之效。然湖北居天下要冲，朝廷宁肯不以亲信大臣临之？夫督抚相劾，无论未必胜，即胜，能保后来者必贤耶？且继者或厉清操，勤庶务，而不明远略，未必不龂己自是，岂甘事事让人？官文心无成见，兼隶旗籍，每有大事，正可借其言以伸所请。其失仅在私费奢豪，诚于事有济，岁糜十万金供之，未为失计。至一二私人，可容，容之；不可，则以事劾去之。彼意气素平，必无忤也。”林翼大悟。及林翼殁，督抚不相能，官文劾严树森去之，而曾国荃又劾官文去之。官文晚节建树不能如曩时，然林翼非官文之虚己推诚，亦无以成大功，世故两贤之。

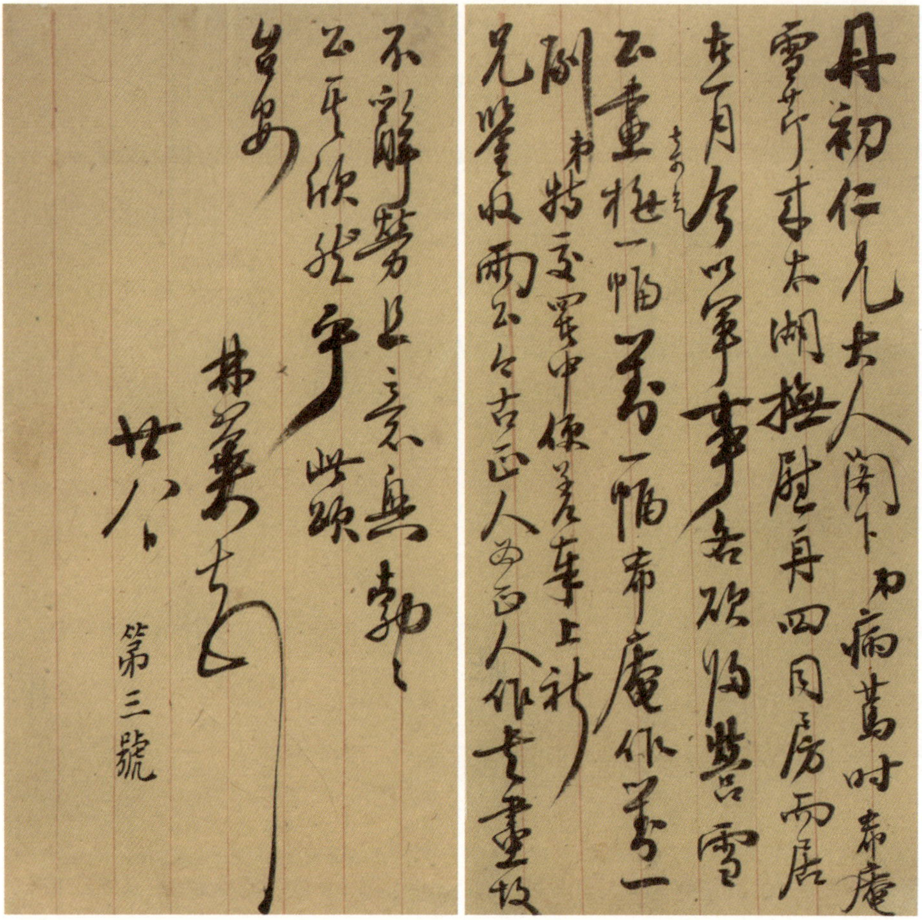

胡林翼致阎敬铭（丹初）函

咸丰七年（1857），曾国藩闻父殁，以丁忧为名，试图开小差，被左宗棠痛骂。这次斥责，播下了曾左之间一生是是非非的种子。此前一年，太平天国内乱，咸丰闻讯，屡屡指责曾国藩不趁势攻击。曾国藩部属塔齐布已病故，罗泽南另有分派，手头无可用之兵将，面对石达开等劲旅，曾国藩捉襟见肘，且“办事艰难”，一时间心灰意冷，不待批准，就弃职而去。左宗棠闻讯，修书一封，指责曾国藩：“区区之愚，但谓匆遽奔丧，不俟朝命，似非礼非义，不可不辨。”经咸丰反复挽留，才夺情留任。这个时候，整个朝廷，包括奕訢主导的中枢，已经离不开这个曾经批驳皇帝的冒失鬼。

咸丰六年（1856）的天京事变是太平天国起义的分水岭，自此，整个起义开始走下坡路。其中，给予义军致命一击的是咸丰七年（1857）五月石达开被逼而负气出走。据何桂清奏折所称：“传闻本月十一日伪翼王石达开已由铜井渡江逃往江北，洪逆令蒙贼禾贼追之。”五年后的同治元年（1862），骆秉章将石达开围困于安顺场，石达开请求和谈，骆秉章假意应允，将其诱捕，解至成都，凌迟处死。行刑之时，石达开默然无声，被赞为“奇男子”。四川布政使刘蓉说：“枭桀坚强之气溢于颜面，而词句不卑不亢，不作摇尾乞怜语。临刑之际，神色怡然，是丑类之最悍者。”需要补充的是，参赞骆秉章围剿石达开的主要人物之一，是后世以学问闻名的黄彭年，《清史稿》称这位莲池书院院长，“嗜学能文，甚有时誉”。

咸丰十一年（1861）年底，曾国藩奉旨督办苏、皖、赣、浙四省军务，制定了三面出击战略部署：东面，李鸿章率军沿江赴上海取苏、常；南面，左宗棠从皖南取杭州；西面，曾国藩统曾国荃、彭玉麟等图金陵。次年春，曾国荃进逼雨花台，距天京城仅四公里。洪秀全急诏李秀成回援，僵持五个月，以李秀成失败告终。此次李秀成兵败，似乎已经预示了战天京的结局。

需要提及的是，该年，日后成为军机大臣兼工部尚书的钱应溥入曾国藩幕，其人也甚为传奇，既是戊戌变法的支持者，又是甲午战争的主和派。

曾国荃（1824—1890），涤生九弟，因善于挖壕围城，绰号“曾铁桶”。同治二年（1863），国荃擢升浙江巡抚，定计直取天京。恰在这时，洪秀全病死，子洪天贵福即位，是为“幼天王”。曾国荃发挥铁桶之旧法，围天京而攻，于是年七月事成，擒获洪仁达、李秀成等大小头目三千人。曾国荃还不解恨，纵兵焚烧抢掠七天七夜，血洗天京金陵。攻破“匪巢”，曾国荃因功赏太子少保衔，封一等威毅伯。有意思的是，在围困天京之时，朝廷和其兄曾国藩皆欲以李鸿章赴援，曾国藩还力劝国荃不要贪功霸名。然而，曾国荃苦战两年，不愿他人分享战果。而李鸿章也看透局势，声称“不敢近禁脔而窥卧榻”，托辞不来，遂成就了曾国荃一人之名。

这里需要介绍一个人物，即萧孚泗。萧孚泗（？—1884），字信卿，湖南湘乡人，咸丰三年（1853）入湘军，从罗泽南转战各地。咸丰六年（1856），又从曾国荃出击各方。咸丰十年（1860）八月，克安庆，以总兵记名，加提督衔，授河南归德镇总兵。据《清史稿》：

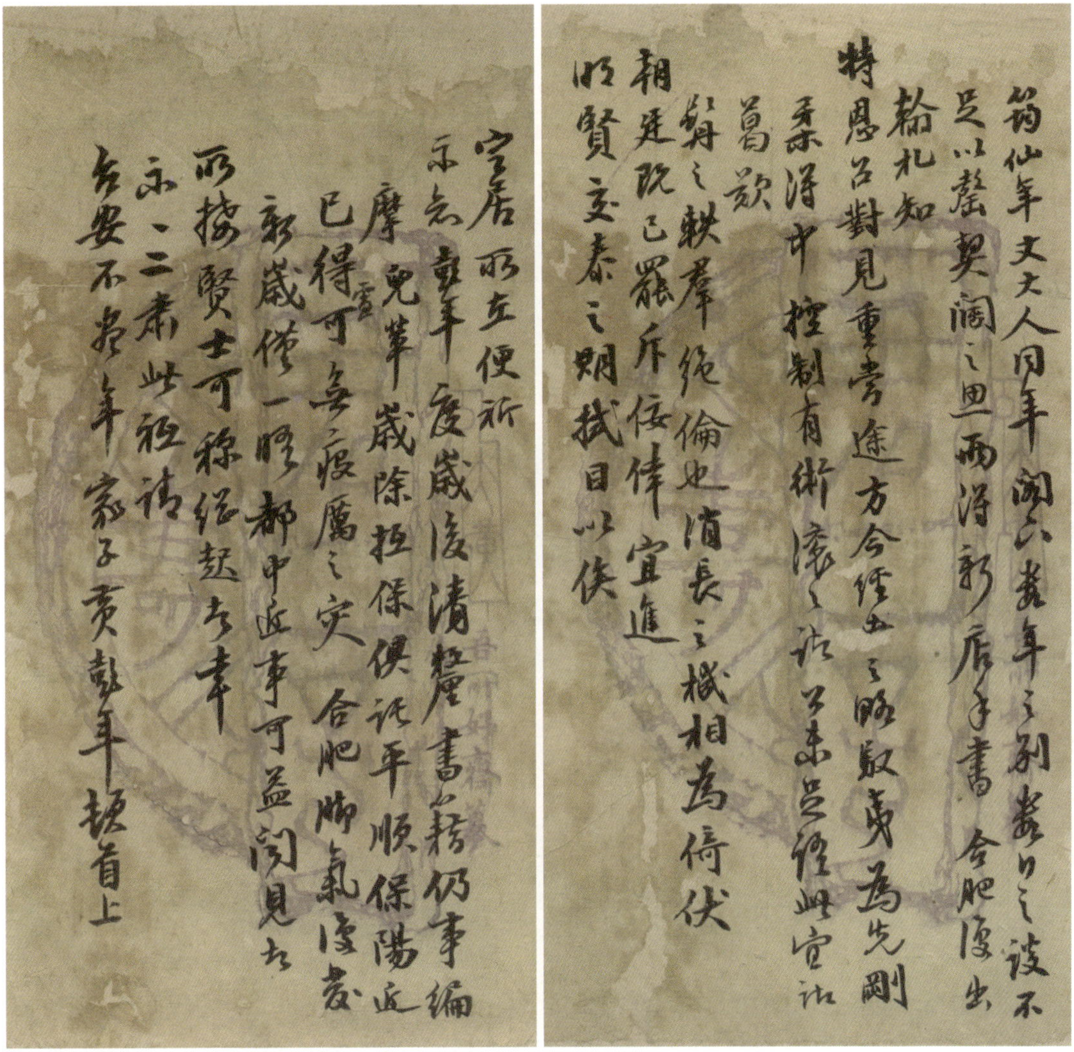
筠仙年丈大人同年閣下：闊六載，年之別，數日之談，不
足以罄契闊之思。兩得新歲手書，合肥復出，
翰札知
特恩召對，見重當途，方今經世之略，敢為先則，
柔得中，控制有術，濟之以不求逞，經世宜讀
篤歎
翁之軼群絶倫也。消長之機，相為倚伏，
朝廷既已羅斥佞倖，宜進
明賢，交泰之期，拭目以俟。
定居所在，便祈
示知。彭年度歲後，清釐書籍，仍事編
摩，兒輩歲除挈保，俱託平順。保陽近
已得雪，可無疫厲之災。合肥師氣度
新歲條一晤，都中近事可益閱見。去
所接賢士可稱經起者，奉
示一二，來此祇請
台安，不盡。年家子黃彭年頓首上

黄彭年致郭嵩焘（筠仙）函

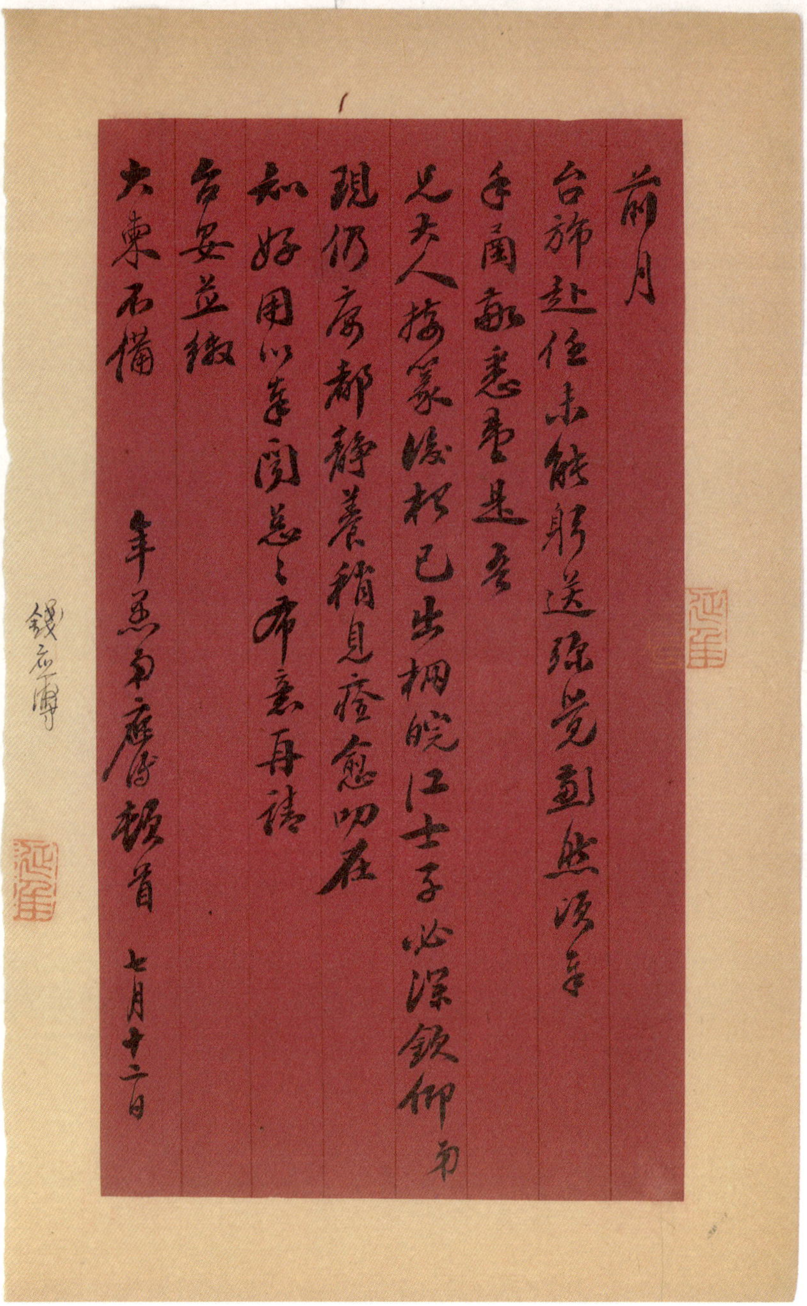

前月
台旆赴任未能躬送殊觉歉然顷奉
手函敬悉壹是吾
兄大人接篆后想已出棚皖江士子必深钦仰弟
现仍居都静养稍见痊愈叨在
知好用以奉闻恙之承念再请
台安并缴
大柬不备
年愚弟应溥顿首　七月十二日

钱应溥

钱应溥信札（徐婉婉 藏）

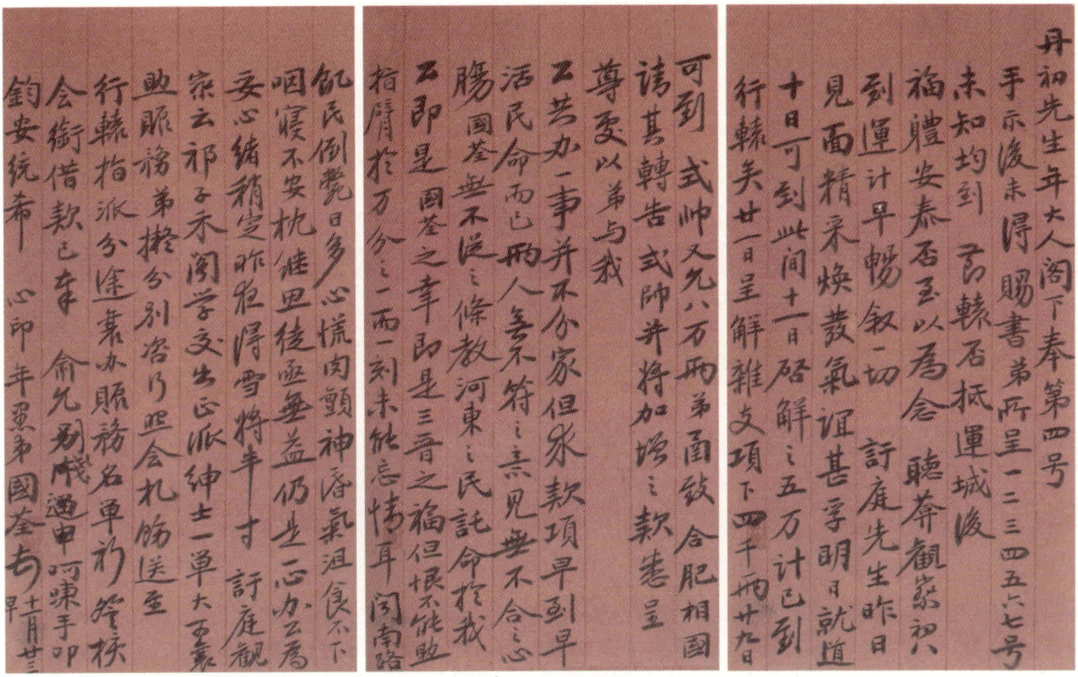

丹初先生年大人阁下奉第四号
手示後未得赐書弟所呈一二三四五六七号
未知均到吉辕否抵運城後
福體安泰否至以為念 聽蒋観察初八
到運计早暢叙一切 訏庭先生昨日
見面精采焕发氣谊甚孚明日就道
十日可到此间十一日啓解之五万计已到
行辕矣廿一日呈解雜支项下四千两廿九日
可到 武帅又允八万两弟面致合肥相国
請其轉告 武帥并将加增之款急呈
尊處以弟与我
公共办一事并不分家但求款项早到早
活民命而已弟人無不符之意見無不合之心
腸国荃無不從之條教河東之民託命於我
公即是国荃之幸即是三晋之福但恨不能飛
插臂於万分之一两一刻未能忘情耳 闻南路
飢民倒毙日多心慌肉颤神昏氣沮食不下
咽寝不安枕徒思徒亟無益仍是心办公为
妥心绪稍定昨夜得雪将半寸 訏庭観
察云祁子禾閣学交出正派绅士一单大不
助賑務弟擬分别咨行照会札饬送至
行辕指派分途集办賑務名單祈
会衔借款已奉 俞允别戕通申 可谏手叩
钧安统希 心印 年愚弟國荃 右 十一月廿三日

曾国荃致阎敬铭（丹初）函

六月，进占龙膊子山石城，孚泗与李臣典筑炮台山上，距城仅十余丈，积沙草高与城齐，作伪攻状，潜于其下凿地道。贼宵攻毁炮台，副将陈万胜战死。明日，会师逼城下，总兵郭鹏程、王绍羲复中炮死。及地道成，火发城圮，将士争登，贼掷火药抵拒，死仆相继。孚泗手刃退者数人，士气乃奋，尽从缺口入。李秀成匿民舍，孚泗索获之，并擒洪仁达。论功，赐封一等男爵，赐双眼花翎。

一世声名难以论定的李秀成，毁在了萧孚泗手里。

如果检视曾国藩的一生，除了功业卓著外，人际关系纠葛也十分卓著。

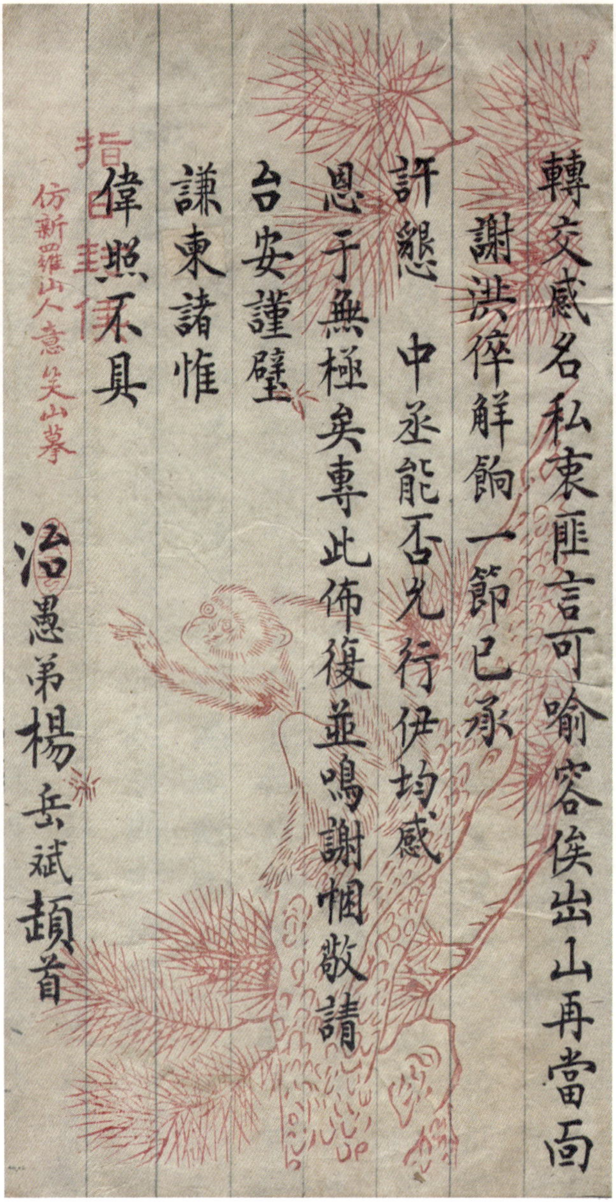

轉交感名私衷匪言可喻容俟出山再當面
謝洪倅鮮餉一節已承
許懇 中丞能否先行伊均感
恩于無極矣專此佈復並鳴謝悃敬請
台安謹璧
謙柬諸惟
偉照不具
治愚弟楊岳斌頓首

杨岳斌信札

仅举两例。彭玉麟（1816—1890），字雪琴，号退省庵主人，湖南衡阳人，人称“雪帅”。与曾国藩、左宗棠并称大清三杰，又与曾国藩、左宗棠、胡林翼（一曰李鸿章）并为中兴四大名臣，后官至两江总督兼南洋通商大臣。

咸丰五年（1855），湘军水师攻打九江、小池口江面，彭玉麟战船桅断，杨岳斌不救，彭玉麟乘舢板逃劫，以乞丐装扮，徒步七百里抵南昌，曾国藩用为内湖水师统领。其人性格刚烈，曾国藩虽为恩师，但彭玉麟不念旧情，曾三次弹劾曾国荃。彭玉麟功勋巨大，长江水师被李鸿章接管后，成为北洋水师核心力量，故而号称湘军水师创建者、中国近代海军奠基人。顺便说一句，彭玉麟统兵有术，丁义方从之征太平天国，

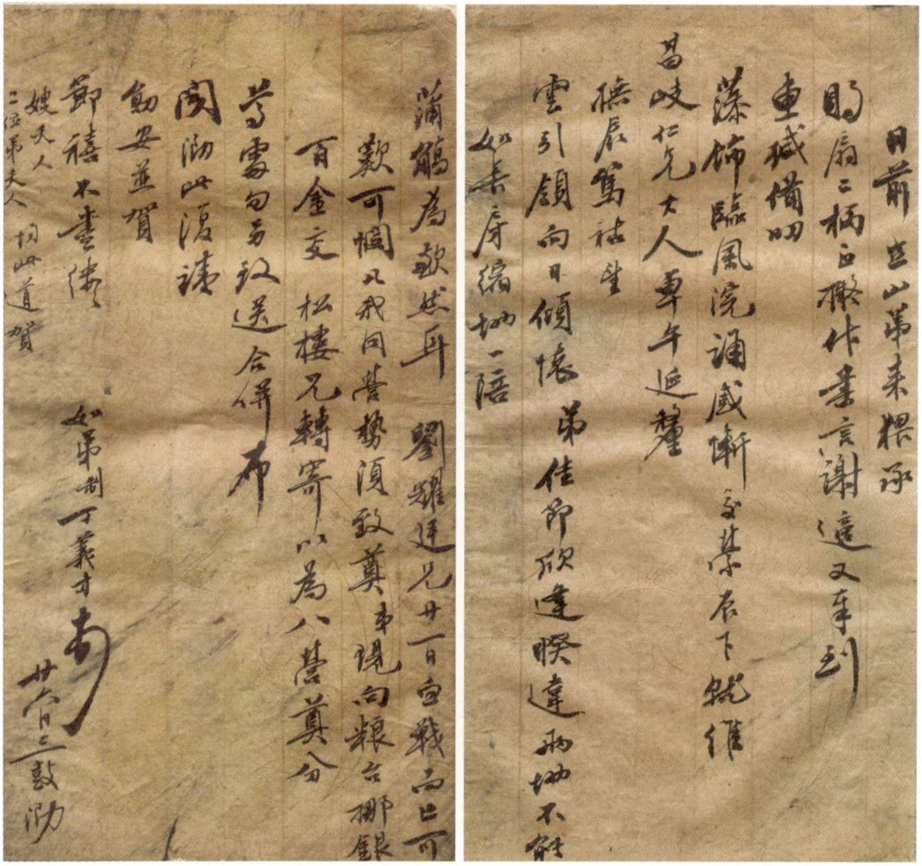
日前立山弟来，得承
賜扇二柄，正擬作書言謝，適又奉到
重賦，備叨
藻飾，臨風諷誦，感慚交集。辰下恭維
昌岐仁兄大人尊年延釐，
德辰篤祜，坐
雲引領，向日傾懷。弟佳節欣逢，睽違兩地，不能
如去年躬逢一陪
蒲觴，為歡娛耳。劉耀廷兄廿一日回籍，而已可
歎可惜。又我同營勢須致奠，弟現向粮台挪銀
百金交松樓兄轉寄，以為八營奠分，
芳露句另致送，合併布
聞。泐此順請
勛安，並賀
節禧，不盡依依。
嫂夫人、二位弟夫人，均此道賀。
如弟制丁義方頓首
廿六日三鼓泐

丁义方致黄翼升（昌岐）函

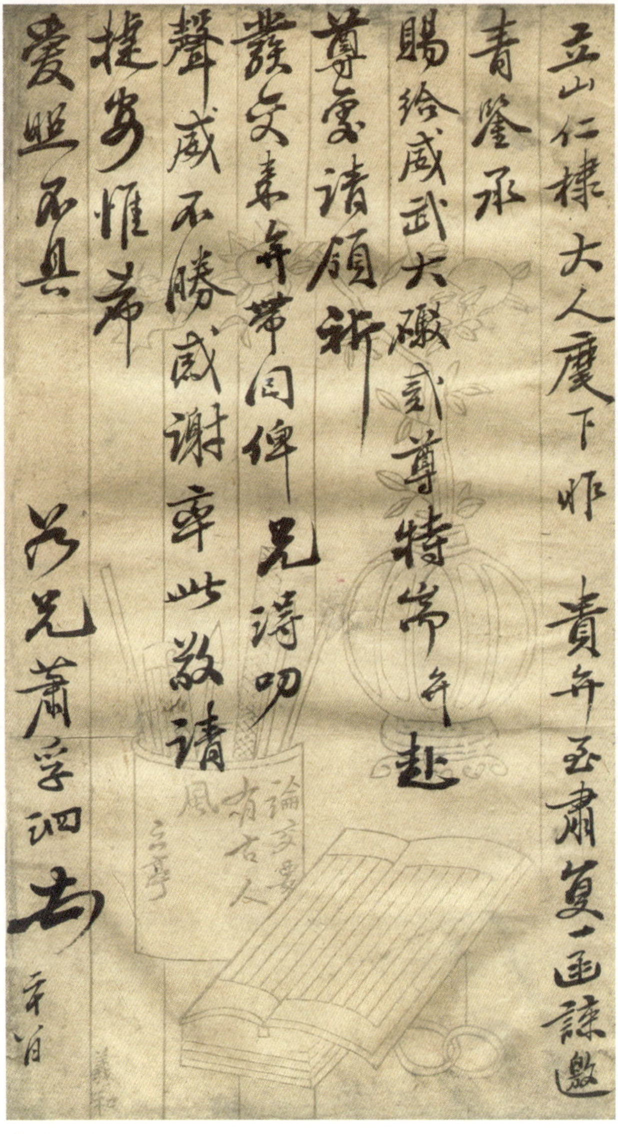
立山仁棣大人庚下 昨 责奉函肃复一函谅邀
青鉴承
赐给感武大缄 贰尊特为奉赴
尊处请领祈
发交来弁带回俾兄诗叨
声感不胜感谢幸此敬请
撰安惟希
爱照不具
兄萧孚泗 志

萧孚泗致立山函

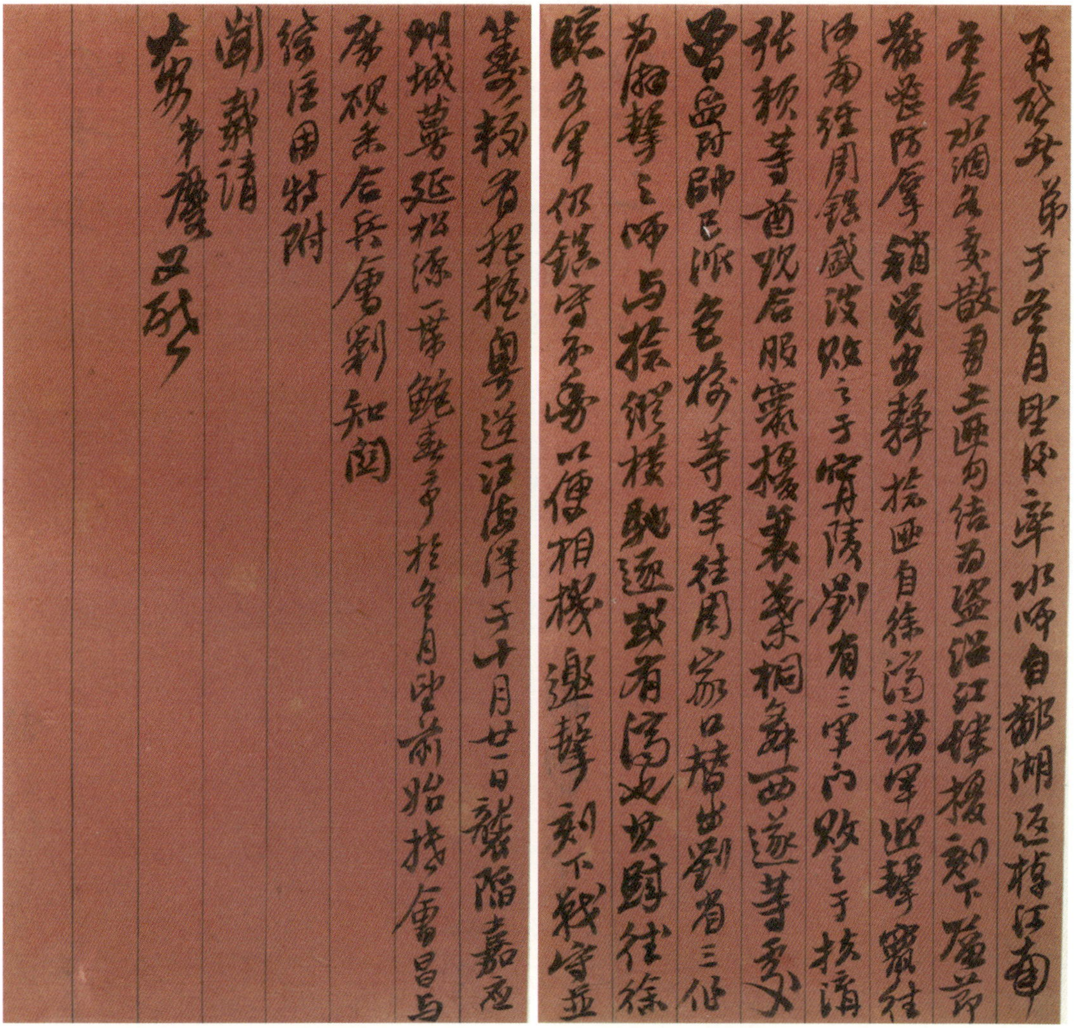

彭玉麟（玉麐）致阎敬铭函

战湖口时，以五百人敌数万，颇受曾国藩赏识。

翁同书（1810—1865），字祖庚，号药房，江苏常熟人，翁心存长子，翁同龢兄。道光二十年（1840）进士，授翰林院编修，曾任贵州学政，詹事府任少詹事。据《清史稿》：

同书密疏陈沛霖跋扈，诏饬会袁甲三查办。沛霖抗不听命，围攻益急，纵兵四扰。立壮所部多旧捻，素骚扰为民怨，十一年，坐其通捻，杀之。又下孙家泰于狱，家泰自杀。以蒙时中付沛霖，沛霖仍不息兵。召同书还京，以贾臻代署巡抚。同书令署布政使张学鹏劝谕沛霖，始撤围。奏言："沛霖过犹知改，请量加抚慰，责剿捻赎罪，俾袁甲三、贾臻筹办善后事宜。"

此事被曾国藩参劾，下狱候斩。次年，翁同书减罪流放伊犁。中日甲午战争时，帝师翁同龢屡屡掣肘曾国藩弟子李鸿章，就是这次弹劾埋下的种子。

曾国荃抓到李秀成后，亲自操刀割李秀成臂股，后被赵烈文劝止。破城之后，据坊间传言，曾国荃得金银无数。王闿运即赋诗曰："曾侯工作奏，言钱空缕觇。"清人李伯元《南亭笔记》载："闻忠襄（曾国荃）于此中获资数千万。除报效若干外，其余悉辇于家。"而对于朝廷而言，剿灭太平天国才是最大的财富，至于有没有人发了战争财，倒在其次，咸丰帝在接到曾国藩的奏折后下诏云："逆掳金银，朝廷本不必利其所有。前据御史贾铎具奏，故令该大臣查明奏闻。今据奏称城内并无贼库，自系实在情形。"

有意思的是，“贼咬一口，入木三分”。曾国荃有没有贪污，朝廷没有真凭实据，但其却污胡家玉贪赃。胡家玉（1810—1886），字小蘧，南昌新建人，道光二十一年（1841）探花。任兵部左侍郎时，因上疏用直隶京外之兵，不如操练京内旗兵建神武营，得罪外臣，曾国荃弹劾胡家玉收贿，经查，以不知避而部议革职留任，免军机行走。不久，江西巡抚刘坤一奏请仍加丁漕以抵漕运规定节寿礼月费各陋规。胡家玉反复据理力争，被降二级调用。一代直臣，屡遭挫折，令人叹息。

一个人的命运，又何尝不是一个时代的命运！话归前言。有没有“贼库”，谁又是“贼”，似乎只有天知道。或许还有一个人，马新贻。

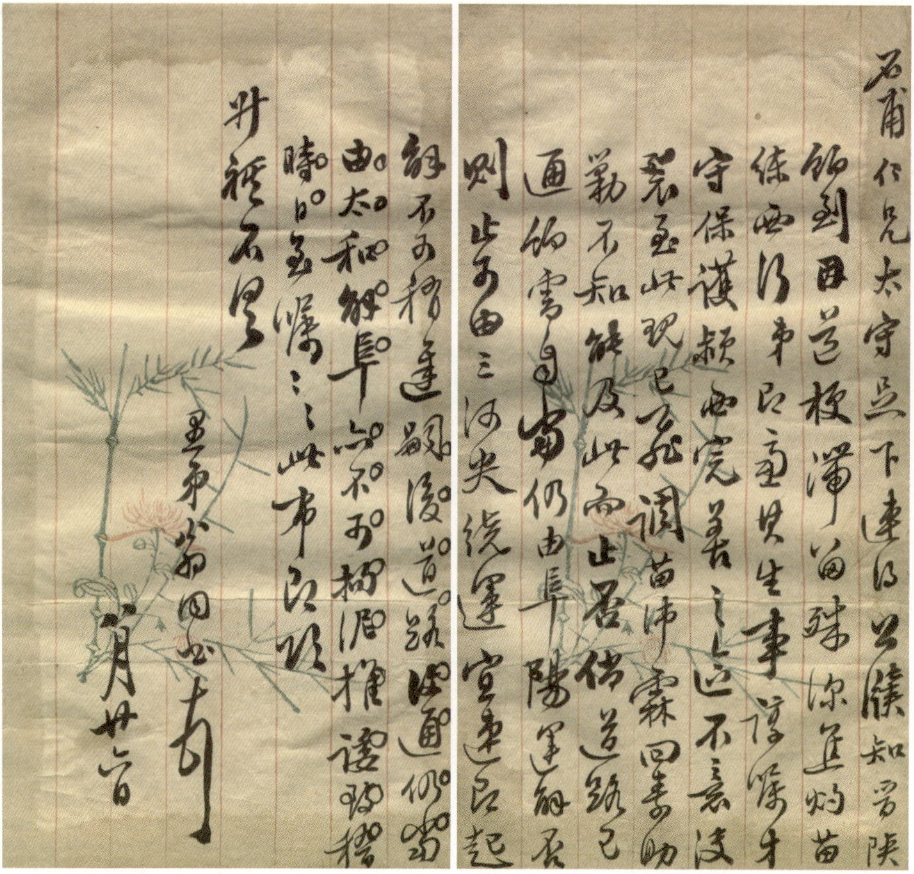

翁同书致石甫函

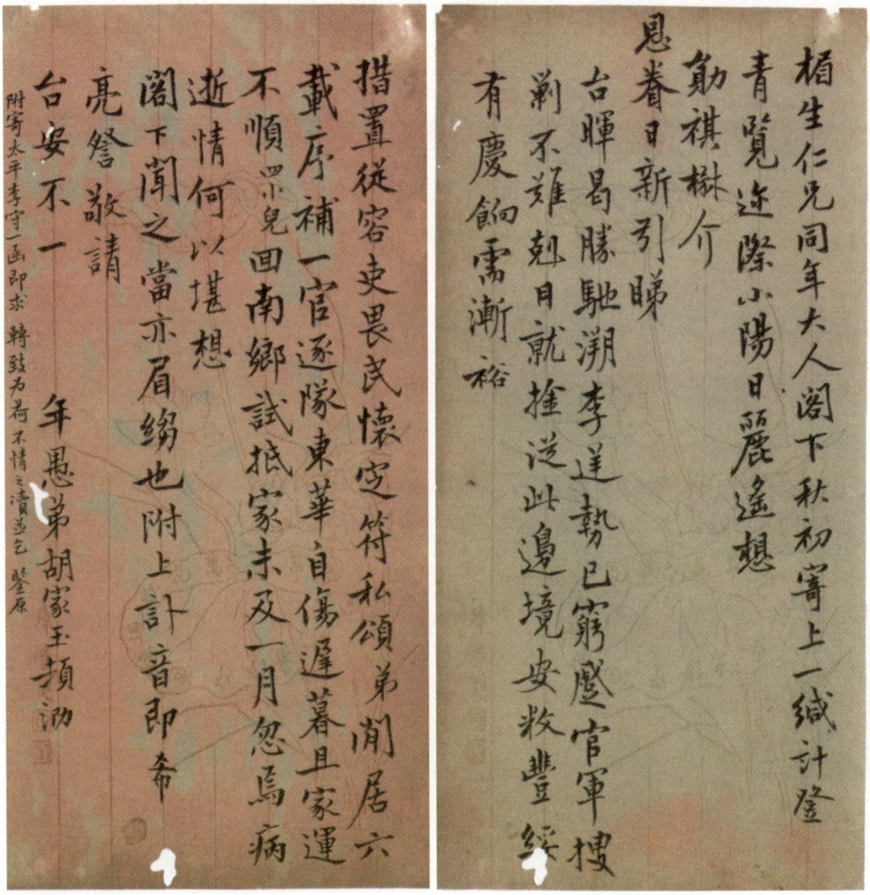

楣生仁兄同年大人閣下：秋初寄上一緘，計登青覽。迩際小陽日麗，遙想勛祺楙介，恩眷日新，引睇台暉，曷勝馳溯。李逆勢已窮蹙，官軍捜剿不難剋日就擒，從此邊境安敉，豐綏有慶，餉需漸裕，措置從容，吏畏民懷，定符私頌。弟閒居六載，序補一官，逐隊東華，自傷遲暮。且家運不順，四小兒回南鄉試，抵家未及一月，忽爲病逝，情何以堪！想閣下聞之，當亦眉縐也。附上訃音，即希亮詧。敬請台安，不一。

年愚弟胡家玉頓首

附寄太平李守一函，即求轉致爲荷。不情之瀆，並乞鑒原。

胡家玉致楣生函（李瑾 藏）

第三章

捻军

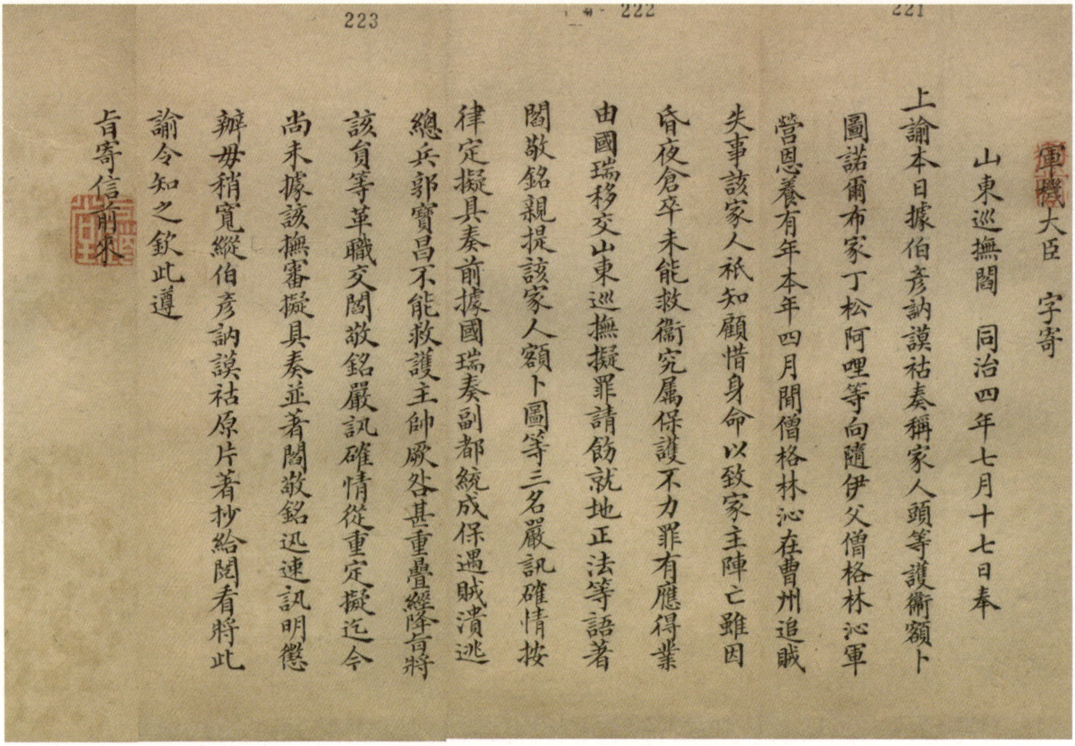
軍機大臣 字寄
山東巡撫閻 同治四年七月十七日奉
上諭本日據伯彥訥謨祜奏稱家人頭等護衛額卜
圖諾爾布家丁松阿哩等向隨伊父僧格林沁軍
營恩養有年本年四月間僧格林沁在曹州追賊
失事該家人祇知顧惜身命以致家主陣亡雖因
昏夜倉卒未能救衛究屬保護不力罪有應得業
由國瑞移交山東巡撫擬罪請飭就地正法等語著
閻敬銘親提該家人額卜圖等三名嚴訊確情按
律定擬具奏前據國瑞奏副都統成保遇賊潰逃
總兵郭寶昌不能救護主帥厥咎甚重疊經降旨將
該員等革職交閻敬銘嚴訊確情從重定擬迄今
尚未據該撫審擬具奏並著閻敬銘迅速訊明懲
辦毋稍寬縱伯彥訥謨祜原片著抄給閱看將此
諭令知之欽此遵
旨寄信前來

军机大臣字寄山东巡抚阎敬铭迅速讯明惩办僧格林沁失事相关之家人员弁谕令

同治四年（1865）五月十八日，发生了一件令帝国朝野骚动不安的大事，一代名臣僧格林沁追击捻军时，在曹州西北吴家店，被一名十几岁的捻军士兵杀死在麦田，永远地成为一个国家的“守望者”。不难理解朝廷上下的惋惜和震惊。僧格林沁（1811—1865），博尔济吉特氏，蒙古族，成吉思汗二弟哈布图哈萨尔二十六代孙，道光皇帝姐姐的过继儿子，十四岁袭科尔沁郡王爵，历任御前大臣、都统等职。其辉煌战绩是击溃太平军，擒林凤翔、李开芳；痛击英法联军，获第二次大沽口大捷。僧格林沁在五十五岁当口，被一个毛孩子杀死了，同治和慈禧不胜悲痛，亲临祭奠。与此同时，京城实施戒严。

僧格林沁之死，揭开了朝廷与捻军决战的序幕。此前一年，轰轰烈烈的太平天国起义已被镇压，朝廷现在喘息了几口气，终于腾出时间来收拾一股股捻“匪”了。但在谁挂帅的问题上，出现了分歧。其时，曾国藩办团练、破天京，声望如日中天，自然为不二人选，同治和慈禧及多数枢臣都是这么考虑的，但有一个人却提出了反对意见，他就是“剿匪”专家乔松年。

乔松年（1815—1875），字鹤侪，山西徐沟（今清徐）人，道光十五年（1835）进士。乔松年一生似乎和“剿匪”事业紧紧捆绑在一起，咸丰三年（1853），乔松年以知府发江苏。其时，上海地区以刘丽川为首，爆发了小刀会起义，被乔松年侦知剿灭。咸丰六年（1856），乔松年随两江总督怡良驻常州对抗太平军。同治二年（1863），乔松年任安徽巡抚，与僧格林沁夹击捻军，害杀捻军首领张乐行、苏天福等，战功卓著。

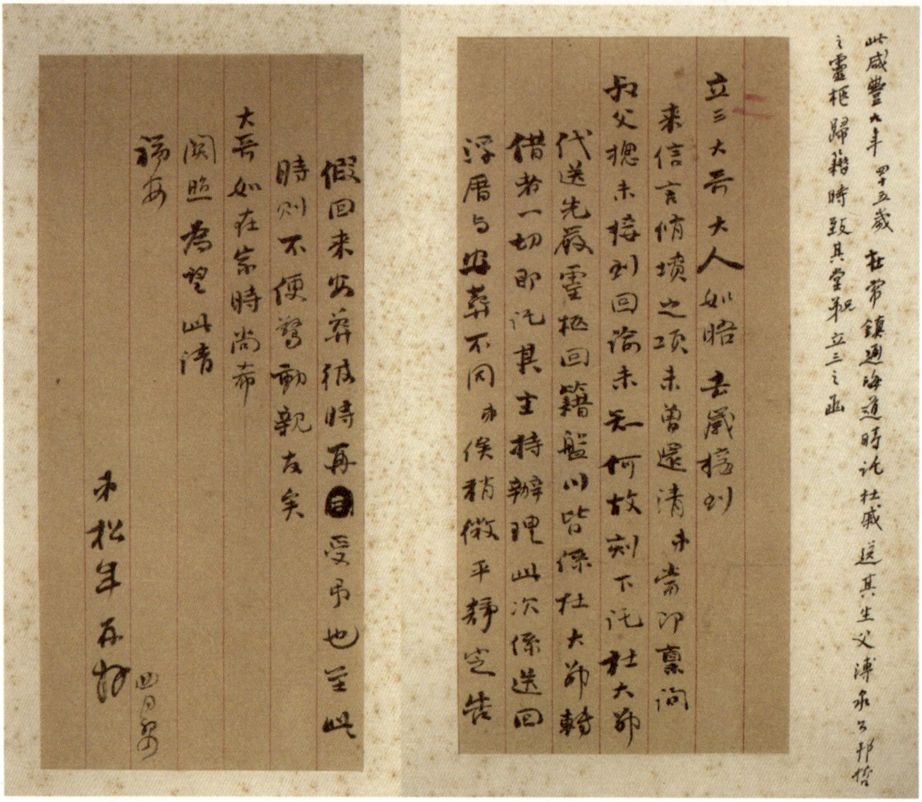

此咸豐八年 罕五歲 在常鎮通海道時託杜藏送其生父溥承公靈柩歸籍時致其堂兄立三之函

立三大哥大人如晤 去歲接到
来信言情境之頃未曾還清亦當即稟商
叔父想未接到回諭未知何故刻下托杜大節
代送先嚴靈柩回籍船川皆係杜大節轉
借者一切即托其主持辦理此次係送回
浮厝与安葬不同亦俟稍微平靜定告

假回来安葬彼時再日受弟也呈此
時則不便驚動親友矣
大哥如在宗時尚希
閲照為望此請
福安
弟松年再拜 四月卅

乔松年致堂兄乔立三函

据《清史稿》，朝廷命曾国藩督师山东剿捻，乔松年说：“国藩久治军务，气体较逊于前。李鸿章才识亚于国藩，而年力正强，如以代国藩督师山东，必能迅奏荡平。”

乔松年的说法是正确的吗？

通常以为，捻军起义爆发于咸丰三年（1853），其实并不准确。按照王闿运《湘军志》：“捻之为寇，盖始于山东。游民相聚，有拜幅，有拜捻，盖始于康熙时。”也就是说，作为源流，可以追溯到康熙年间，而作为一种有组织的活动，则始于嘉庆年间。“捻”是淮北方言，字面意思是股、伙。有关资料说，捻军起源于“捻子”，即北方游民烧油捻纸作法，谋利为生。荒年歉收，不断有人加入，且出现盗抢现象，“居者为民，出者为捻”，官方名之曰“捻匪”。

按照陶澍的奏章，捻而为党，起于嘉庆十九年（1814），“臣窃闻安徽之庐、凤、颍、亳，河南之南、汝、陈、光等处，向有匪徒，名曰‘红胡子’，其凶横不法之状，自已久达天聪。臣近日细加访察，不但缉捕难于得力，且有凶焰日张，大非昔比”，“每一股谓之‘一捻子’，小捻子数人、数十人，大捻子一二百人不等”，“匪徒前此有党，而今则有目也”。在陶澍的心目中，“捻”已是有组织的活动，不过，就潜台词而言，尚是“土匪”之流，未有政治诉求。

某种意义上，太平天国起义激发了“捻”的政治意图：随着洪秀全起事，且由广西进军长江流域，“捻”遂聚众为“军”，在黄淮地区此起彼伏，成为打击朝廷的另外一种重要力量。山西监察御史鲍继培奏言：“恐异日之安徽，即今日之广西也。”咸丰元年（1851），爆发河南角子山起义；咸丰二年（1852），皖豫边界爆发十八铺起义；咸丰三年（1853），安徽爆发陆遐龄起义。特别是后者，“众呼陆王，淮上大震”。而陆遐龄也不谦虚，树起“随天大王”旗，招摇乡里，一副水浒梁山的样子。太平军势力蔓延向北，江苏、河南乃至山东的民众纷纷加入捻军，配合太平军北上。

咸丰五年（1855）秋天，捻军在安徽亳州举行“雉河集会盟”，公推张乐行为“大汉盟主”，号称“大汉明命王”，祭告天地，公开反清。盟军制定《行军条例》和《布告》，建立黄、白、蓝、黑、红“五旗军制”，各旗“皆听盟主调遣”，起义目标是“大起义师，救我残黎，除奸诛暴，以减公忿”。除了五旗，还有镶边旗和其他各种旗，直似仿照八旗制度。事实上，各旗都以宗族为主，保持着相对独立性。义军虽定编定制，但约束松散，武器落后，极不正规。次年，张乐行接受天王洪秀全“沃王”封号，但“听封不听调”，不接受改编，保持相对独立性。

捻军会盟，牵扯到了一件冤案。

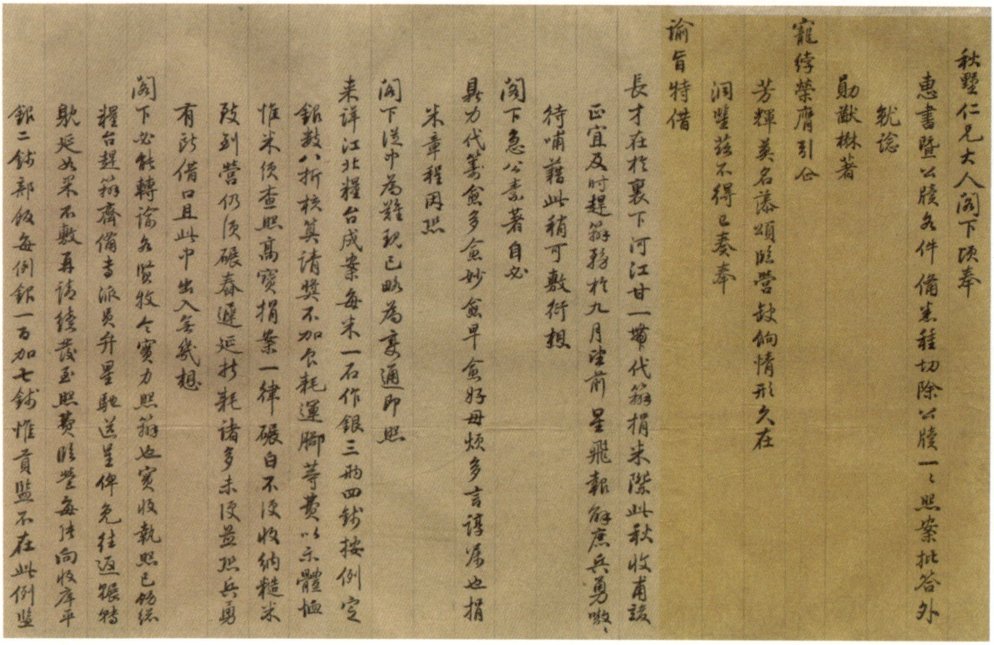
秋墅仁兄大人阁下读奉
惠书暨公牍各件备悉种切除公牍一一照案批答外
就谂
勋猷懋著
宠绥荣膺引企
芳辉莫名[illegible]营款饷情形久在
洞鉴兹不得已奏奉
谕旨特借
长才在于里下河江甘一带代筹捐米际此秋收甫竣
正宜及时赶办务于九月望前星飞报解庶兵勇嗷嗷
待哺藉此稍可敷衍捐
米章程开呈
阁下急公素著自必
具力代筹愈多愈妙愈早愈好毋烦多言谆属也捐
阁下途中为难现已略为变通即照
来详江北粮台成案每米一石作银三两四钱按例定
银数八折核算请奖不加耗运脚等费以示体恤
惟米仅查照高宝捐案一律碾白不得收纳糙米
致到营仍须碾舂迟延折耗诸多未便并恐兵勇
有所借口且此中出入[illegible]
阁下必能转谕各贤牧令实力照办如实收执照已饬
粮台赶办齐备当派员弁星驰送呈俾免往返[illegible]
驳延如果不敷再请续发至照费[illegible]每件向收库平
银二钱部饭每例银一两加七钱惟贡监不在此例[illegible]

袁甲三致秋墅函

袁甲三（1806—1863），字午桥，河南项城人，袁世凯叔祖，道光十五年（1835），三十岁中进士，曾任礼部主事、充军机章京、郎中，直至担任御史、给事中，后任漕运总督兼江南河道总督，提督八省军门。当年，让闲着没事儿的侍郎办团练，是咸丰的绝招儿。咸丰三年（1853），义军势大，工部侍郎吕贤基去安徽办团练，吕贤基发愁，就拉着袁甲三一起去。袁甲三一出手，打了几个胜仗，且活捉捻军首领邓大俊，荡平皖北，一时声名大噪，升任都察院左都御史。袁甲三提请收复庐州，认为“庐州不克，不特江北各路防兵为所牵制，楚师东下亦不能急捣江宁”，和春、福济惧事，弹劾其“株守临淮、粉饰军情、擅截饷银，冒销肥己”，袁甲三被免。其时，捻军举行“雉河集会盟”，怀远县百姓胡文忠入京请袁甲三回安徽“剿匪”，因都察院不受理，怀揣状纸，上吊自杀。此时，言官纷纷呈请，两江总督怡良、江苏巡抚吉尔杭阿、浙江巡抚何桂清等亦出面，才给袁甲三平反，进而重新启用。咸丰六年（1856），袁甲三协助河南巡抚英桂剿“匪”，俘虏捻军首领苏天福，朝廷命以三品京堂候补。袁甲三虽非湘淮嫡系，但深具洞识，作战得方，被委以大任。后，袁甲三病休，病中犹能授意解陈州之围。

靠镇压捻军起步的不止袁甲三。

阎敬铭（1817—1892），字丹初，陕西朝邑县（今大荔）人，道光二十五年（1845）进士，任户部主事。因胡林翼奏请，入湖北管军需，任按察使。同治初年，破格赏二品顶戴署山东巡抚。期间，因破捻有功，日益受重用，

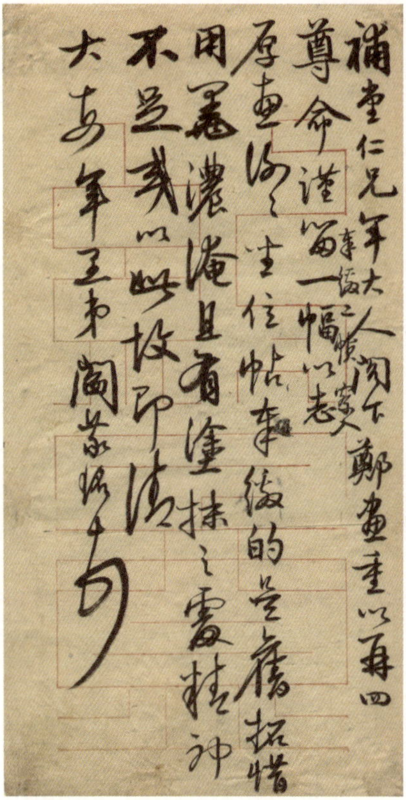

阎敬铭致补堂函

成为一代理财专家，被誉为“救时宰相”。

在淮北、淮南何为根据地问题上，捻军出现分歧。这一分歧，直接导致捻军裂变。蓝旗将领刘永敬坚持回淮北，被张乐行杀死。由此，大部分旗主心散，返回淮北，除张乐行等少数留在淮南，另有部分如张宗禹等转战南北。咸丰十一年（1861），捻军破湖北老河口和襄阳、樊城。朝廷平定安庆和庐州后，张宗禹等入河南、陕西，与太平天国陈得才等会合。次年，僧格林沁统军攻皖北，拔雉河集，张乐行遇害。同治三年（1864），张宗禹等捻军和陈得才、赖文光等太平军会师河南内乡，拟救天京，被僧格林沁阻击。其时天京失陷，陈得才服毒自杀，张宗禹、赖文光突围而去。随后，太平军赖文光、张宗禹部和捻军合并，按太平军建制重组，以赖文光为首领，形成一支十万余人的骑兵部队。捻军所到之处，朝廷人心惶惶。

一直以来，僧格林沁都是捻军最大的敌人。“僧王”战死，朝廷以曾国藩为帅征捻，印证了乔松年的预言。曾国藩采用“以静制动”“聚兵防河”的办法，以河南周家口、山东济宁、江苏徐州、安徽临淮关为四镇，驻淮湘军八万，把捻军围在苏、豫、皖边区，效果不著，捻军突围入鄂，曾国藩被撤免。朝廷继而采用乔松年建议，以李鸿章继乃师之任。事实上，朝廷撤换主将也有私心，即以李鸿章打压曾国藩，布二虎之斗棋局，防其中一方特别是湘军坐大。

同治五年（1866），捻军分东、西二军。赖文光、任柱据中原为东捻军，张宗禹及张乐行侄张琢入陕为西捻军。西捻军入陕的目的，是联合回民起义图谋大事，其先后取得灞桥之战等局部战役的胜利。李鸿章一改曾国藩旧法，主动出击，分别派劲旅迎之。同治七年（1868），东捻军转战湖北，击败淮军主力刘铭传部，因无法与西捻军会合，遂经河南进入山东，被淮军围困。

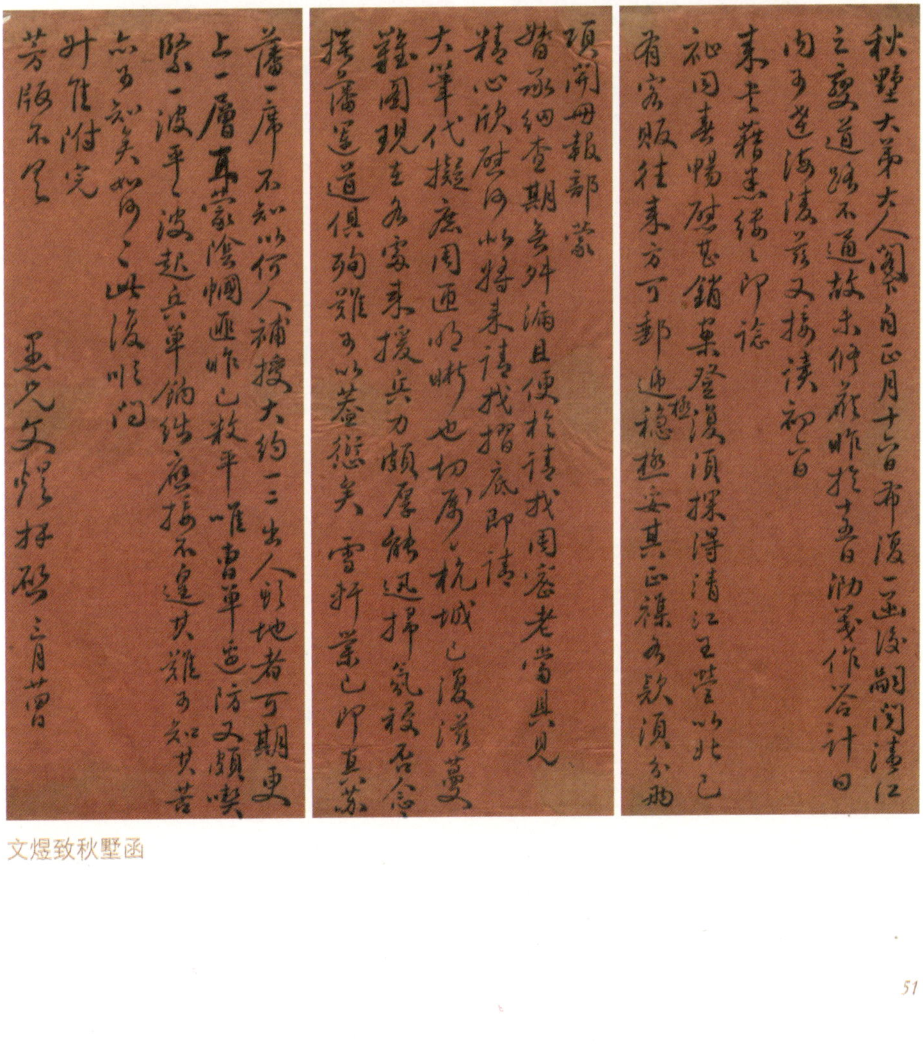

文煜致秋墅函

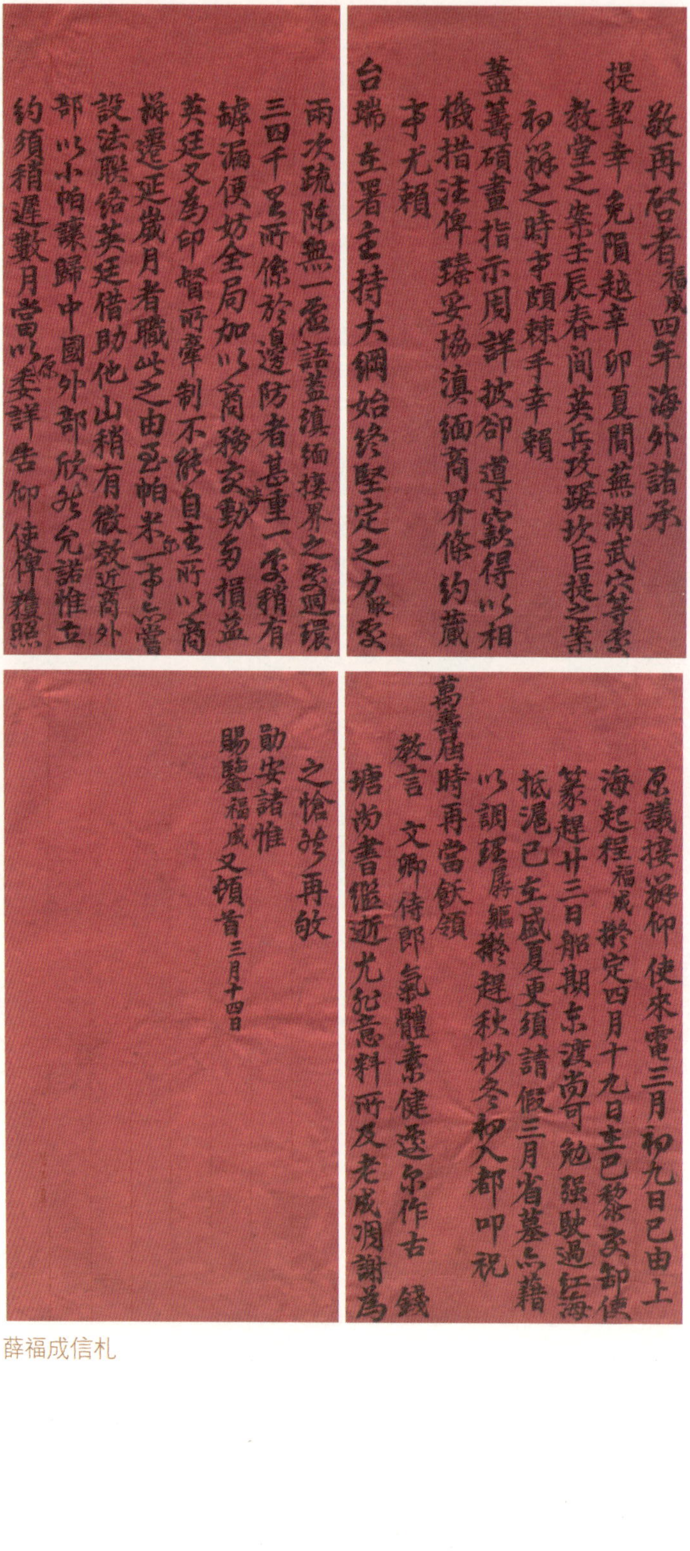

敬再啟者福成四年海外諸承
提挈幸免隕越辛卯夏間蕪湖武穴等處
教堂之案壬辰春間英兵攻踞坎巨提之案
初辦之時事頗棘手幸賴
藎籌碩畫指示周詳據卻遵守款得以相
機措注俾臻妥協滇緬商界條約藏
事尤賴
台端在署主持大綱始終堅定之力敢受
兩次疏陳無一虛語蓋滇緬接界之處迴環
三四千里所係於邊防者甚重一處稍有
罅漏便妨全局加以商務交涉多損益
英廷又為印督所牽制不能自主所以商
辦遲延歲月者職此之由至帕米爾一事亦嘗
設法聯絡英廷借助他山稍有徵效近聞外
部以小帕讓歸中國外部欣然允諾惟立
約須稍遲數月當以原委詳告仰使俾獲照
原議接辦仰使來電三月初九日已由上
海起程福成擬定四月十九日遣巴黎交卸使
篆趕廿三日船期東渡尚可勉強駛過紅海
抵滬已在盛夏更須請假三月省墓亦藉
以調理屏軀擬趕秋杪冬初入都叩祝
萬壽屆時再當飫領
教言　文卿侍郎氣體素健遽尔作古　錢
塘尚書繼逝尤非意料所及老成凋謝為
之愴然再啟
勛安諸惟
賜鑒福成又頓首三月十四日

薛福成信札

在与刘铭传激战时，任柱遭叛遇害。赖文光率残部突围南下，次年在扬州被俘就义。西捻军东下救援，于同治八年（1869）在鲁西北被淮军围困，因天降大雨，骑兵不能奔波，贻误战机，大军溃散，后在茌平全军覆没，张宗禹不知所终。

至此，捻军起义失败。

这里，不能不提到文煜。文煜曾以江苏布政使之职从琦善经营江北大营，捻军起，任山东巡抚，其救曹州，解单县，功勋卓著。

在东捻军突围时，薛福成的说法，堪称神奇。

薛福成（1838—1894），字叔耘，号庸庵，江苏无锡人，出身官宦之家，其父薛湘曾中进士。咸丰八年（1858），薛福成中秀才。同治四年（1865），曾国藩北上剿捻，张榜招贤，薛福成作《上曾侯书》，言改科举、裁绿营、师夷法。曾国藩延聘薛福成入幕，达七年之久，后保为候补同知、直隶州知州并赏加知府衔。薛福成撰述甚丰，现有《庸庵全集》行世。

薛福成《庸庵笔记》中，有一篇《贼犯岁星致败》，其云：

天文家又谓岁星所在之分野，其国有福，伐之者败。春秋时，越得岁而吴伐之，史墨以为必受其殃，既而吴果为越所灭。同治丁卯四五月间，捻酋任柱、赖汶光等窜入山东登、莱、青一带，官军依胶莱河筑墙而守，盖欲拘之海隅，而以劲兵驱殄之也。余于五月杪，夜观岁星在危宿，光甚明亮。夫虚危齐之分野，乃济东泰武登、莱、青诸郡也。登、莱、青得岁而贼扰之，理当败灭。余谓论地势则如兽入阱中，论天时则彼自犯岁星，不灭何待？俄而贼乘胶莱河尾海滩干涸，尚有数十里营墙未筑，溃防而出。余拊髀惊叹，以为天时地利究难尽恃也！幸今伯相李公早依运河筑墙，以防贼之窜逸。贼猛扑河墙，不能逞志。迨九月间，铭军会合诸军击之安邱、潍县之间，枪毙任柱，竟歼巨股，仍在虚危分野也。余乃信天时地利，实有可凭云。

需要提及的是台湾首任巡抚刘铭传在剿捻中的表现。

刘铭传（1836—1896），字省三，安徽合肥人，淮军将领，李鸿章嫡系，因贡献巨大，被誉为“台湾近代化之父”。僧格林沁战死，刘铭传图保存实力，被革职留任，后因破黄陂县城复职。李鸿章接任剿捻职事，趁机扩充淮军，据有关资料，淮军由四万人扩为七万人，其中，二十八个马营中有十三个营隶属刘铭传。东、西捻军覆灭，均与刘铭传有关。刘铭传追剿东捻军，将其灭于扬州。因西捻军势大，刘铭传献计将其西引入黄河、运河、徒骇河之间，一举剿灭。论功，刘铭传三十岁冒头就晋一等男爵。

薛福成以为捻军因犯岁星致败，未免宿命。捻军歌谣曰：“亳州城子四方方，财主官府蹓下乡；穷人粮食被逼净，居家老幼哭皇苍。亳州城子四方方，捻子起手涡河旁；杀财主，打官府，大户小户都有粮。”

哪里有压迫，哪里就有反抗，这才是真正的宿命。捻军虽然失败了，但也敲响了清朝的丧钟。

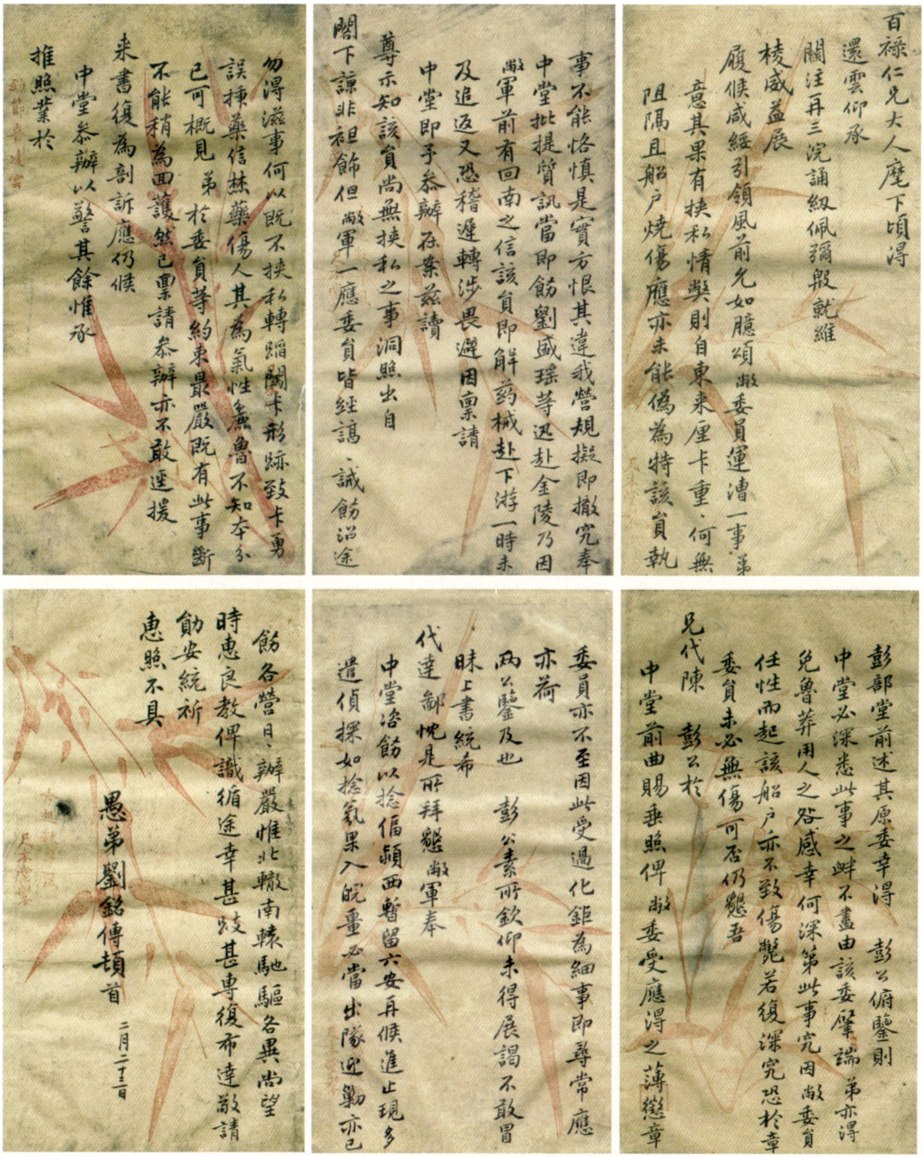

百祿仁兄大人麾下頃得
還雲仰承
關注再三況誦紉佩彌殷就維
棱威益展
履候咸綏引領風前允如臆頌敝委員運漕一事弟
意其果有挾私情弊則自東來厘卡重、何無
阻隔且船户燒傷應亦未能僞爲特該員執
事不能恪慎是實方恨其違我營規擬即撤究奉
中堂批提質訊當即飭劉盛璟等迅赴金陵乃因
敝軍前有回南之信該員即解药械赴下游一時未
及追返又恐稽遲轉涉畏避因稟請
中堂即予參辦存案茲讀
尊示知該員尚無挾私之事洞照出自
閣下諒非袒飾但敝軍一應委員皆經譴誡飭沿途
勿得滋事何以既不挾私轉蹈闖卡形跡致卡勇
誤揷藥信焚藥傷人其爲氣性粗魯不知本分
已可概見弟於委員等約束最嚴既有此事斷
不能稍爲回護然已稟請參辦亦不敢遽援
来書復爲剖訴應仍候
中堂參辦以警其餘惟承
推照業於
彭部堂前述其原委幸得　彭公俯鑒則
中堂必深悉此事之衅不盡由該委肇端弟亦得
免魯莽用人之咎感幸何深第此事究因敝委員
任性而起該船户亦不致傷斃若復深究恐於章
委員未必無傷可否仍懇吾
兄代陳　彭公於
中堂前曲賜垂照俾敝委受應得之薄懲章
委員亦不至因此受過化鉅爲細事即尋常應
亦荷
兩公鑒及也　彭公素所欽仰未得展謁不敢冒
昧上書統希
代達鄙忱是所拜懇敝軍奉
中堂洛飭以捻偪頴西暫留六安再候進止現多
遣偵探如捻氛果入皖壘必當出隊迎剿亦已
飭各營日、辦嚴惟北轍南轅馳驅各異尚望
時惠良教俾識循途幸甚忮甚專復布達敬請
勛安統祈
惠照不具
愚弟劉銘傳頓首
二月二十二日

刘铭传致百禄函

第四章

辛酉政变

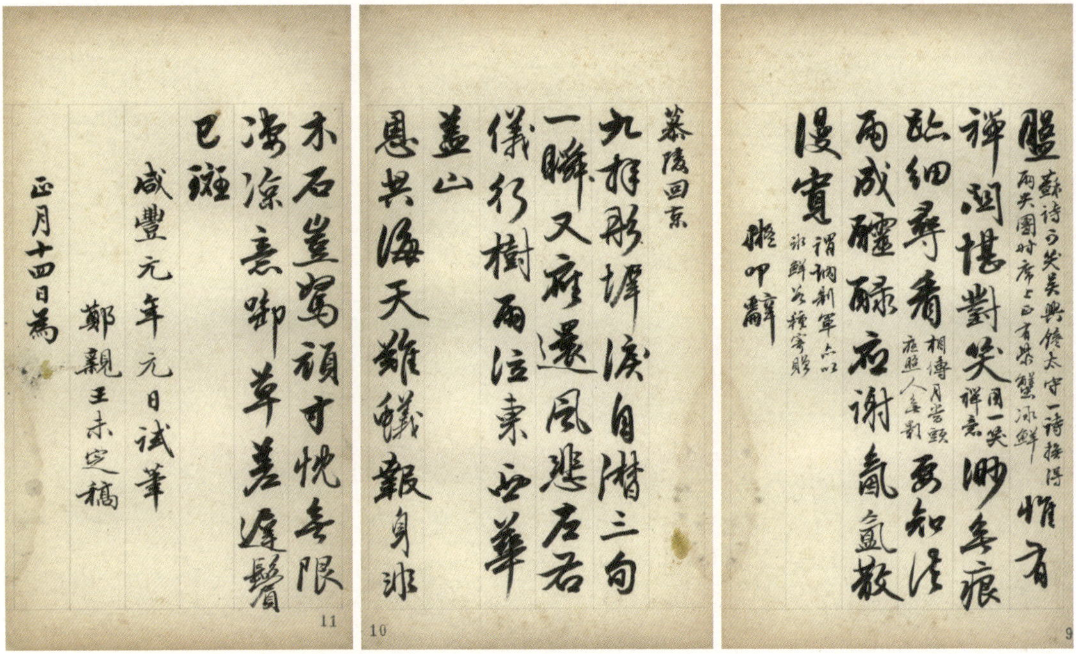

端华诗稿《拟叩辞慕陵回京》

咸丰十一年（1861）十月六日，平日里喜欢吟诗作赋的端华（1807—1861）再也不能吟咏了，等待他的，将是三尺白绫。这一年，改变的不只是郑亲王端华一个人，或许还有中国和她的亿万子民。

咸丰十年（1860）春天，英法联军约两万人北上。七月五日，陷大沽炮台。随后，降直隶总督恒福，破天津卫。八月初，临通州，逼京师。七月十日，清军前敌总指挥僧格林沁密奏，如果皇帝在京，恐怕惊了驾，到热河躲躲吧。二十四日，僧格林沁再次敦请巡幸木兰。咸丰召开御前大臣会议，出示僧格林沁的意见，让大臣们拿主意，遭到群臣的极力反对。二十五日，咸丰召见群臣，颁布朱谕：巡幸之举，朕意已决。郑亲王端华附会说，守不住了，皇上怎么能留在宫里。八月七日，通州八里堡失守，京城屏障洞开。当日，咸丰封奕訢为钦差便宜行事全权大臣，由大学士桂良和户部左侍郎文祥协助，主持议和。

八月八日清晨，大臣们匆匆忙忙入值。他们惊恐地发现：皇帝不见了。

大队人马从圆明园匆匆出发时，只有皇帝的一辆銮车。惠亲王绵愉、惇亲王奕誴、醇亲王奕譞、钟郡王奕詥、孚郡王奕譓、怡亲王载垣、郑亲王端华、宗室肃顺，军机大臣穆荫、匡源、杜翰以及后宫妃嫔，乘坐的都是临时征自民间的车辆。

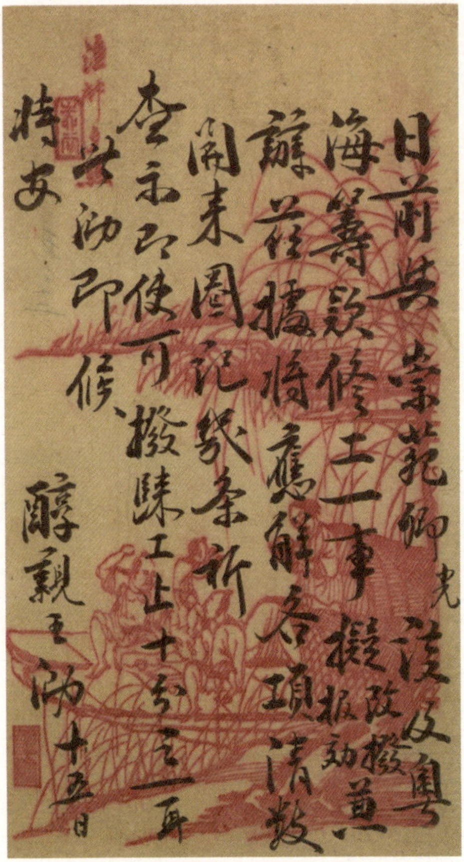

醇亲王（奕譞）致阎敬铭函

此时，随着咸丰逃亡的懿贵妃，已经忘记了指点江山。懿贵妃看见肃顺经过，“涕泣乞请”换一辆车。肃顺批评说，逃亡的时候，还讲什么享受？皇后坐的都是破车，你想逾制吗？生性倔强高傲的肃顺，打心眼里瞧不起二十六岁的懿贵妃。肃顺（1816—1861），镶蓝旗人，郑亲王端华胞弟，排行第六，“接人一面，终生能道其形貌；治一案牍，经年能举其词”。咸丰年间，先后任御前侍卫、礼部尚书、户部尚书、协办大学士等职。肃顺主张从严治政，救弊以猛，亲汉疏满，曾查处科场舞弊案、户部舞弊案、军费报销案等。他看不起满洲贵胄，重用汉族知识分子，让宗室极为不满，他对待贪官污吏喜用猛药，虽然搞得人人自危，但正是这种干练泼辣，赢得了咸丰的信赖，周围聚集了载垣、端华、穆荫、匡源、杜翰等一大批官员，人称“肃党”。

肃顺亲汉疏满，刘禺生《世载堂杂忆》亦有记载：

在内者则有肃顺，主持军机，重用汉人，轻视满人。幕中如王闿运、李寿蓉、高心夔、黄锡焘等，号为肃门五君子。朝中大官，亦多依附。曾、左能成功于外，肃顺实左右之。居间为肃邸置驿以通曾国藩诸人者，王壬秋之力也。时京师朝士风气，以干与军国大事者为人物，以明通用人行政者为贤达，纵横捭阖，气大如虹。如李莼客之流，不过视为文学侍从之臣而已。未几，咸丰死于热河，肃、端治罪。党于肃顺之达官文士，或放或逃，朝中要人，以朋党为厉禁，京师风气，一变而为谈诗文、讲学业。

八月十六日，銮驾抵达承德避暑山庄。十七日，刚稳下心神的咸丰怕联军追击热河，谕旨奕訢："昨复谕令相机办理，朕亦不为遥制，总期抚局速成，朕即可及早回銮，镇定人心，以并保全亿万生灵之命。"还没等他回去，圆明园就被洋鬼子点了一把火。九月三十日，吃饱、喝足、拿够的英法联军撤离北京。十月一日、二日，奕訢和留守大臣敦请圣驾回京。咸丰怕洋鬼子再掉头回来，让奕訢等人别拿回銮说事儿，"只顾目前之虚名，而贻无穷之后患"。

十一年（1861）大年初二，咸丰发表声明说二月二十三日回京。不料临行前一日，咸丰改变了计划，说奕譞领衔奏请暂缓回銮，理由是皇上身体不好，等到秋天再说。在奕訢和留守大臣看来，怂恿咸丰逃往热河，把自己留下来堵枪眼的，就是载垣、端华等人的主心骨肃顺。三月七日，奕訢决定去热河看看怎么回事。请示递上去不久，就被咸丰打了回来。咸丰说，见了面就会想起往事，对身体大大不宜。驳回奕訢的请求后第二天，咸丰莫名其妙地追加了一道谕旨，告诉奕訢等王大臣："大阿哥（即载淳——引者注）于四月初七日入学读书，著李鸿藻为大阿哥师傅。”

还没等回銮，咸丰就病倒了。六月九日，是万寿节。中午，咸丰感觉身体不舒服。七月十六日，咸丰在弥留之际，忽然变得聪明起来。这个庸碌怯懦的皇帝，玩了平生中最漂亮的一次政治游戏。而正是这一自认为聪明的小手腕，将整个国家拖进了权争的泥潭。当天上午，身体本无大碍的咸丰，几次陷入昏迷状态。晚上十一点四十五分左右（子初三刻），咸丰苏醒过来，立即召集随驾大臣，口授身后事宜。当晚，由大臣代写，发了两道谕旨。第一道谕旨是:“咸丰十一年七月十六日，奉朱谕:皇长子载淳，著立为皇太子，特谕。”第二道朱谕是:“咸丰十一年七月十六日，奉朱笔:皇长子载淳，现立为皇太子，著派载垣、端华、景寿、肃顺、穆荫、匡源、杜翰、焦祐瀛，尽心辅弼，赞襄一切政务。特谕。”十七日卯时（早晨五至七时），咸丰驾崩。

在不足六十字的遗诏里，咸丰给自己的儿子构建了一个“八大臣辅政”机制。八人名单中，叔伯、兄弟、子侄一个也没用，全用了些外人。在他心目中，当前的权力格局是所谓“三边四点”，即热河的肃顺、北京的奕訢、皇后和懿贵妃这三边，以及以接班人载淳为中心构成的四点。在“三边四点”格局中，最重要的是让三边彼此牵制，保持稳定，将权力过渡到载淳手里。为防止辅政八大臣越权，他谕命皇后钮祜禄氏掌“御赏”印，懿贵妃叶赫那拉氏代载淳掌“同道堂”印，“凡应用朱笔者用此代之。述旨亦均用之，以杜弊端”，达到相互牵制的目的。需要注意的是，懿贵妃喜欢预政，热衷于吆三喝四，引起了咸丰的不满。他曾向肃顺表示，为防止她以生母的身份挟持载淳临朝处政，打算效仿汉武帝“钩弋故事”，将她处死，肃顺吓得没敢接茬。这话传到懿贵妃耳朵里，以为是肃顺拨弄是非，对他恨得咬牙切齿。

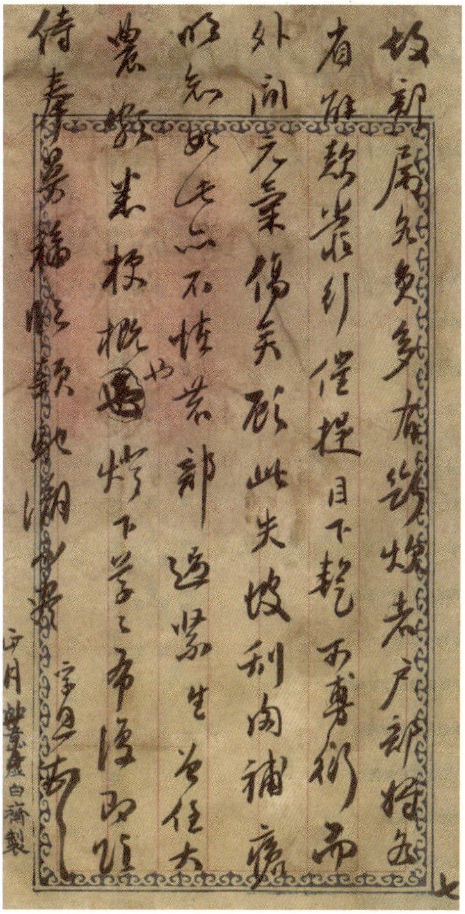

陈孚恩信札

十七日，赞襄大臣成立了治丧委员会。该委员会由热河的瑞亲王仁寿、醇亲王奕譞、协办大学士肃顺、军机大臣杜翰、工部尚书绵森以及北京的豫亲王义道、恭亲王奕䜣、大学士周祖培、吏部尚书陈孚恩和尚书全庆组成。怕奕䜣等来热河后对自己不利，肃顺等人只让陈孚恩一人来热河，其他人则被留在北京，实际上是取消了治丧权。十八日，北京接到了立皇太子和赞襄大臣的谕旨，奕䜣猜测咸丰可能病危，请示赴热河，被肃顺阻止。

二十日，两宫皇太后主动召集赞襄八大臣开会，要求商量谕旨的拟呈改颁和人事的贬罚罪赏。双方约定：奏章太后要过目，谕旨要盖章后再颁布，任命尚侍督抚要经太后裁定，其他官员的任命也要太后同意。按照咸丰的谕旨，并没有明确规定权力的分工。两宫太后凭借印章，争取到了领导权。这是一场非常关键的斗争。这场斗争，不但让慈禧站稳了脚跟，获得合法的从政权，而且将咸丰构建的辅政机制，切换成垂帘与辅政并行机制。

八大臣没有想到，慈禧派出的使者早已悄悄进入北京。这个使者就是醇亲王奕譞，慈禧的亲妹夫。咸丰驾崩后，他赶回了热河。母亲没有得到封号，让奕譞极不痛快。慈禧告诉他，端华、载垣这么闹腾，背后的主使是肃顺。奕譞听后肚子都炸了，要把赞襄大臣逮起来治罪。慈禧见他这么没脑子，连忙好言安抚住，让他起草了一道谕旨，说咸丰没有让肃顺等辅政，都是他们自己捏造的，请北京方面议定罪名。圣旨写好后，慈禧让奕譞先回北京，等銮驾回去后再宣示。然后，两宫皇太后和奕譞共同商量对策，奕譞说，非恭亲王不可。

二十二日，奕訢接到奕譞的密报。二十三日，奕訢申请去热河奔丧获得批准。二十五日，从京城出发，八月一日，到达承德避暑山庄。两宫皇太后提出见奕訢，遭到肃顺、端华等人的拒绝。杜翰严肃地说：叔嫂当避嫌疑，而且居丧期间，尤其不能见亲王。肃顺拍着手笑道：真不愧是杜文正公（即杜受田）之子啊。言下之意，说话的水平真高，一下子就把奕訢将在那里了。奕訢说：请郑亲王和我一起吧。端华回头看了看肃顺，意思是怎么办，监督不监督？肃顺不以为意。就是这次大意，让他付出了生命的代价。奕訢和两宫皇太后进行了改变历史的一小时会见。

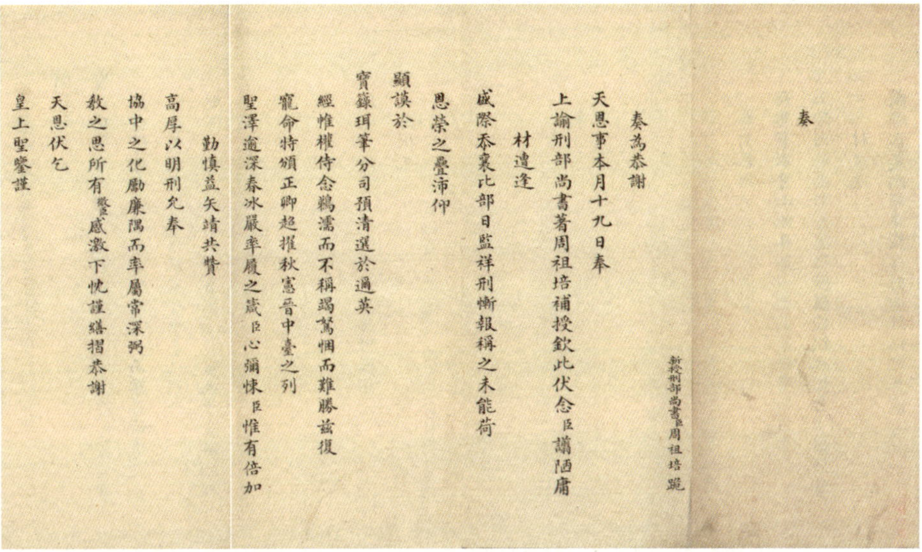

新授刑部尚書臣周祖培跪

奏

奏為恭謝

天恩事本月十九日奉

上諭刑部尚書著周祖培補授欽此伏念臣謭陋庸

材遭逢

盛際恭襄比部日監祥刑慚報稱之未能荷

恩榮之疊沛仰

顯謨於

寶籙珥筆分司預清選於通英

經帷權侍念鵜濡而不稱竭駑惘而難勝茲復

寵命特頒正卿超擢秋憲晉中臺之列

聖澤逾深春冰嚴率履之歲臣心彌悚臣惟有倍加

勤慎益矢靖共贊

高厚以明刑允奉

協中之化勵廉隅而率屬常深弼

敕之思所有臣感激下忱謹繕摺恭謝

天恩伏乞

皇上聖鑒謹

周祖培补授刑部尚书谢恩折

周祖培绝对不是阴险小人，但却干了件阴险的事。周祖培（1793—1867），字芝台，河南商城人，嘉庆二十四年（1819）进士，咸丰八年（1858）以吏部尚书协办大学士，兼署户部。他任户部汉人尚书时，肃顺任满人尚书，肃顺经常对他进行打压和排挤，属下曾将周祖培签阅过的文件，送肃顺审核。肃顺故意说，这是谁批阅的？属下小声说，这是周中堂批的。肃顺大骂，这帮子混混，狗屁不懂，顺手将批件拿红笔抹了。肃顺在热河的所作所为，让周祖培看到了报复的机会。周祖培找到了自己的学生董元醇。董元醇也是河南人，咸丰二年（1852）进士，时任山东道监察御史。八月六日，在老师的指使下，董元醇写了一封奏章，送到热河。奏章的主要内容，就是建议“太后垂帘”：两宫皇太后主政，奕䜣奕譞辅佐，周祖培为师。这意味着咸丰提出的赞襄八大臣辅政机制，将全部被推翻。

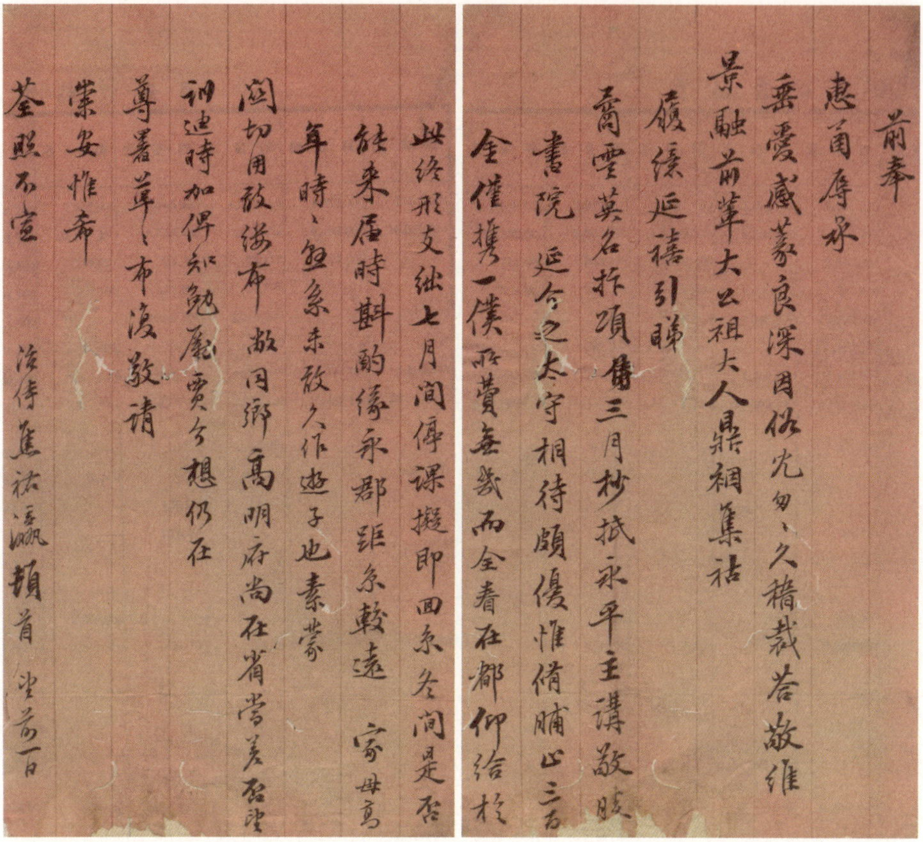

焦祐瀛致景融前辈大公祖大人函

八月十一日，两宫太后和赞襄大臣的正面冲突爆发，双方大声吵闹，把载淳吓得尿了裤子。九日，两宫太后代载淳收到董元醇的奏折后，留中未发。十日，赞襄大臣派人去取，太监回话说，西边正看着呢。载垣听后，冷冷一笑，并没太在意。当天，两宫太后召集赞襄大臣开会，正式向他们摊了牌，让载垣等人按照董元醇奏折中的三条建议，起草落实方案。

当天夜里，肃顺等就命军机章京吴兆麟拟稿，驳斥董元醇的谬论。吴兆麟怕祸及自身，就不痛不痒地敷衍了几句。不得已，焦祐瀛亲自捉刀，以皇帝的名义起草谕旨，为八大臣辅政正名。焦祐瀛，字桂樵，直隶天津人，道光朝举人，考授内阁中书，充军机章京，累迁光禄寺少卿。咸丰十年，命赴天津静海诸县治团练，召回从幸热河，命在军机大臣上学习行走，迁太仆寺卿。十一日，肃顺把谕旨草稿呈给两宫太后，要求盖章。两宫太后不盖章，赞襄大臣不答应，双方在内廷吵了起来。慈禧拿八大臣没办法，八大臣对慈禧也没招，双方处于胶着状态。

肃顺不知道，当天，处理他们的诏书已经拟好了，而且还是慈禧亲手书写的。收藏在中国第一历史档案馆里的慈禧手书密谕，错字连篇，字体歪扭，文化水平有限。然一百五十年后的今天，仍然让人感觉到杀气透纸。密谕说，董元醇上奏三条正合朕意，让载垣等传旨时，没想到“该王大臣阳奉阴违，自行改写，敬敢抵赖，是成何心！该大臣看朕年幼，皇太后不明国是所至。该王大臣如此大胆！又上年圣驾巡幸热河之议，据是端华、载垣、肃顺等三人之议。朕仰体圣心左右为难所至，在山庄升遐。该王大臣诓驾垒垒，抗旨之罪不可近数。求七兄弟改写。进成后，在传恭亲王赞襄正务，是否求兄弟著议”。密谕由太监刘福喜交“七兄弟”奕譞。当天，奕譞回奏说，从谕旨可见皇太后用意深远，实在是国家之福气，“臣以身许国，何顾利害，谨仰体圣心拟旨一道，求皇太后进城后与母后皇太后商议召见恭亲王命看此旨可行则行，如不可行，再问恭亲王，必有良策，因臣年幼不敢冒昧之故也。谨奏”。

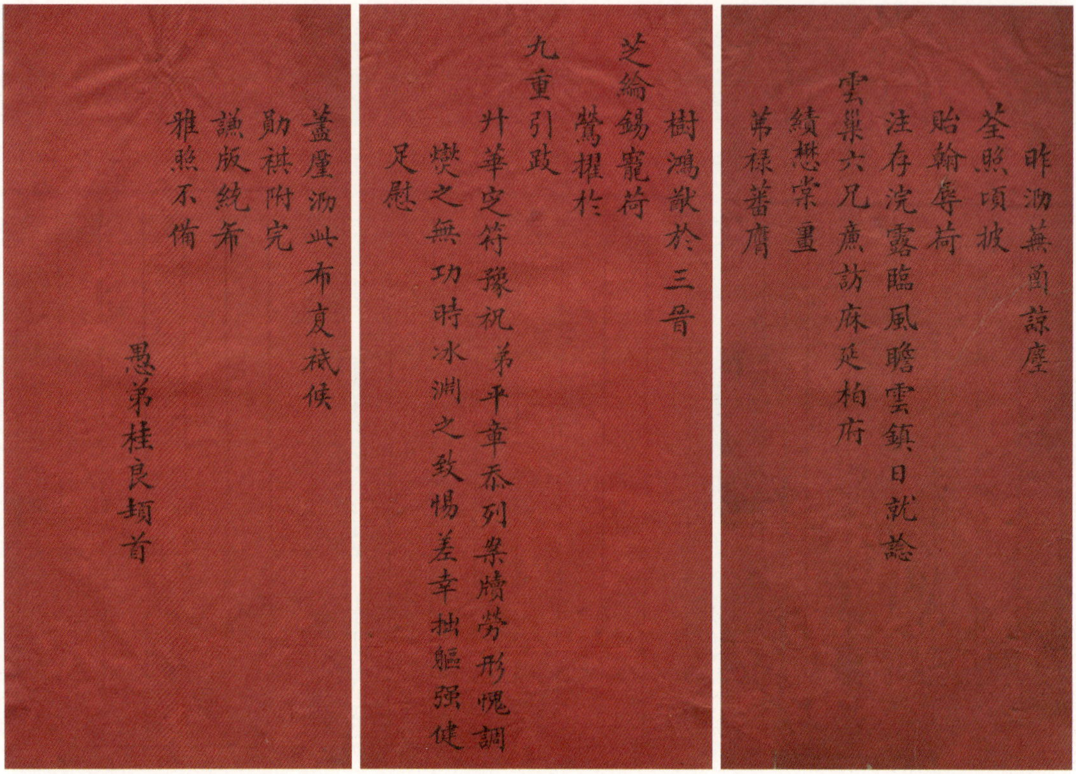
昨泐蕪函諒塵
荃照頃披
貽翰辱荷
注存洸露臨風瞻雲鎮日就諗
雲巢六兄廉訪麻延柏府
績懋棠畫
弟祿蓄膺
樹鴻猷於三晉
芝綸錫寵荷
鶯擢於
九重引跂
升華定符豫祝弟平章忝列案牘勞形愧調
燮之無功時冰淵之致惕差幸拙軀强健
足慰
蓋廑沕此布复祗候
勛祺附完
謙版統希
雅照不備
愚弟桂良頓首

桂良致沈兆澐（云巢）函

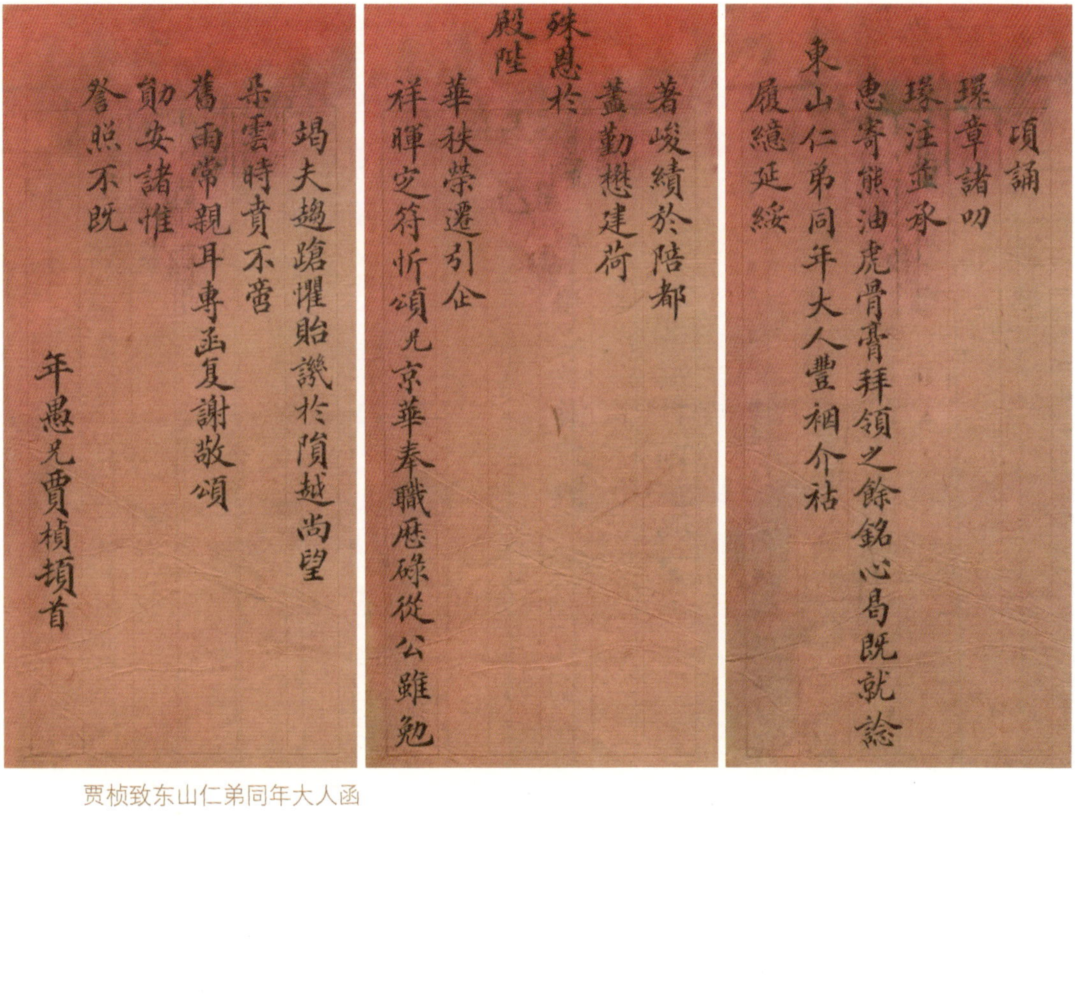

頃誦
琛章諸叨
墜注並承
惠寄熊油虎骨膏拜領之餘銘心曷既就諗
東山仁弟同年大人豐裀介祜
履繶延綏
著峻績於陪都
蓋勤懋建荷
殊恩於
殿陛
華秩榮遷引企
祥暉定符忻頌兄京華奉職歷碌從公雖勉
竭夫趨蹌懼貽譏於隕越尚望
朵雲時賁不啻
舊雨常親耳專函復謝敬頌
勛安諸惟
詧照不既
年愚兄賈楨頓首

贾桢致东山仁弟同年大人函

奕訢离开热河后，慈禧“反复申说，凡数百言”，督促早日回京。肃顺以大沽夷兵日增为由，多次拖延。在慈禧做赞襄大臣思想工作的同时，奕訢授意北京重臣上书促请回銮。八月十四日，为迷惑赞襄八大臣，两宫太后以皇帝的名义，向他们递出了橄榄枝，赐端华、载垣食双工俸，肃顺晋宫传。由于太后垂帘之议被以圣旨的形式正式废除，赞襄大臣自以为无人能挑战其地位和权威，所以同意不再延期。八月十六日，肃顺宣布銮驾于九月二十三日启程回京。决定了回京日期后，肃顺送给了慈禧和奕訢第一个乌龙球。

按照旧制，载淳必须陪着咸丰梓宫一同返京。为了尽快脱离肃顺等人的掌控，并将八大臣分而化之，慈禧以载淳年龄太小，经不起折腾为由，提出了一种变通方案，即九月二十三日，载淳在热河恭送梓宫启程后，抄小道先行回京，在东华门外跪迎。赞襄大臣的具体工作任务是，端华、载垣陪同载淳，肃顺护送梓宫。赞襄大臣对此方案的祸心居然毫无觉察。此方案由他们和仁寿、奕誴、奕譞、绵森、陈孚恩等联合上奏后，以诏书形式颁布。这一方案的聪明之处在于，不但两宫太后摆脱了赞襄大臣的监控，将灵魂人物肃顺和其他人分开，更重要的是为安排政变赢得了充裕的准备时间。

九月四日，端华、载垣、肃顺称工作繁忙，鬼使神差地要求辞去一些差使。端华开去步军统领，载垣开去銮仪卫和上虞备用处事务，肃顺开去理藩院和向导处事务。步军统领相当于北京卫戍区司令，提督九门，负责京城的防守、治安和保甲，这一职务的请辞，将操纵北京的兵权拱手相让。可能有一个人意识到了回京的危险性——赞襄大臣之一的杜翰，他在回銮前的一封私信中表示，目前情况很不明朗，为了报答先帝知遇之恩，也只能“敢此一死”。

九月三十日深夜，一群人踹破了通州驿馆客间的房门，将正在床上做梦的一个男人提溜了起来，五花大绑地摁在了囚车上。这个男人正是协办大学士、户部尚书肃顺。七天前的一个深夜，一个喜欢写日记的书生，记下了自己当时的感受，言语颇有见地，他说：“伏想梓宫今日（二十三日）启行矣，銮舆不返，弓剑引来，千古痛心之事。”二十余年后，他也被玩了——这个人就是翁同龢。二十七日，慈禧担心出意外，派乾清门侍卫布勒和德、索普多尔扎布刺探梓宫行程和肃顺动向。二十八日，慈禧抵达京郊南石槽行宫，与前来迎接的奕訢密谋了半天。二十九日，銮驾进入北京城。三十日，两宫太后召见奕訢、桂良、文祥、贾桢、周祖培等人。

圣旨给肃顺等人扣了几顶大帽子。首先，将咸丰逃亡的责任，推到肃顺等人身上，“上年海疆不靖，京师戒严，总由在事之王大臣等筹画乖方所致”。其次，把咸丰病死热河，也算到他们身上，“皇考屡召王大臣议回銮之旨，而端华、载垣、肃顺朋比为奸，总以外国情形反复，力排众议。皇考宵旰焦劳，更兼口外严寒，以致圣体违和”。第三，指责肃顺等擅权，排斥太后垂帘。因此，诏令将端华、载垣、肃顺解职，其他五人退出军机处，由奕訢领头议其罪，并制定垂帘礼仪。

肃顺再次见到端华、载垣，是在宗人府的监狱里。三人相见，恍然隔世。肃顺骂道：若早从吾言，何至有今日！端华、载垣说：事已至此，复何言？

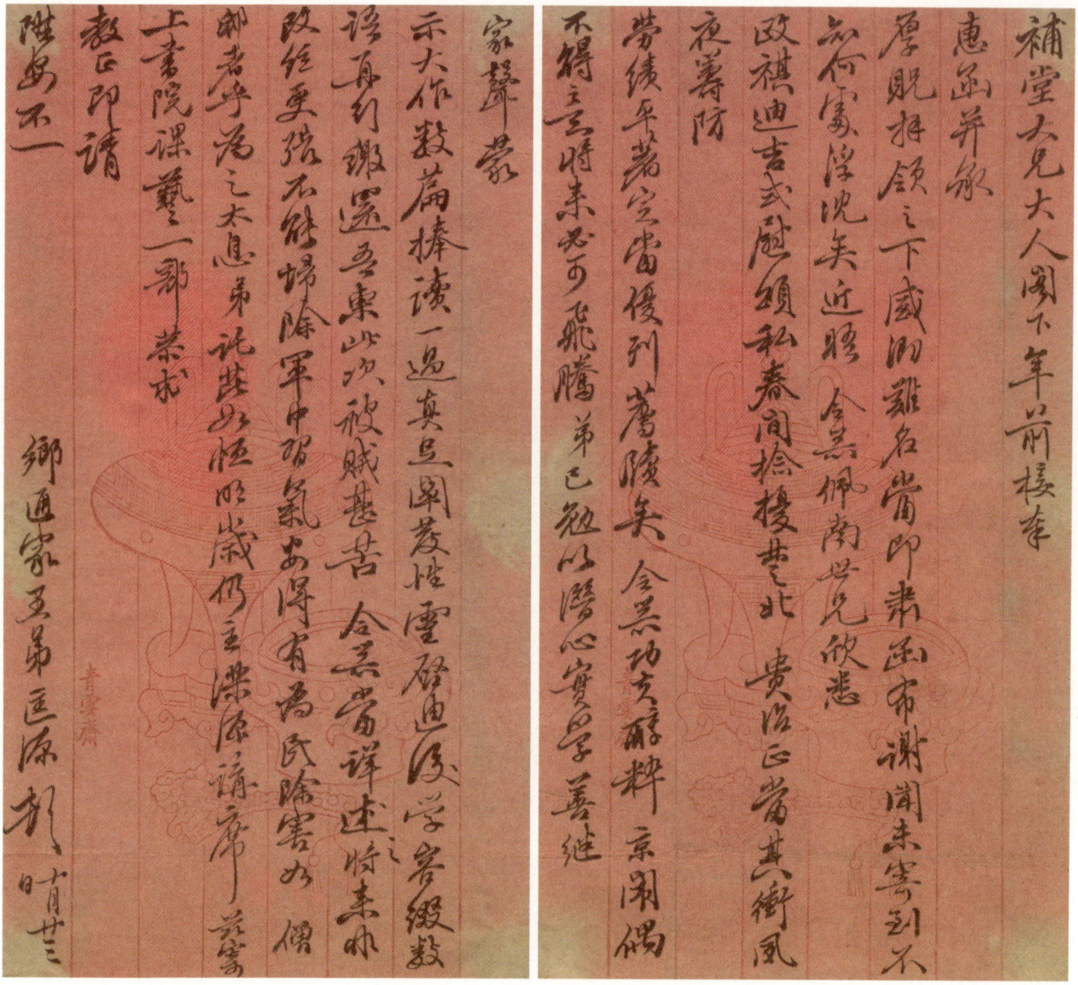

補堂大兄大人閣下：年前接奉
惠函并敘
尊貺拜領之下，感泐難名，當即肅函布謝，諒未寄到，不知何處浮沉矣。近聆
令岳佩南世兄，欣悉
政祺迪吉，式慰頌私。春間捻擾豐北，貴治正當其衝，夙夜籌防，
勞績卓著，定當優列薦牘矣。令坦功文醇粹，京闈偶不得意，三年時來必可飛騰，弟已勉以潛心實學，善繼
家聲。蒙
示大作數篇，捧讀一過，真足開發性靈，啟迪後學，容綴數語再行繳還。吾東此次被賊甚苦，令坦當詳述。將來亦
政經要務，不能埽除軍中習氣，安得有為民除害如僧
邸者乎，為之太息。弟託芘如恆，明歲仍主濼源講席。茲寄
上書院課藝一部，恭求
教正，即請
陞安，不一。
鄉通家愚弟匡源頓首 十月廿三日

匡源致补堂函

载垣又骂肃顺：吾罪皆听汝言成之。肃顺回曰：坐被人算计，乃以累我。在三人相互责备的时候，北京派和两宫太后正兴高采烈地分享权酬。十月一日，诏命恭亲王奕訢为议政王，在军机处行走，大学士桂良、户部尚书沈兆霖、侍郎宝鋆、文祥并为军机大臣，告密者鸿胪寺少卿曹毓英，如愿以偿地在军机大臣上学习行走。二日，授奕訢为总管内务府大臣，奕譞为御前大臣。五日，将肃顺等人拟定的年号“祺祥”，改为“同治”。

六日，恭亲王等拟请载垣、端华、肃顺照大逆律凌迟。考虑到他们是权贵，就给了个全尸的面子，诏赐载垣、端华自尽，肃顺处斩，褫景寿、穆荫、匡源、杜翰、焦祐瀛职，穆荫遣戍军台效力，立场不坚定的陈孚恩等被革职。据记载，睿亲王仁寿监斩，“将行刑，肃顺肆口大骂，其悖逆之声，皆为人臣子所不忍闻。又不肯跪，刽子手以大铁柄敲之，乃跪下，盖两胫已折矣。遂斩之”。

影响中国四十七年之久的垂帘机制，在英法联军的炮声中，以政变的方式诞生。

第五章

刺马

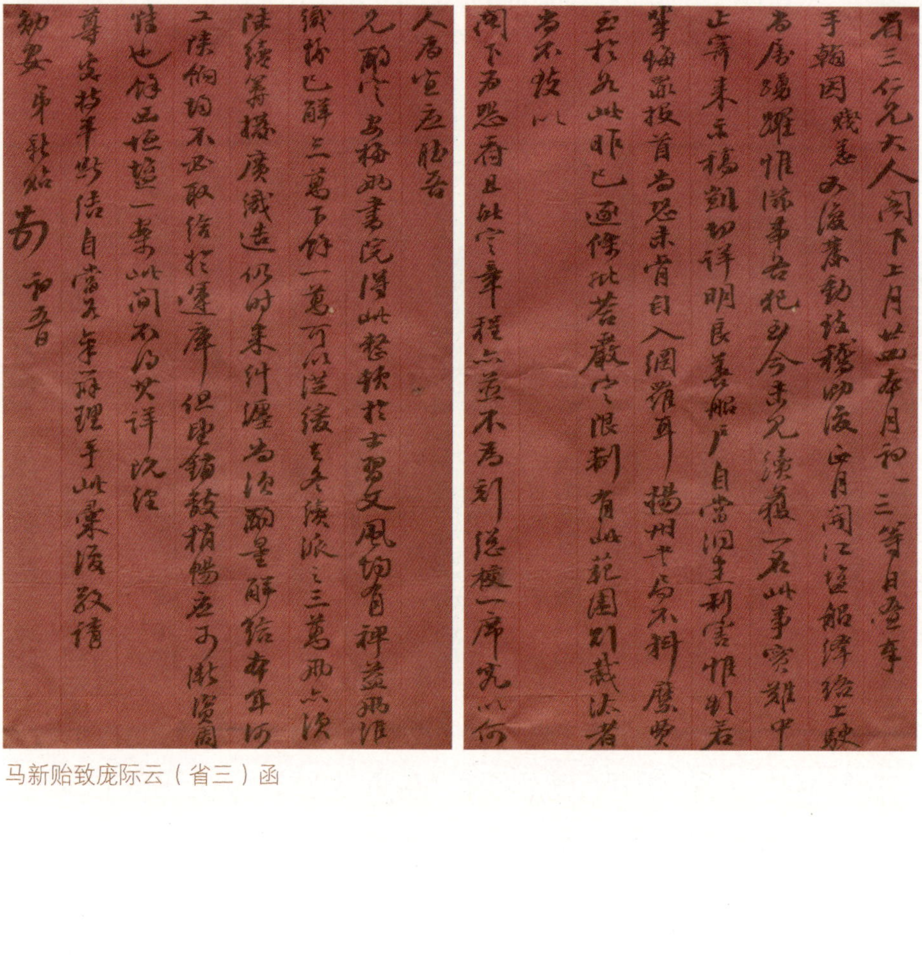

马新贻致庞际云（省三）函

同治九年（1870）七月二十六日，一代名臣马新贻做梦也想不到，自己将以千古疑云的方式走向生命的终点。

马新贻（1821—1870），字谷山，号燕门，山东曹州（今荷泽）人。二十七岁中进士。咸丰三年（1853），任合肥知县时随钦差大臣袁甲三平太平军，因功擢庐州知府。同治三年（1864），升浙江巡抚。同治七年（1868），任闽浙总督。不久，任两江总督兼通商大臣。马新贻官声极佳，业绩突出，颇受民众爱戴。谁也想不到，他居然死在一个刺客手里。

马新贻和李鸿章同榜，若非暴死，其成就或不在其下。

当日十时许，马新贻检阅完毕回衙途中，有人拦轿告状，马新贻接纸阅览，不料，突然冲出一名男子，手持匕首，刺入马新贻右肋。刺毕，男子竟不逃走，高声报名张汶祥（各种史料“祥”“详”不一致——引者注），大笑就缚。细节版本有异，但整体差不多。据薛福成《庸庵笔记》：

两江总督月课武职之期，马端敏公（新贻）亲临校场阅射。校场在督署之右，有箭道可通署后便门。端敏阅射毕，步行由箭道回署，将入便门，忽有跪伏道左求助川资者，乃一武生，端敏同乡也。接呈状阅之，谓曰：“已助两次矣，今胡又来？”言未毕，忽右边有人大呼伸冤者，未及询问，已至端敏身前，左手把其衣，右手以小刀搓其胸。端敏谓从人曰：“我已被刺，速拿凶手！”言讫而绝。

薛福成说“言讫而绝”是不正确的。按史料，马新贻被刺后，生命垂危，江宁将军魁玉、江宁布政使梅启照、署理藩司孙衣言等司道各员均前来探视，马新贻口述遗折，由过继子马毓桢代笔，口授完毕，交魁玉转呈。次日，马新贻不治而亡。遗折全文如下：

奏为微臣猝被重伤，命在顷刻，伏枕哀鸣，仰祈圣鉴事。窃臣由道光二十七年进士，以知县即用，分发安徽。到省后迭任繁剧，至咸丰三年以后，军书旁午。臣在营防剿，随同前漕督臣袁甲三等克复凤阳、庐州等城，驰驱军旅，几及十年。同治元年苦守蒙城，仰托国家威福转危为安。旋蒙文宗显皇帝及皇太后、皇上特达之知，洊擢至浙江巡抚，升授浙闽总督。同治七年六月，恭请陛见，跪聆圣训。出都后，行抵济宁即蒙恩命调任两江总督，九月到任。两江地大物博，庶政殷繁。江宁克复后，经前督臣曾国藩、前署督臣李鸿章实心整理，臣适承其后，谨守成规，而遇事变通，总以宣布皇仁休养生息为主。本年来旸雨幸尚调匀，民物渐臻丰阜。臣寸衷寅畏，倍矢小心，俭以养廉，勤以补拙，不敢稍逾尺寸，时时以才智短浅，不克胜任为惧。五月间，天津民教滋事，迭奉谕旨，垂询各海口防守事宜。臣一闻外人要挟情形，愤懑之余继以焦急，自顾身膺疆寄，苟能分一分之忧，庶几尽一分之职。两月来，调派水陆各营并与江皖楚西各抚臣，及长江提臣密速妥商。所有公牍信函皆手自披答，虽至更深漏尽不敢假手书记。稍尽愚拙之分，弥懔缜密之箴。所有水陆布置事宜，甫于本月二十五日详析密陈在案。二十六日遵照奏定章程，于卯刻亲赴署右箭道校阅武牟月课，巳刻阅竣，由署内后院旁门回署。行至门口，突有不识姓名之人，以利刃刺臣右胁之下，深至数寸，受伤极重。

当经随从武弁等将该犯拿获，发交府县严行审讯。一面延医看视，伤痕正中要害，臣昏晕数次，心尚明白，自问万无生理。伏念臣身经行阵，迭遭危险，俱以坚忍固守，幸获保全，不意戎马余生，忽遘此变，祸生不测，命在垂危。此实由臣福薄灾生，不能再邀恩眷。而现当边陲未靖，外患环生，既不能运筹决策，为朝廷纾西顾之忧，又不能御侮折冲，为海内弭无形之祸，耿耿此心，死不瞑目。惟有伏愿我皇上敬奉皇太后懿训，益勤典学，时敕几康，培元气以恤疲氓，运远谟以消外衅。瞻恋阙廷，神魂飞越！臣年甫五十，并无子嗣，以胞弟河南试用知县马新祐之子胞侄童生马毓桢为子。臣待尽余生，语多舛误，口授遗折，命嗣子马毓桢谨敬缮写，赍交江宁将军臣魁玉代为呈递。无任依恋，屏营之至。伏乞皇太后、皇上圣鉴。谨奏。

“刺马案”发生，举国震惊，这是自大清建国以来第一起最高级别官员被刺事件。据传，慈禧闻知，惊骇莫名：“马新贻此事岂不甚奇？”

二十九日，同治和慈禧发布四道谕旨，让魁玉督同司道各官赶紧严讯，务得确情，尽法惩办。同时，著曾国藩调补两江总督，未到任以前著魁玉暂行兼署。谕旨未到，也就是马新贻身亡当日，江宁将军魁玉就拿到了口供，据江宁知府孙云锦等审理，张汶祥是河南汝阳人，做过太平天国侍王李世贤裨将，魁玉在奏折中说：“拿获行刺之凶犯，始则一味混供，迨昼夜研鞫，据供系河南人，名张汶详，直认行刺不讳，而讯其行刺之由，尚属支离狡诈。”

作为布政使，梅启照是江宁地区最高行政长官，也是“刺马案”主审官

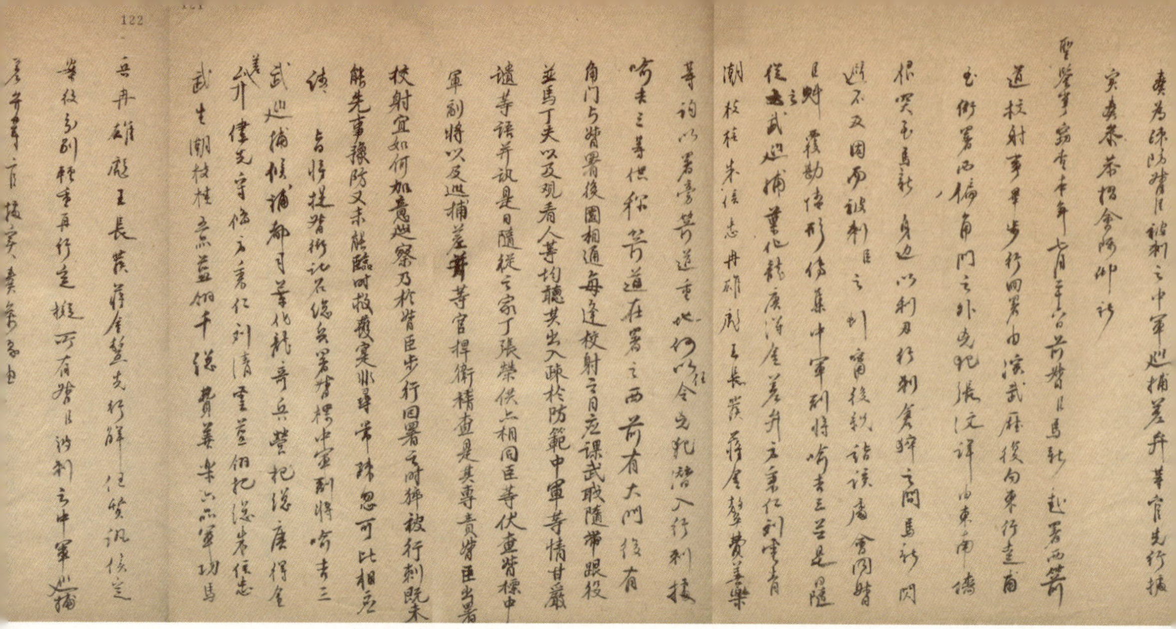

梅启照抄录督臣（马新贻）被刺之中军巡捕差弁等官先行据实奏参奏折

之一。梅启照（1826—1894），曾国藩门生和幕僚，字小岩，江西南昌人。咸丰二年（1852）进士，点翰林院庶吉士、编修，授吏部主事、郎中，后补浙江道御史。同治二年（1863）任广东惠州知府，次年任广州知府。同治六年（1867），先任长芦盐运使，后署广东按察使。同治八年（1869），升江宁布政使。有意思的是，梅启照清廉自珍，官品正直，但似乎和“案子”有说不清的运命瓜葛。“刺马案”没审明白，后来他在另一个案子上栽了跟头。光绪七年（1881），梅启照任河东河道总督，授头品顶戴。光绪九年（1883）任钦差大臣，复查河南镇平县王树汶替身案，断了个葫芦案，褫职回乡。有意思的是，两个案件中，当事人名字中都有一个“汶”字。

此案反复折腾，不见效果。九月五日，朝廷下旨：

惟以兼圻重臣，督署要地，竟有不法凶徒潜入署中，白昼行刺，断非该犯一人挟仇逞凶，已可概见。现在该犯尚无确供，亟须彻底根究。著张之万驰赴江宁，会同魁玉督饬司道各员，将该犯设法熬审，务将其中情节确切研讯，奏明办理，不得稍有含混。

不久，又严令：

张汶详行刺督臣一案，断非该犯一人逞忿行凶，必应彻底研鞫，严究主使，尽法惩办。现审情形若何，魁玉此次折内并未提及。前已明降谕旨，令张之万驰赴江宁会同审办。即著该漕督迅速赴审，弗稍迟延。魁玉亦当督饬司道等官，详细审讯，务得确供，不得以等候张之万为辞，稍形松懈。此事案情重大，断不准存化大为小之心，希图草率了事也。

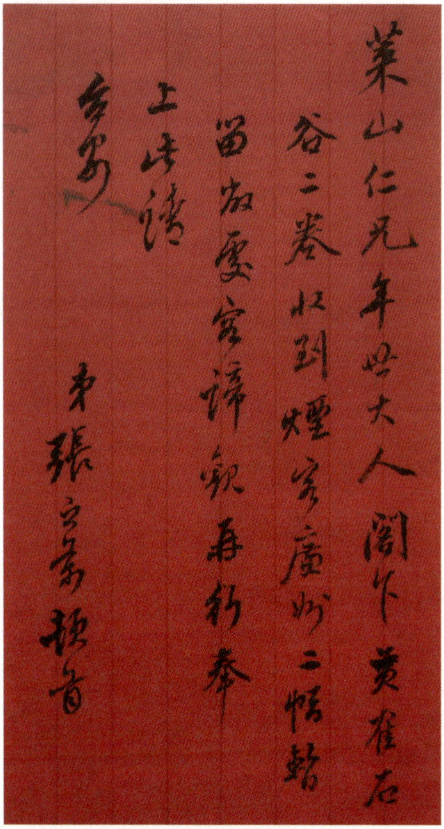
张之万致孙毓汶（莱山）函

张之万（1811—1897），字子青，号銮坡，直隶南皮人，道光二十七年（1847）状元，光绪年间入值军机处，兼署吏部尚书，后为协办大学士、体仁阁大学士、东阁大学士。其人长寿，年八十七岁卒，工书法，善山水，用笔兼唐法晋韵，与戴熙时称南戴北张。奉旨查案时，任漕运总督。张之洞这位堂兄，在对待“刺马案”上，一直拖拖拉拉，且路上戒备森严，恐遭不测，谕旨中的“弗稍迟延”，就是指责他疑神疑鬼，赴任不积极。

十月十二日，张之万奏称：

该犯张汶祥自知身罹重解，凶狡异常，连讯连日，坚不吐实，刑讯则甘求速死，熬审则无一言。既其子女罗跪于前，受刑于侧，亦复闭目不视，且时复有矫强不逊之词，任意污蔑之语，尤堪令人发指。臣又添派道府大员，并遴选长于听断之牧令，昼夜熬审，务期究出真情，以成信谳。

奏折中，出现“熬审”一词，该词实际上是七月二十九日第四道谕旨中的主题词：著魁玉督饬司道各官，设法熬审，务将因何行刺缘由及有无主使之人一一审出，据实奏闻。

熬来熬去，就是“坚不吐实”，要不就是“复有矫强不逊之词，任意污蔑之语”。这一状况，薛福成《庸庵笔记》也有记载：

方汶祥之被执也，江宁将军魁玉公诘问主使，汶祥张目答云：我为天下除一通回匪者。盖以马公先世出于回教，故诬之也。及星使至，与承审司员先后熬问，汶祥终无一词，或时为夸谩不逊语而已。或劝刑讯，星使以汶祥重犯，傥未正典刑而瘐死狱中，谁执其咎？故始终不敢用刑。

不敢用刑，是怕打死了凶手，脱不了干系。这令张汶祥省却了皮肉之苦，但案子却打不开缺口。

朝廷对这等审理速度和结果，极为不满。十二月九日至十八日，连发三道谕旨，指责张之万等：现已五旬之久，尚未据将审出实情具奏，此案关系重大，岂可日久稽延。

十二月十二日，张之万等不得不上奏，具列“刺马”理由：凶犯张汶详曾从发捻，复通海盗，因马新贻前在浙抚任内，剿办南田海盗，戮伊伙党甚多。又因伊妻罗氏为吴炳燮诱逃，曾于马新贻阅边至宁波时，拦舆呈控，未准审理，该犯心怀忿恨。

奏折中，张之万等将刺马的缘由列为报复，并未提及通洪事宜，且专门审明，刺马案“无另有主使各情，尚属可信”。“尚属”的意思是不确切，只能姑且如此。张之万等闪烁其词，为本案平增许多疑窦。此时，曾国藩正在交接公务，拟赴任两江总督，随同前往的，还有刑部尚书郑敦谨，其作为钦差大臣赴江宁复审，同时，圣旨让孙衣言、袁保庆参与会审。

郑敦谨（1803—1885），字小山，湖南长沙人，道光十五年（1835）进士，选庶吉士，散馆授刑部主事。因“剿匪”屡获升迁。郑敦谨铁面无私，政声甚嘉，曾因查办山西巡抚赵长龄和藩司陈湜剿匪不力案，名声大噪。值得一提的是，陈湜是曾国藩姻亲，经郑敦谨手被革职充军。按《清史稿》：

同治九年，（敦谨）调刑部。两江总督马新贻被刺，获凶犯张汶祥，江宁将军魁玉、漕运总督张之万会谳，言汶祥为洪秀全余党，其戕新贻，别无主谋者。命敦谨往会鞫，仍以初谳上，论极刑。

经过会审，郑敦谨和曾国藩联名上奏：会同复审凶犯行刺缘由，请仍照原拟罪名及案内人犯按例分别定拟。奏折中，基调和张之万等一样，明白表示，本案“实无另有主使及知情同谋之人”，同时提出了具体的处理办法，即：按谋反大逆律问拟，拟以凌迟处死，摘心致祭。

三月二十六日，谕旨结案。四月四日，曾国藩监斩，张汶祥被依法处置。

此案之所以初发就舆情汹汹，盖因为“兹事体大”，且牵连甚广。围绕着“刺

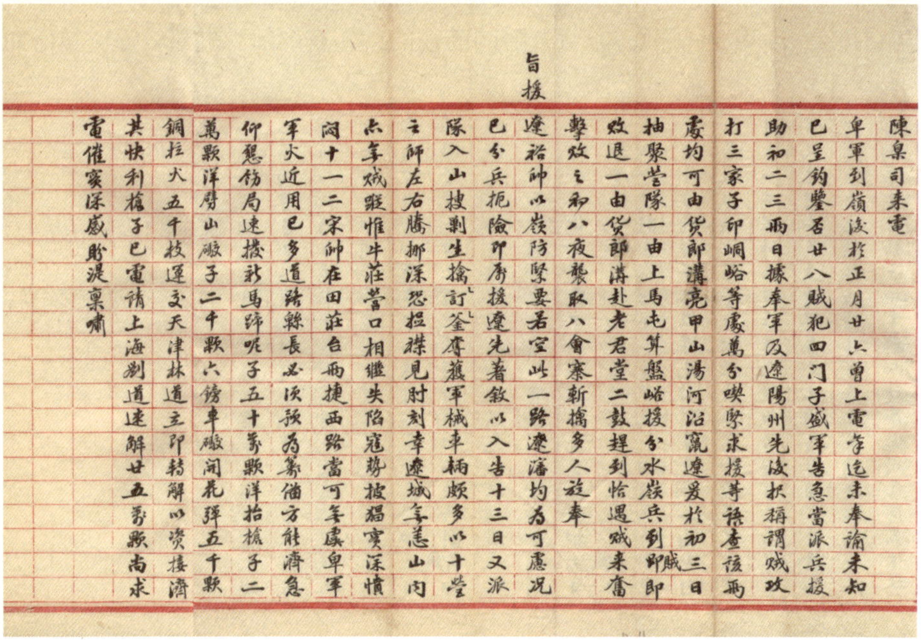
陳臬司來電
阜軍到嶺後於正月廿六曾上電迄未奉諭未知
已呈鈞鑒否廿八賊犯四門子盛軍告急當派兵援
助初二三兩日據奉軍及遼陽州先後抄稱謂賊攻
打三家子印峒峪等處萬分喫緊求援等語查該兩
處均可由貨郎溝亮甲山湯河沿竄遼爰於初三日
抽聚營隊一由上馬屯算盤峪援分水嶺兵到即賊即
敗退一由貨郎溝赴老君堂二鼓趕到恰遇賊來奮
擊敗之初八夜襲取八會寨斬擒多人旋奉
旨援
遼裕帥以嶺防緊要若空此一路遼瀋均為可慮况
已分兵扼險毋庸援遼先著飭以入告十三日又派
隊入山搜剿生擒訂釜奪獲軍械車輛頗多以十營
之師左右騰挪深恐捉襟見肘刻幸遼城無恙山內
亦無賊蹤惟牛莊營口相繼失陷寇勢披猖實深憤
悶十一二宋帥在田莊台兩捷西路當可無虞阜軍
軍火近用已多道路縣長必須預為籌備方能濟急
仰懇飭局速撥新馬蹄呢子五十萬顆洋抬槍子二
萬顆洋劈山礮子二千顆六磅車礮開花彈五千顆
銅拉火五千枝運交天津林道主即轉解以資接濟
其快利槍子已電請上海劉道速解廿五萬顆尚求
電催實深感盼湜稟嘯

陈臬司（陈湜）致张之洞电报件

马案”，先后衍生出许多版本，其中有桃色、复仇、背叛，等等，不一而足。自马新贻一亡，就有戏曲在梨园上演，至今更是被演绎得扑朔迷离。刨除这些带有传说性质的附会，舆论所议中，有两个版本值得重视。

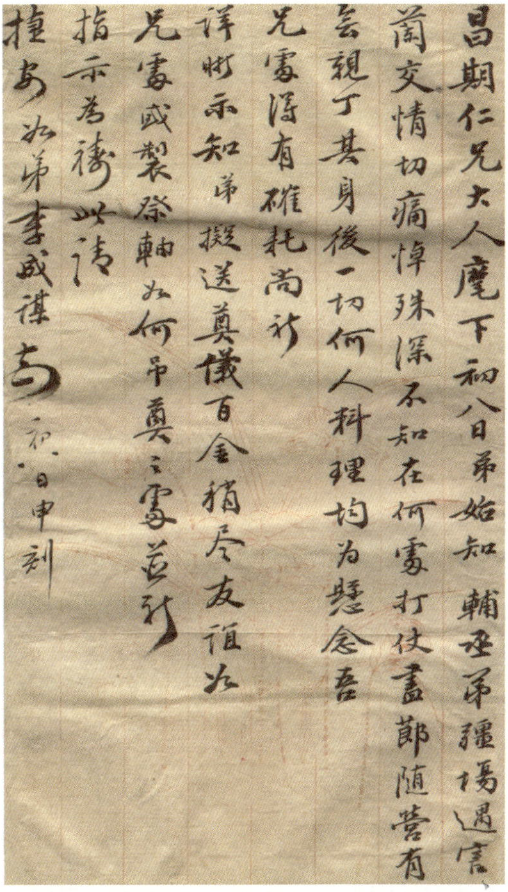
昌期仁兄大人麾下：初八日弟始知辅丞弟疆埸遇害，蔺交情切，痛悼殊深。不知在何处打仗尽节，随营有无亲丁，其身後一切何人料理，均为悬念。吾兄处得有确耗，尚祈详晰示知。弟拟送奠仪百金，稍尽友谊，以兄处或制祭轴，如何吊奠之处，并祈指示为祷。此请捷安。如弟李成谋顿首。初八日申刻

李成谋致黄翼升（昌岐）函

一是曾国藩主使说。曾国藩本为两江总督，时人均疑心曾氏兄弟吞没太平天国巨财，且，人云曾氏谋反。朝廷派马新贻接替曾氏任职，既是查宝、查谋反线索，也是给如日中天的湘军势力掺沙子。故而，传言曾国藩为杀人灭口，指使下属买通死士，刺死马新贻。其中，有可能成为直接买凶者的是黄翼升。黄翼升（1818—1894），字昌岐，湖南长沙人。其人从属湘军，一生追随曾国藩，多次由其荐举任职，马新贻被刺时，黄翼升任长江水师提督。补充一句，曾国藩死后，黄翼升以类似“莫须有”的罪名被革职。

二是丁日昌指使说。丁日昌（1823—1882），字禹生，号持静，广东丰顺县（今梅州）人，清代三大藏书家之一。同治七年（1868）初，丁日昌

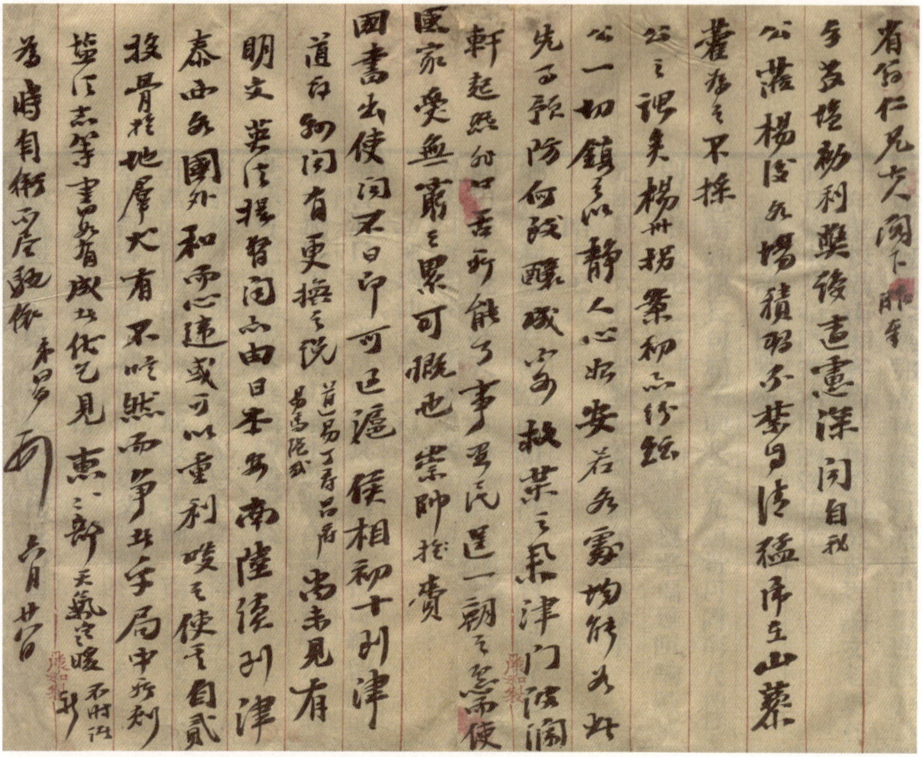

丁日昌致庞际云（省翁）函

升江苏巡抚，驻节苏州。同治八年（1869），太湖水师哨勇徐有得、刘步标在苏州妓院与都司丁炳、范贵发生冲突，苏州亲兵营薛荫榜将双方杖责，徐有得伤亡。丁炳、范贵是丁日昌族人，丁遂奏请将丁炳、薛荫榜革职。因侄子丁继祖和儿子丁惠衡都卷入案中，亦奏请革职。经马新贻审讯，薛荫榜、丁惠衡、丁继祖以及丁炳都被革职。鉴于丁惠衡迟迟不到案，上奏朝廷议处。“刺马案”发时，丁日昌在天津公干，急忙赶回。太常寺少卿王家璧指出：江苏巡抚丁日昌之子被案，应归马新贻查办，请托不行，致有此变。

有意思的是，真凶扑朔迷离，会审人员的异常举动也令人瞠目结舌。钦

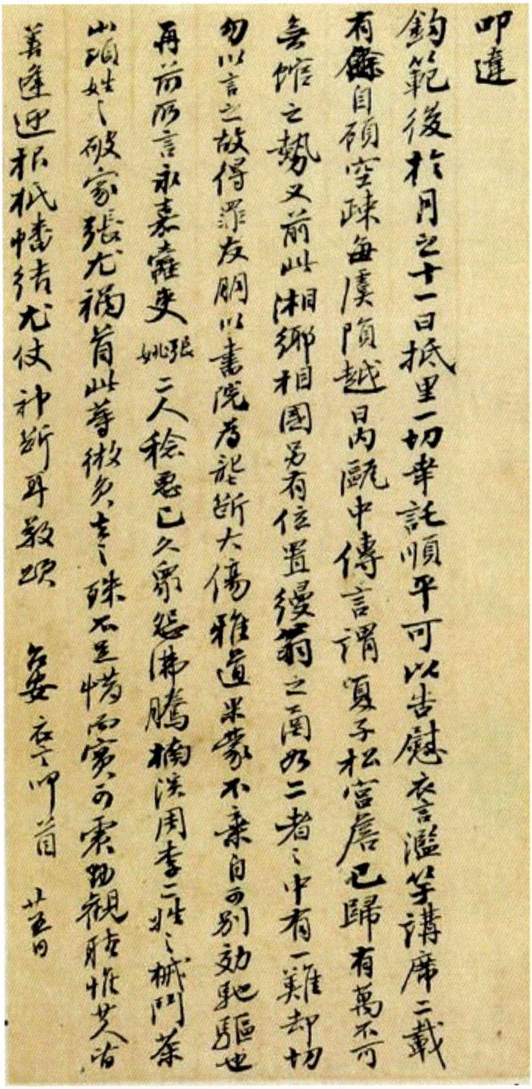
叩達
鈞範後於月之十一日抵里一切幸託順平可以告慰 衣言濫竽講席二載
有餘自顧空疏每虞隕越日內甌中傳言謂夏子松宮詹已歸有萬不可
無館之勢又前此湘鄉相國另有位置縵翁之意兩二者之中有一難卻切
勿以言之故得罪友朋以書院為能斷大傷雅道米蒙不棄自可別効馳驅也
再前所言永嘉羅吏張姚二人稔惡已久眾怒沸騰楠溪周李二姓之械鬥案
山頭姓之破家張尤稱首此等[illegible]殊不足惜而實可[illegible]
善逢迎根柢牢結尤仗 神斷再叩敬頌
台安 衣言叩首 廿五日

孙衣言信札

差大臣郑敦谨审完案，立即退出官场。据《清史稿》：十年春，敦谨还京，至清江浦，上疏以病乞罢。而郑敦谨、曾国藩审结“刺马案”时，与马新贻交厚的会审官员孙衣言、袁保庆拒绝签字。孙衣言（1815—1894），字邵闻，号琴西，浙江瑞安人，道光三十年（1850）中进士，“刺马案”发时署理藩司，后任安徽按察使、湖北布政使、江宁按察使。袁保庆（1825—1873），字笃臣，号延之，河南项城人。袁树三次子，袁世凯嗣父，中举后随叔父袁甲三剿捻，被马新贻力保，升江宁盐法道。

特别是孙衣言，给马新贻撰写的墓志铭也闪烁其词，似有隐情：“贼悍且狡，非酷刑不能得实，而叛逆遗孽刺杀我大臣，非律所有，宜以经断用重典，使天下有所畏惧，而狱已具且奏！衣言遂不书‘诺’。呜呼！衣言之所以奋其愚戆为公力争，亦岂独为公一人也哉？”根据刘禺生《世载堂杂忆》，孙氏乃一狷介清流：

沈葆桢任两江总督时，初抵任日，孙衣言先生为江宁藩司，自居老辈，既未迎迓，亦未莅衙，意欲葆桢先往拜也。衣言之兄渠田先生为葆桢会试房师，免官来宁，居其弟藩司衙中，先差帖往督署，贺葆桢履新。葆桢见帖，礼不能不先谒老师，不得已往藩司衙门，以门生礼先谒见，渠田先生肃客，而衣言未出，葆桢询之，衣言始以藩司谒见总督。葆桢颇怀怨，憾其终能遂总督先拜藩司之愿也。一日，江苏全省议禁鸦片烟事，全省司道重要职掌人员，会集于江宁督署，久候藩司不至，未能开议。戈什乘马催促于途，藩司仍不至。俟之良久，衣言至矣，入门即出言曰：汝等何故催逼如是之急，我尚有鸦片烟两三口未吸，议事不能振起精神也。各司道瞠目相视，不能作一语。盖所议者禁烟，藩司当场自认吸烟，则藩司首先犯禁，何以措此？于是改议他事，敷衍了局，葆桢益恨之。而衣言先生清德、名望、辈行俱高，又不便奏参，在江南任内，终莫可如何。其后葆桢入京陛见，乃面奏藩司孙衣言宜为文学侍从之臣，外官非其所长。军机乃会商孙衣言调京内用，为太仆寺卿，官三品，与江苏布政使官二品对调。外官二品，即京官三品，品级无轩轾。后衣言亦未入京就职，沈、孙两家宿怨，始终未解。

但薛福成提供了另外一个说法，《庸庵笔记》中，他记载道："定案之日，孙观察（衣言）、袁观察（保庆）皆以承审大员不肯画诺，以未刑讯故也。二公皆尝受知于马公者，然当是时推究汶祥踪迹，并遍逮其姻戚支党，供证确凿，所谳已十得七八，殆无甚疑义云。"不过，《庸庵笔记》多鬼怪传奇故事，在《马端敏公被刺》一条中，有如下记载："先是，有丹阳某生者，梦见吏役持名单一纸，所录殆数十人口，第一名为张汶祥，第三名为马新贻，而己则在数十名以外。寤而告人，决计不与秋试。未半月，而端敏被刺，某生以是冬十月卒。惟张汶祥名列第一，而死在明年二月，咸莫测其故也。"

一个"刺马案"，因纠缠于各种势力，至今迷雾重重，似鬼怪附体。

第六章

洋务运动

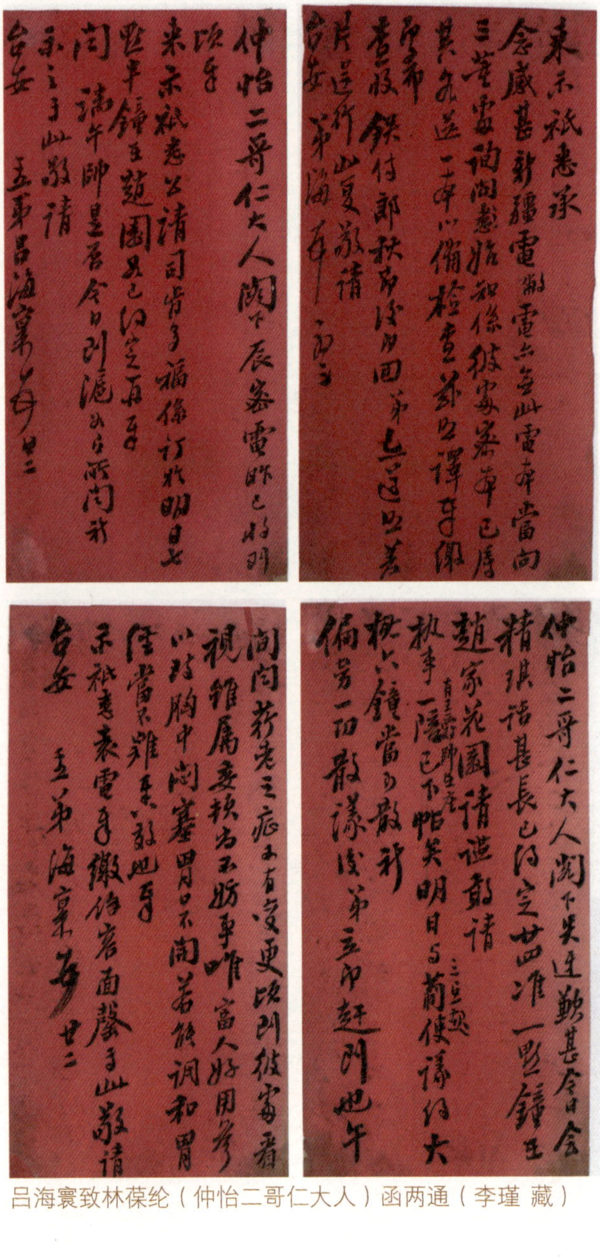

吕海寰致林葆纶（仲怡二哥仁大人）函两通（李瑾 藏）

光绪三十年（1904）正月二十四日，工部尚书吕海寰、工部左侍郎盛宣怀和驻沪会办电政大臣吴重熹，协同英、美、德、法四国创办“上海万国红十字会”。三年后，“上海万国红十字会”改名为“大清红十字会”，吕海寰任会长。

一般看法会将中国加入国际红十字会视为一个独立事件，殊不知，这是承洋务运动余绪而试图进入国际社会的结果。而吕海寰、盛宣怀、吴重熹等中国红十字会的创始人，也是经历洋务运动成长起来的一代“新人”。

宮太保中堂夫子鈞座敬稟者 重熹前
由摺便肅上一稟恭謝
鈞培計邀
慈鑒昨讀電抄恭諗
翠羽雙綬
青宮一品
天恩優渥慶忭非常
翠華由汴渡黃百靈効順
慈懷豫悅萬衆臚歡遙計月內可以安抵
京都雖
宮門內外脩建已齊而殘毀之多終難免
觸目之感惟去年之變實非尋常
令猶得大局漸定諸端徐理尚是
不幸之幸所當痛定思痛勿忘此
日耳
中堂夫子華潭已劫尚不知卜居何處
一切善後之難更勞
藎畫燕雲頫首馳系彌深 重熹於冬

吴重熹禀宫太保中堂夫子钧座（荣禄）文

洋务运动是一场思想解放运动，也是一场工业兴国运动。这场运动的兴起，外患是主因。也就是说，洋务运动是“古老”中国面对西方列强侵略时的一种引进西方军事装备、机器生产和科学技术的自救运动。洋务运动本质上是维护政治统治，客观上则发展了资本主义。按照历史学家虞和平的评估，这是中国早期现代化的一个重要阶段。

“洋务运动”是后来赋予的名词，鸦片战争前叫“夷务”，鸦片战争期间开始叫“洋务”。因“夷”为贬称，1858 年第二次鸦片战争中签订的《中英天津条约》规定，今后文书往来不得称外人为夷，“洋务”成为正式用语。按照丁贤俊的说法，近代的“夷务”“洋务”主要是指西方资本主义国家入侵中国后引发的事务，对于传统中国而言，都是内涵泛化的新事务。新事务的核心是抵御侵略、奋发图强。

据考证，“洋务运动”一词正式提出是在其开展接近百年后。1937 年，历史学家何干之在其《近代中国启蒙运动史》一书中，最先将晚清的“洋务”概称为运动，同时，将其与维新运动、五四运动并列起来。这样，各种运动在“新”上获得了一个传续性谱系。

洋务运动首先是思想上的解放，然后才是工业上的兴国。“求富”“求强”的四字目标或者“师夷制夷”“中体西用”八字方针，都是建立在思想解放基础之上。思想解放始终牵引并伴随着整个洋务运动。期间，开明士人扮演了启蒙者的角色。

魏源（1794—1857），名远达，字默深，湖南邵阳人，道光二十四年（1844）进士，官至知州。其在《四洲志》基础上整理出五十卷《海国图志》，记录世界各国地理、历史、经济、政治、军事、科技、宗教、文化等情况，并附有世界地图、各大洲地图和分国地图等。书中，魏源提出“以夷攻夷”“以夷款夷”和“师夷之长技以制夷”的观点，认为“善师四夷者，能制四夷；不善师外夷者，外夷制之”，“量天尺、千里镜、龙尾车、风锯、水锯、火轮舟、自来火、自转碓、千金秤之属，凡有益民用者，皆可于此造之”，假以时日，“风气日开，智慧日出，方见东海之民，犹西海之民”。

徐继畬（1795—1873），字松龛，号牧田，高鹗弟子。道光六年（1826）进士，曾任广西和福建巡抚、闽浙总督、总理衙门大臣、首任总管同文馆事务大臣。所著《瀛寰志略》，被称为“百世言地球之指南”。书中，徐继畬盛赞华盛顿“开疆万里，乃不僭位号，不传子孙，而创为推举之法，几于天下为公。其治国崇让善俗，不尚武功，亦迥与诸国异。余见其画像，气貌雄毅绝伦，呜呼，可不谓人杰矣哉！米利坚合众国之为国，幅员万里，不设王侯之号，不循世袭之规，公器付之公论，创古今未有之局，一何奇也！泰西古今人物，能不以华盛顿为称首哉！”《纽约时报》称徐继畬为东方伽利略，梁启超称，读了《瀛寰志略》，“始知五大洲各国”。

冯桂芬 (1809—1874)，字林一，号景亭。江苏吴县人，林则徐弟子。道光二十年（1840）榜眼，授翰林院编修，曾充广西乡试正考官，后入李鸿章幕府，期间完成《校邠庐抗议》。书中，冯桂芬肯定“师夷长技以制夷”，

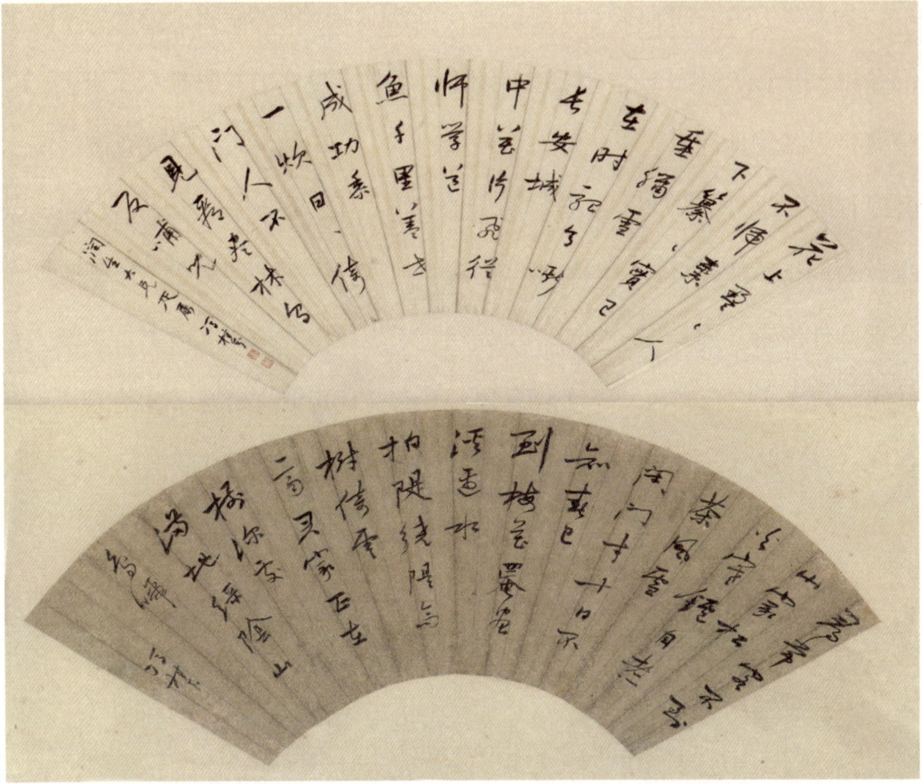

冯桂芬扇面两件（李瑾、王琦 藏）

指出“人无弃才不如夷，地无遗利不如夷，君民不隔不如夷，名实必符不如夷”，主张“自强攘夷”。冯桂芬将其思想概括为“以中国之名教伦常为原本，辅之以诸国富强之术”。他认为：“能造，能修，能用，则我之利器。不能造，不能修，不能用，则仍人之利器也……借兵雇船皆暂也，非常也。目前固无隙，固可暂也。日后岂能必无隙，固不可常也。终以自造、自修、自用之为无弊也。”

俞樾评价冯桂芬时说：“于学无所不通，而其意则在务为当世有用之学。”因“中体西用”思想，冯桂芬被资产阶级维新派奉为先导。

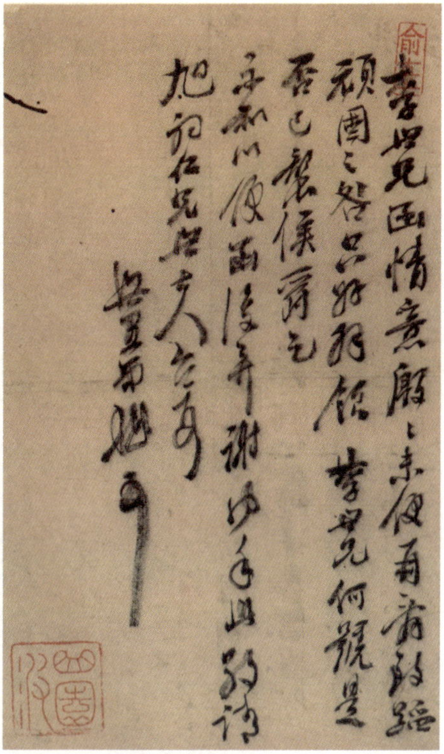

俞樾致李世兄函（李瑾 藏）

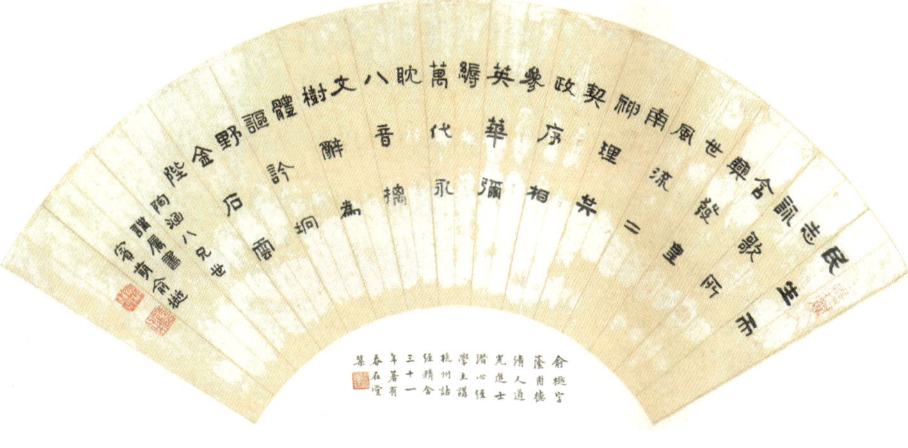

俞樾书法扇面（徐婉婉 藏）

郭嵩焘（1818—1891），字伯琛，号筠仙，湖南湘阴城西人，道光二十七年（1847）进士，曾佐曾国藩幕，后任两淮盐运使、广东巡抚、驻英公使兼任驻法使臣。郭嵩焘指出：“茫茫四海含识之人民，此心此理所以上契于天者，岂有异哉？而猥曰‘东方一隅为中国，余皆夷狄也’，吾所弗敢知矣！”他主张“富强”的“本源之计”是学习“西洋政教”，同时，“姑务其末”，发展工商业，“以立循用西法之基”。这个第一位打电话的中国人还强调，要开办西学，把造就“通变之才”作为当前“要务”。郭嵩焘虽一生因“洋”倒霉运，却是开新风之人，时不济，史要济，其功需铭而不忘。

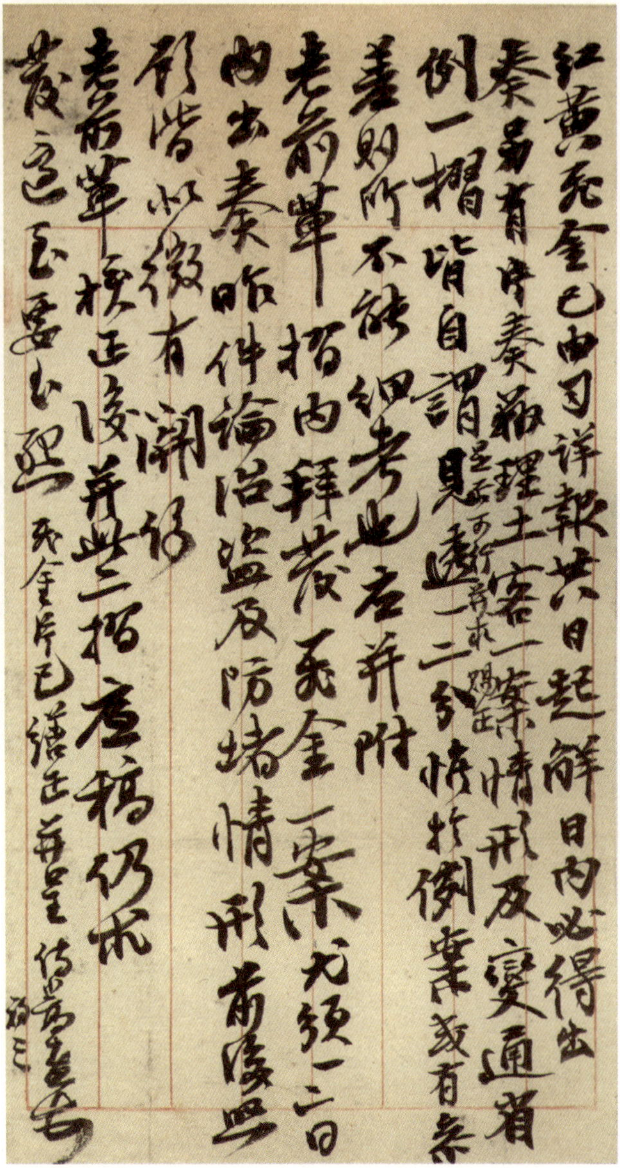

郭嵩焘致老前辈（寄云）函

王韬（1828—1897），字懒今，号仲弢，江苏苏州人，是近代报刊思想的奠基人和新闻史上第一位报刊政论家。王韬认为，“天下事未有久而不变者”，“吾知中国不及百年，必且尽用泰西之法而驾乎其上”。他主张学习西方，“呜呼！至今日而欲辨天下事，必自欧洲始！以欧洲诸大国，为富强之纲领，制作之枢纽。舍此，无以师其长而成一变之道”。他主张通过学习，改革科举取士法、练兵法，改革教育，废除繁文。王韬指出，“诸利既兴，而中国不富强者，未之有也”，还提出“恃商为国本”“商富即国富”，认为“商不重征，贾不再榷，各劝其业，争出吾市，则下益上富”。

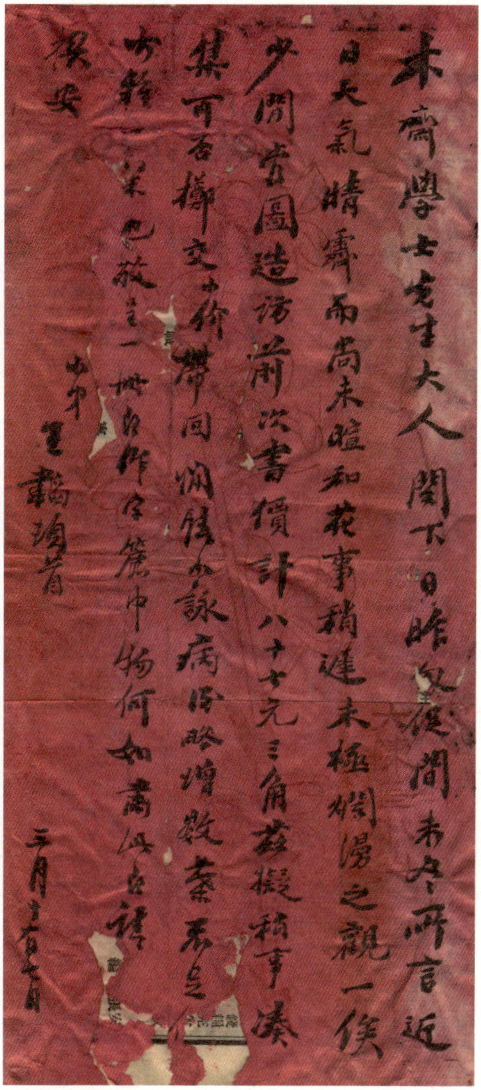

王韬致李盛铎（木斋）函

容闳（1828—1912），字达萌，号纯甫，广东香山县人，中国近代史上首位留学美国的学生，被誉为“中国留学生之父”。道光二十七年（1847）容闳赴美留学，后考入耶鲁大学，咸丰四年（1854）毕业，次年回国。曾在广州美国公使馆、香港高等审判厅、上海海关等处任职，后为上海宝顺洋行经营丝茶生意。容闳多次通过丁日昌、文祥、曾国藩等运作派中国留学生留学事务，同治十一年（1872）夏，终于促成第一批留美幼童三十人出国学习。正是他主持的“幼童赴美留学计划”，真正实现了中国人第一次睁眼看世界。

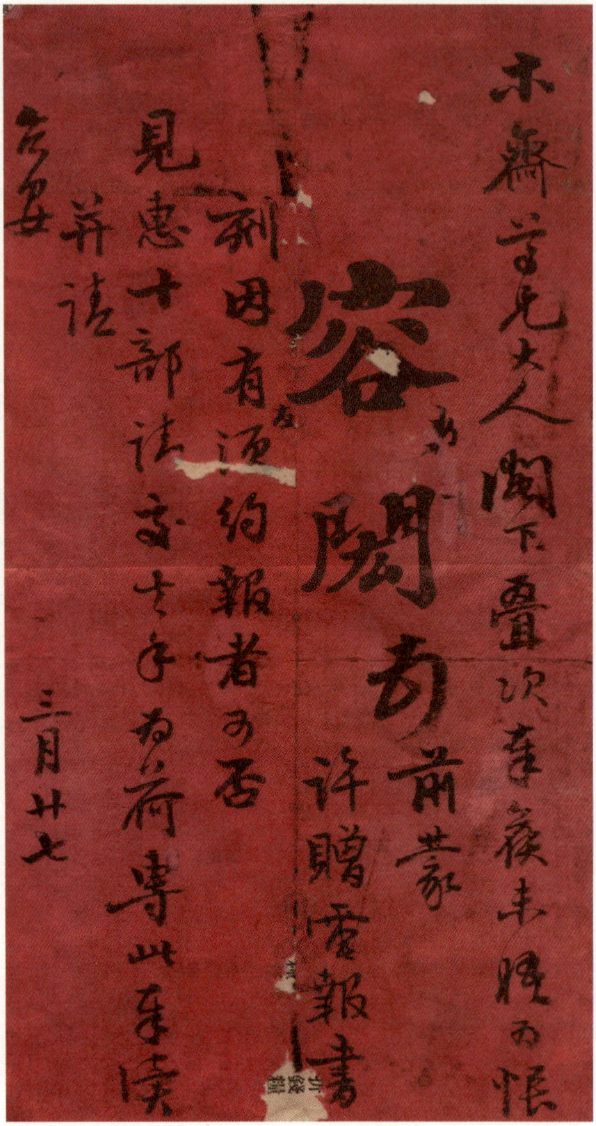

容闳致李盛铎（木斋）函

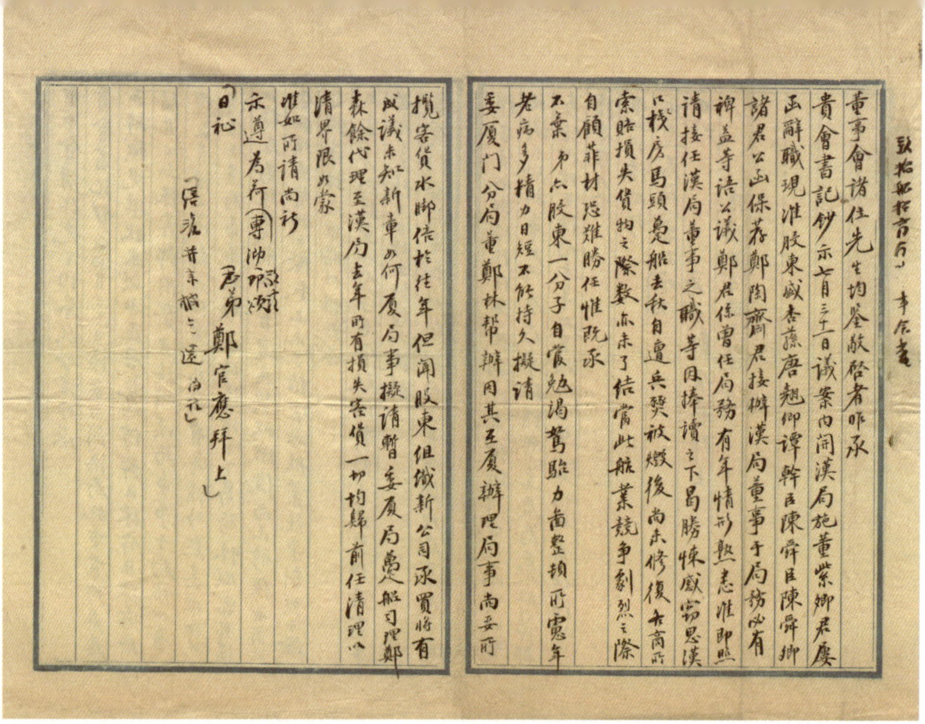

董事會諸位先生均鑒敬啓者昨承
貴會書記鈔示七月三十日議案內開漢局施董紫卿君屢
函辭職現准股東戚杏蓀唐翹卿譚幹臣陳舜臣陳舜卿
諸君公函保薦鄭陶齋君接辦漢局董事于局務必有
裨益等語公議鄭君係曾任局務有年情形熟悉准即照
請接任漢局董事之職等因捧讀之下曷勝悚感竊思漢
口棧房馬頭躉船去秋自遭兵燹被燬後尚未修復各商所
索賠損失貨物之際數亦未了值當此航業競爭劇烈之際
自顧菲材恐難勝任惟既承
不棄本亦股東一分子自當勉竭駑駘力圖整頓所憾年
老病多精力日短不能持久擬請
委廈門分局董鄭林帮辦因其至廈辦理局事尚妥所
攬客貨水脚倍於往年但聞股東組織新公司承買將有
成議未知新章如何廈局事擬請暫委廈局躉船司理鄭
森餘代理至漢局去年所有損失客貨一切均歸前任清理以
清界限如蒙
准如所請尚祈
示遵為荷專泐即頌
日祉　愚弟鄭官應拜上

郑观应（官应）致董事会诸位先生函

郑观应（1842—1922），字正翔，号陶斋，广东香山县（今中山）人。早年弃学从商，咸丰九年（1859），入上海英商宝顺洋行任职。同治八年（1869），捐员外郎，次年捐郎中。同治十一年（1872），任扬州宝记盐务总理。同治十二年（1873），参与创办太古轮船公司，同年，入股轮船招商局。光绪七年（1881），任上海电报局总办。光绪八年（1882），受李鸿章之聘，任轮船招商局帮办。中法战争爆发，经王之春推荐，由彭玉麟调往广东，总办湘军营务处。光绪十七年（1891），经盛宣怀举荐，李鸿章委任其为开平煤矿粤局总办。光绪二十二年（1896），张之洞委任其为汉阳铁厂总办。宣统二年（1910），盛宣怀任命其为轮船招商局会办。郑观应是早期改良主义思潮代表人物之一，融实业与启蒙于一身，在《盛世危言》这部名著中，他主张："欲攘外，亟须自强；欲自强，必先致富；欲致富，必首在振工商；欲振工商，必先讲求学校，速立宪法，尊重道德，改良政治。"

经由上述人物鼓吹，洋务运动成为社会风潮。据上也可以看出，这些思想家本身大都是朝廷重要官员，或者具有极深的官方背景。这意味着，洋务运动一开始就是由上而下开展的改革运动，仅仅视为改良，不足以反映其全貌。

由鸦片战争引起的外忧和太平天国激发的内患，将朝廷内部官员也大体上分为洋务派和保守派。其中，洋务派中，中央代表人物是奕訢、文祥、桂良，地方代表人物有李鸿章、张之洞、曾国藩、左宗棠、崇厚、沈葆桢、刘坤一、唐廷枢、张謇等。咸丰十年十二月初一日（1861 年 1 月 11 日），奕訢、文祥、桂良联名向咸丰上《统计全局酌拟章程六条呈览请议遵行折》，拟定六条章程，提出了诸如设立新机构、办理关税、学习外语等事宜。同年，设立总理衙门，先后由恭亲王、庆亲王、端郡王主持，其中，恭亲王奕訢任总理大臣达二十八年。总理衙门的核心目标，就是创办军工企业“求强”，开办民用企业“求富”。

保守派中，中央代表人物是倭仁和宋晋，地方代表人物则是一些内地官员，他们认为“立国之道，尚礼义不尚权谋，根本之图，在人心不在技艺”，强调“以忠信为甲胄，礼义为干橹”。整个洋务运动中，洋务派和保守派的观点始终难以调和。

比如，围绕修筑铁路，就曾发生过激烈的斗争。刘铭传上折提出修筑清江浦至北京的铁路，指出如不尽早部署，早晚为外人控制。侍读学士张家骧上折反对，提出了修筑铁路的三大弊端，建议搁置刘铭传奏折不议。直隶总督李鸿章上书言修筑铁路九大利处，支持刘铭传，甚至写信给光绪帝父亲醇

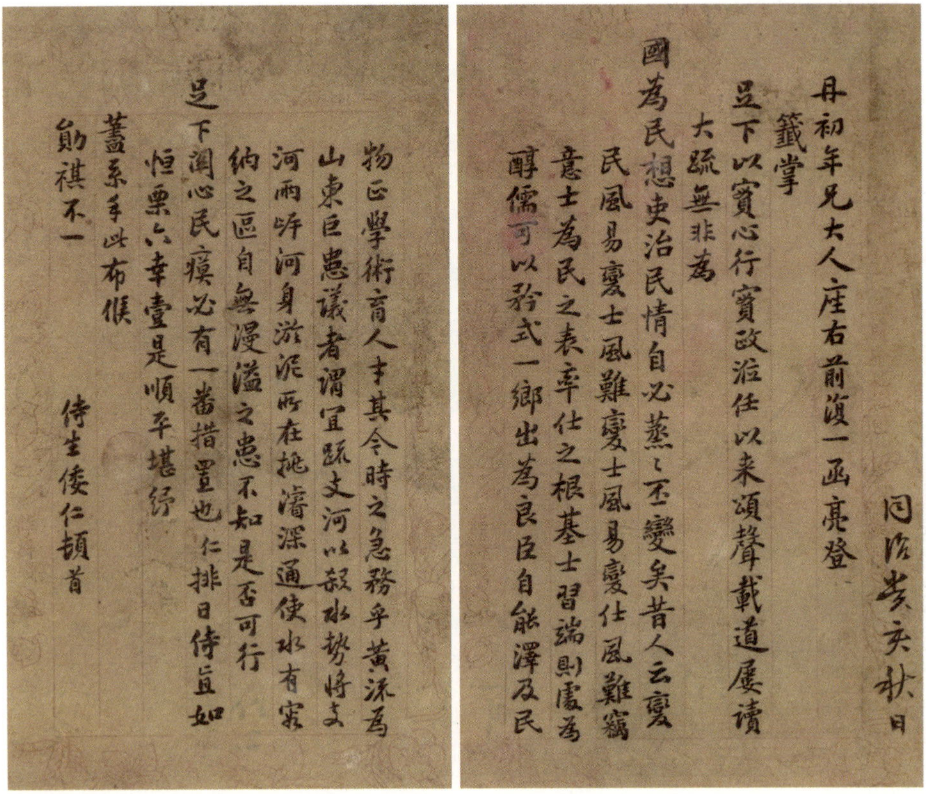

丹初年兄大人座右前復一函亮登
鑒掌
足下以實心行實政涖任以來頌聲載道屢讀
大疏無非為
國為民想吏治民情自必蒸蒸丕變矣昔人云變
民風易變士風難變士風易變仕風難竊
意士為民之表率仕之根基士習端則處為
醇儒可以矜式一鄉出為良臣自能澤及民
同治癸亥秋日

物臣學術育人才其今時之急務乎黃流為
山東巨患議者謂宜疏支河以殺水勢將支
河兩岸河身淤泥所在挑濬深通使水有容
納之區自無漫溢之患不如是否可行
足下關心民瘼必有一番措置也仁排日侍直如
恒粟六幸壹是順平堪紓
藎系手此布俱
勛祺不一
侍生倭仁頓首

倭仁致阎敬铭（丹初）函

亲王寻求支持。不久，顺天府丞王家璧对李鸿章的主张大加批驳。未几，南洋大臣刘坤一复奏支持李鸿章，而翰林侍读周德润则指出，修筑铁路“六不可解”。朝廷颁布谕旨，认为铁路断不可开，“刘铭传所奏，著无庸议”。

洋务运动的首要任务是创办工业。如在李鸿章等人的主持下，先后设立江南机器制造总局、金陵制造局、福州船政局、天津机器局等近代化军事工业，与此相适应，又创办了天津北洋水师学堂、广州鱼雷学堂、威海水师学堂、南洋水师学堂、旅顺鱼雷学堂、江南陆军学堂、上海操炮学堂等一批军事学校。

在发展军事工业的同时，洋务派强调与洋人“商战”“争利”，建立民用工业，轮船招商局就是洋务派创办的第一个民用企业。在洋务派的推动下，矿业、电报业、邮政、铁路等行业都相继发展起来。与此同时，洋务派推动派员留学、翻译书籍活动，从19世纪60年代到90年代，洋务派创办二十四所新式学堂，向西方派遣两百多名留学生，为中国早期现代化准备了条件。

通常认为，洋务运动终结于甲午战争的失败，即将甲午战争的失败看作洋务运动的终结。这是不确切的。洋务运动虽然最终没能延续清朝的统治，但却奠定了近代民族工业的底子。而且，伴随着社会风气的转变，中国早期现代化获得了思想、人才等资源支持，特别是商战思想和工业兴国思想的确立，客观上发展了中国的资本主义。也就是说，中国开眼看世界和阔步入世界的脚步，并没有随着甲午战争的失败和清朝统治的结束而终结。

历史是旧的，也永远是新的。

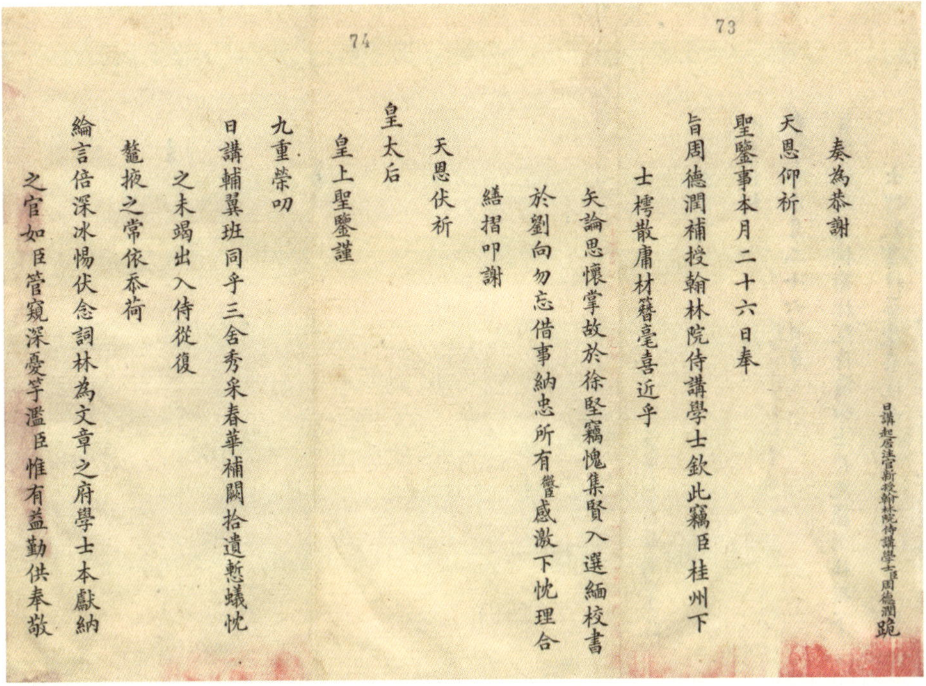
日講起居注官新授翰林院侍講學士臣周德潤跪
奏為恭謝
天恩仰祈
聖鑒事本月二十六日奉
旨周德潤補授翰林院侍講學士欽此竊臣桂州下
士樗散庸材簪毫喜近乎
矢論思懷掌故於徐堅竊愧集賢入選緬校書
於劉向勿忘借事納忠所有臣感激下忱理合
繕摺叩謝
天恩伏祈
皇太后
皇上聖鑒謹
九重榮叨
日講輔翼班同乎三舍秀采春華補闕拾遺慙蟻忱
之末竭出入侍從復
鼇掖之常依忝荷
綸言倍深冰惕伏念詞林為文章之府學士本獻納
之官如臣管窺深憂竽濫臣惟有益勤供奉敬

周德润奏奉旨补授翰林院侍讲学士恭谢天恩折

第七章

同文馆之争

咸丰十年十二月（1861 年 1 月），鉴于“与外国交涉事件，必先识其情性……欲悉各国情形，必谙其语言文字，方不受人欺蒙”，经英国驻华公使馆参赞威妥玛协助，恭亲王奕訢奏请设立京师同文馆。同文馆隶属于奕訢治下总理各国事务衙门，由圣公会英籍传教士包尔腾任首任总教习。

谁也没料到，一件利国利民的好事，将在政坛上掀起一场轩然大波。

同文馆设立的目的，本为培养专业人才，沟通中外。《中英天津条约》规定：“嗣后英国文件俱用英文书写，暂时仍以汉文配送，俟中国选派学生学习英文，英语熟习，即不用配送汉文。自今以后，遇有文词辩论之处，总以英文作正义。”不只形势迫切需要培养专门人才，鸦片战争后，一大批有识之士都认识到了这个问题，其中，以冯桂芬的主张最为周到，他说：

今欲采西学，宜于广东、上海设一翻译公所，选近郡十五岁以下颖悟文童，倍其廪饩，住院肄业，聘西人课以诸国语言文字，又聘内地名师，课以经史等学，兼习算学……三年之后，诸文童于诸国书，应口成诵者，许补本学。诸生如有神明变化，能实见之行事者，由通商大臣请赏给举人，如前议。中国多秀民，必有出于夷而转胜于夷者，诚今日论学一要务矣。

开明士人的想法，虽只是停留在口头上，却引起了奕訢等实力派洋务官员的注意。

在《统计全局酌拟章程六条呈览请议遵行折》中，奕訢、文祥、桂良便提出：

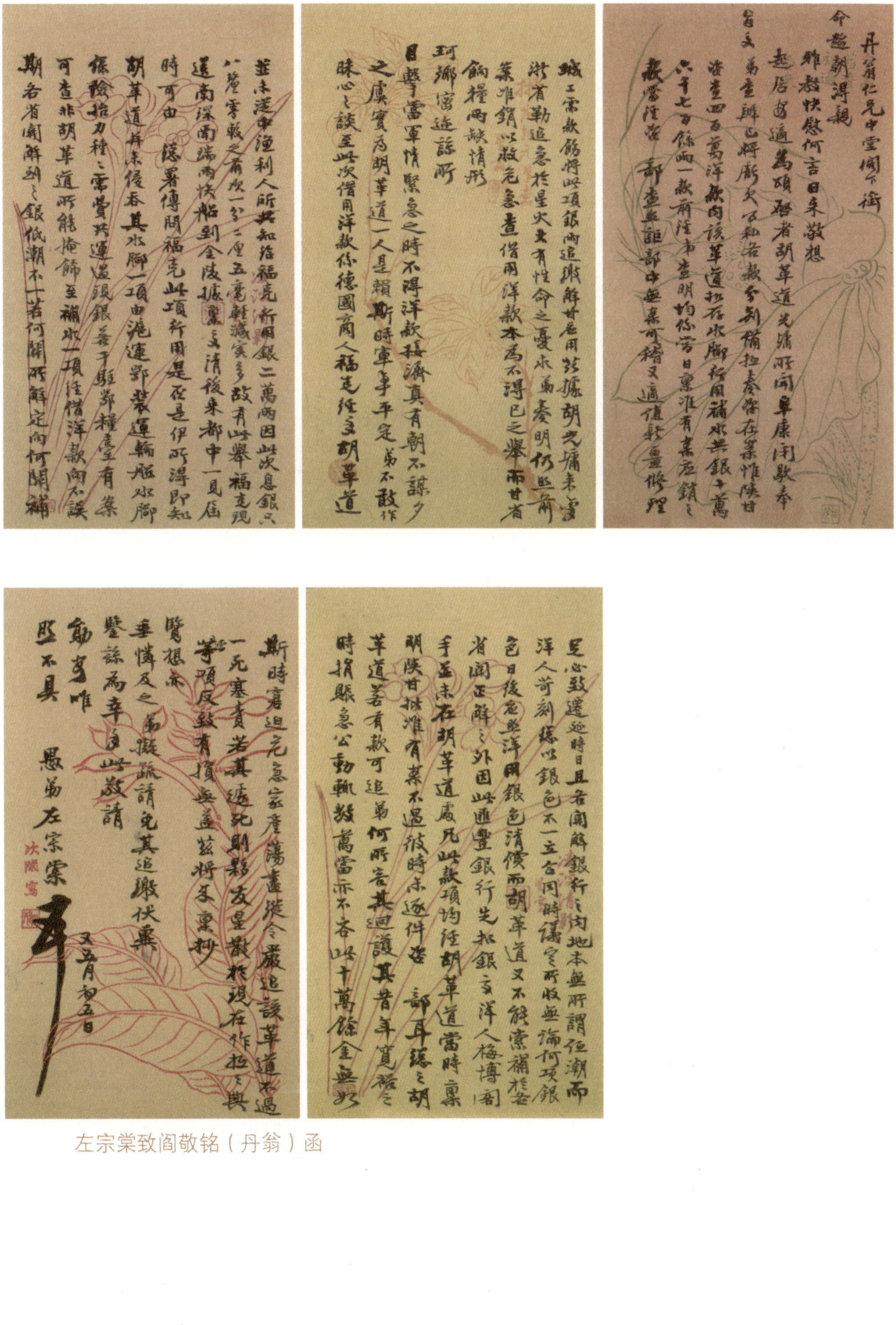
丹翁仁兄中堂閣下：銜
命趨朝，得覲
雅範，快慰何言。日來敬想
起居安適為頌。昨者胡革道光墉所開阜康閉歇，奉
旨交弟查辦，已將欠公私各款分別備抵，奏咨在案。惟陝甘
借查四百萬洋款內，該革道擬存水腳行用補水共銀十萬
六千七百餘兩一款，前經本查明，均係當日稟准有案，應銷之
款，當經咨
部查照。部中無案可稽，又適值[illegible]修理
城工需款，飭將此項銀兩追繳解甘應用。迭據胡光墉來寄，
浙省勒追急於星火，其有性命之憂。承弟奏明，仍照前
案准銷，以救危急。查借用洋款本為不得已之舉，而甘省
餉糈兩缺情形，
珂鄉當道諒所
目擊。當軍情緊急之時，不得洋款接濟，真有朝不謀夕
之虞，實為胡革道一人是賴。斯時軍事平定，弟不敢作
昧心之談。至此次借用洋款係德國商人福克經手，胡革道
並未從中漁利，人所共知。洛福克所開銀二萬兩，因此次息銀只
八厘零，較之前次一分二厘五毫，較減實多，故有此舉。福克現
遠南深南瑞兩快船到金陵，據稟之清後來都中一見，屆
時可由
總署傳問福克，此項行用是否是伊所得，即知
胡革道并未侵吞。其水腳一項，由滬運鄂，裝運輪船水腳
保險抬力種種需費，其運送銀兩若干，種種有案
可查，非胡革道所能掩飾。至補水一項，係借洋款兩不誤
期，各省關解到之銀，低潮不一，若何關所解足兩，何關補
足，必致遲延時日。且各關解銀，行之內地本無所謂低潮，而
洋人苛刻，據以銀色不一，立合同時議定所收無論何項銀
色，日後應照洋用銀色清價，而胡革道又不能[illegible]補若
省關正解之外，因此通豐銀行先折銀交洋人梅博閣
手，並未在胡革道處。凡此款項均經胡革道當時稟
明陝甘批准有案，不過彼時未逐件咨
部耳。總之，胡
革道若有款可追，弟何所吝其迴護？其昔年寬裕之
時，捐賑急公，動輒數萬，當亦不吝此十萬餘金。無如
斯時窘迫，危急家產蕩盡，從令嚴追，該革道不過
一死塞責，若其追死，則弟支吾散於現在作抵之與
等，頭反致有損無益。茲將來稟抄
覽，想亦
垂憐及之。弟擬請免其追繳，伏冀
鑒諒為幸。專此敬請
勛安，唯
照不具。
愚弟左宗棠頓首
又五月初五日

左宗棠致阎敬铭（丹翁）函

查与外国交涉事件，必先识其性情，今语言不通，文字难辨，一切隔膜，安望其能妥协？从前俄罗斯馆文字，曾例定设立文馆学习，具有深意。今日久视为具文，未能通晓，似宜量为鼓舞，以资观感。闻广东、上海商人，有专习英、咈、咪三国文字语言之人，请敕各该省督抚，挑选诚实可靠者，每省各派二人，共派四人，携带各国书籍来京。并于八旗中挑选天资聪慧，年在十三四以下者各四五人，俾资学习。其派来之人，仿照俄罗斯馆教习之例，厚其薪水，两年后，分别勤惰，其有成效者，给以奖叙。俟八旗学习之人，与文字言语悉能通晓，即行停止。俄罗斯语言文字，仍请敕令该馆，妥议章程，认真督课。所有学习各国文字之人，如能纯熟，即奏请给以优奖，庶不至日久废弛。

同文馆初步设立时，办公地点在总理衙门，不过只有英文馆，且受教人数也很少，限于八旗子弟，数额十人，年龄十三四岁左右，故而没有引起多大注意，后来又根据实际需要，增加了几个语种，扩充了招生人数。不久，闽浙总督左宗棠请开求是堂艺局，目的是“教习英法两国语言文字、算法、画法”。在洋务派官员看来，不仅外语人才不足以全用，还应该开设算法——算法才是西学的中枢。郭嵩焘便认为，“佥谓制造巧法，必由算学入手”，这和冯桂芬的思想如出一辙。冯亦指出：“一切西学皆从算学出。”同治五年（1866），郭嵩焘上《保举实学人员疏》，推举邹伯奇、李善兰等十人。不久，朝廷谕令李善兰等入京差用。

同治五年十一月（1866年12月），奕訢正式提出设立天文算学馆，在奏折中，他说：

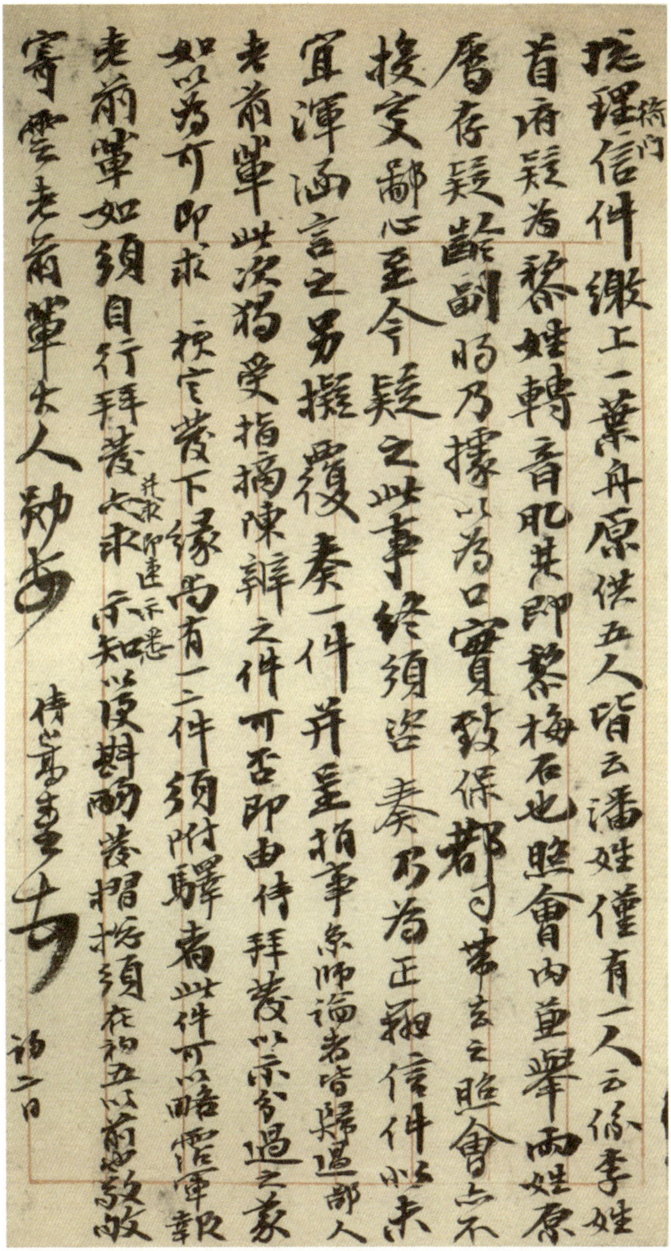
總理衙門信件繳上。一葉舟原供五人，皆云潘姓，僅有一人云係李姓，
首府疑為黎姓轉音，其即黎梅石也。照會內並舉兩姓，原
屬存疑之辭，副將乃據以為口實，致保都司常云之照會亦不
接受，鄙心至今疑之。此事終須咨奏，乃為正辦。信件此來
宜渾涵言之。另擬覆奏一件並呈。指革系師論者皆歸還部人
老前輩此次獨受指摘，陳辯之件，可否即由侍拜發，以示分過之義。
如以為可，即求 核定發下。緣尚有一二件須附驛者，此件可以略遲併報。
老前輩如須自行拜發，亦求（並求即速示悉）示知，以便斟酌發摺，摺須在初五以前也。敬
寄雲老前輩大人勛安
侍嵩燾頓首 初二日

郭嵩焘致老前辈（寄云）函

因思洋人制造机器、火器等件，以及行船、行军，无一不自天文、算学中来。现在上海、浙江等处请求轮船各项，若不从根本上用着实功夫，即习学皮毛，仍无俾于实用。臣等公同商酌，现拟添设一馆，招取满汉举人及恩、拔、岁、副、优贡，汉文业已通顺，年在二十以外者，取具同乡京官印结或本旗图片，赴臣衙门考试，并准令前项正途出身五品以下满汉京外各官，年少聪慧，愿入馆学习者，呈明分别出具本旗图片及同乡官印结，一体与考，由臣等录取后，即延聘西人在馆教习，务期天文、算学均能洞澈根源，斯道成于上，即艺成于下，数年以后，必有成效。至现在已设立三馆，仍查旧办理。诚以取进之途一经推广，必有奇计异能之士出乎其中，华人之智巧聪明不在西人以下，举凡推算、格致之理，制器、尚象之法，钩河摘洛之方，倘能专精务实，尽得其妙，则中国自强在此矣。

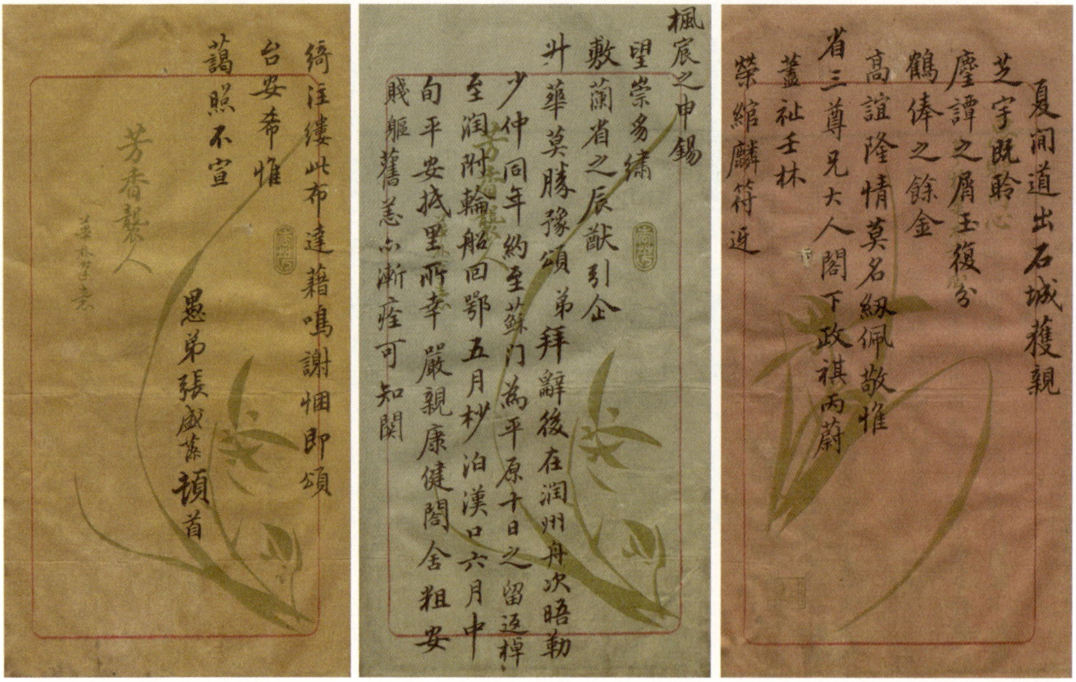
夏閒道出石城獲親
芝宇既聆
麈譚之屑玉復分
鶴俸之餘金
高誼隆情莫名紉佩敬惟
省三尊兄大人閣下政祺丙蔚
蓋祉壬林
榮綰麟符近
楓宸之申錫
望崇多績
敷蘭省之辰猷引企
斗華莫勝豫頌弟拜辭後在潤州舟次晤勒
少仲同年約至蘇门為平原十日之留返棹
至潤附輪船回鄂五月杪泊漢口六月中
旬平安抵里所幸嚴親康健閤舍粗安
賤軀舊恙亦漸痊可知關
綺注縷此布達藉鳴謝悃即頌
台安希惟
藹照不宣
愚弟張盛藻頓首

张盛藻致庞际云（省三）函

同治五年十二月（1867年1月），奕訢再次上书，强调学习西学是共识，非个人私见。同时，建议将人员范围扩大到翰林院编修、检讨、庶吉士及进士出身之五品以下京外各官，该疏附有《同文馆学习天文算学章程》，以示全备。次年正月（1867年2月），奕訢推荐徐继畬担任同文馆事务大臣。

此三折循序渐进，推动同文馆学科体系完备化，似无大碍。不料，十天之后，即正月二十九日（3月5日），山东道监察御史张盛藻上书反对，他认为："若今正途科甲人员习为机巧之事，又借升途、银两以诱之，是重名利而轻气节，无气节安望其有事功哉？"核心意思是，不能将正途出身的士人送馆学习，否则会将这些"读孔孟之书，学尧舜之道"的导入歧途。这一点相当犀利，以后倭仁即围绕此做文章，且正因为这一论调，导致同文馆招生极为艰难。张盛藻的意见虽遭驳斥，却掀开了反对设立同文馆的冰山一角。

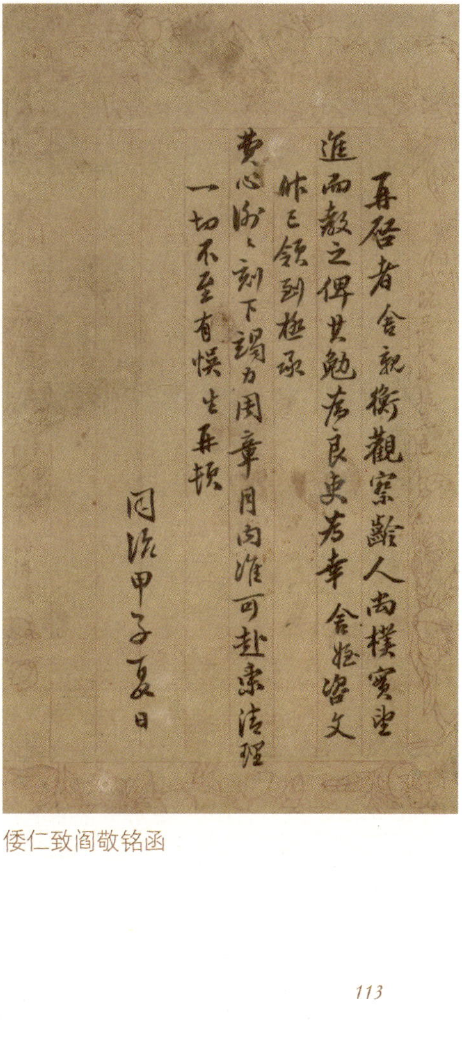
再启者 舍亲衡观察龄人尚朴实望
进而教之俾其勉为良吏为幸 舍侄启文
昨已领到极承
费心渐渐刻下竭力周章 月内准可赴东清理
一切不至有悮 生再顿
同治甲子夏日

倭仁致阎敬铭函

接着出场的就是名重一时的帝师倭仁。

倭仁（1804—1871），字艮峰，蒙古正红旗人，道光九年（1829）进士，辛酉后，任副都统、工部尚书、文渊阁大学士，兼同治帝师。同治六年二月十五日（1867 年 3 月 20 日），倭仁亲自上书反对，认为：

天文算学为益甚微，西人教习正途，所损甚大……立国之道，尚礼义不尚权谋，根本之图，在人心不在技艺。今求之一艺之末，而又奉夷人为师。无论夷人诡谲，未必传其精巧，即使教者诚教，学者诚学，所成就者不过术数之士，古今来未闻有恃术数而能起衰振弱者也。天下之大，不患无才。如以天文、算学必须讲习，博采旁求，必有精其术者，何必夷人，何必师事夷人？

三月初二日（4 月 6 日），奕訢奏称："臣等复与曾国藩、李鸿章、左宗棠、英桂、郭嵩焘、姜益澧等往返函商，佥谓制造巧法，必由算法入手，其议论皆精有据。"奕訢的奏折也表明，设立天文算学馆得到了一大批地方官员的支持。三月初八日（4 月 12 日），倭仁奏称："夷人教习算法一事，若王大臣等果有把握使算法必能精通，机器必能巧制，中国读书之人必不为该夷所用，该夷丑类必为中国所歼，则上可纾宵旰之忧劳，下可伸臣民之义愤，岂不甚善。如或不然，则未收实效，先失人心，又不如不行之为愈耳。"

三月十九日（4 月 23 日），奕訢呈文表示："天下之大，不患无才，如以天文、算学必须讲习，博采旁求必有精其术者，何必夷人？"奏折出奇制胜，推荐倭仁总其事，由他"酌保数员，各即请择地另设一馆，由倭仁督饬，以观厥成。若能如此办理，更属两得之道，裨益非浅，彼时臣衙门原请奏办之件，即行次第裁撤"。这一下子击中了倭仁的要害，倭仁立即上书称，"并无精于天文算学之人，不敢妄保"。

经过反复较量，倭仁败阵。败阵的根本原因，不在于奕訢有理，而是他襄赞辛酉政变有功，和两宫太后的关系正处在蜜月期。据《清史稿》：

六年，同文馆议考选正途五品以下京外官入馆肄习天文算学，聘西人为教习。倭仁谓根本之图，在人心不在技艺，尤以西人教习为不可；且谓必习天文算学，应求中国能精其法者，上疏请罢议。于是诏倭仁保荐，别设一馆，即由倭仁督率讲求。复奏意中并无其人，不敢妄保。寻命在总理各国事务衙门行走，倭仁屡疏恳辞，不允；因称疾笃，乞休，命解兼职，仍在弘德殿行走。

尤其“寻命在总理各国事务衙门行走，倭仁屡疏恳辞，不允”一句，表明两宫太后对他的处罚具有侮辱性质。自此，倭仁失势。

不过，倭仁虽然在论争中败北，但却获得了相当多的支持者，包括翁同龢、李鸿藻等重臣，特别是在地方，有相当多的同情者。天文算学馆设立后，通政使于凌晨、即补直隶知州杨廷熙都表示反对，特别是前者，认为该馆设立，将引发朋党之争。所谓朋党之争，就是指奕訢和倭仁争论而言。

据雷颐研究：

顽固派反对设立天文算学馆的企图毕竟没有得逞，就此而言，洋务派胜。但在顽固派的影响下，报考同文馆的人数锐减，特别是正途出身人员依然寥寥无几……人言籍籍，群起非难，报考天文算学馆的人数更少。1867年，参加考试的七十二名中，不少是因为待遇极为优厚才来报考，所以学生质量很差。

只得勉强录取了三十名，第二年就淘汰了二十名，最后毕业的只有五人，天文算学馆名存实亡，洋务派提高自然科学知识的计划实际严重受挫。就此而言，顽固派胜。

丁贤俊也认为：

辩论中的胜利者成了实际中的失败者。郭嵩焘推荐的邹伯奇、李善兰也以疾病未愈，推辞来京。

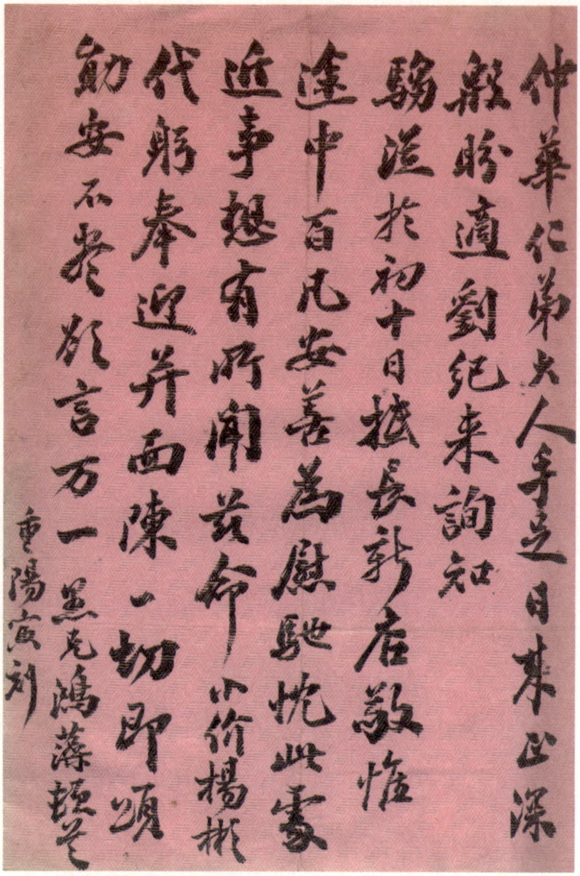
李鸿藻致荣禄（仲华仁弟大人）函

倭仁反对同文馆的设立，不是出于私利，而是基于价值观的差异。《清史稿》对其本人给予了相当高的评价：

初，曾国藩官京师，与倭仁、李棠阶、吴廷栋、何桂珍、窦垿讲求宋儒之学。其后国藩出平大难，为中兴名臣冠；倭仁作帝师，正色不阿；棠阶、廷栋亦卓然有以自见焉。

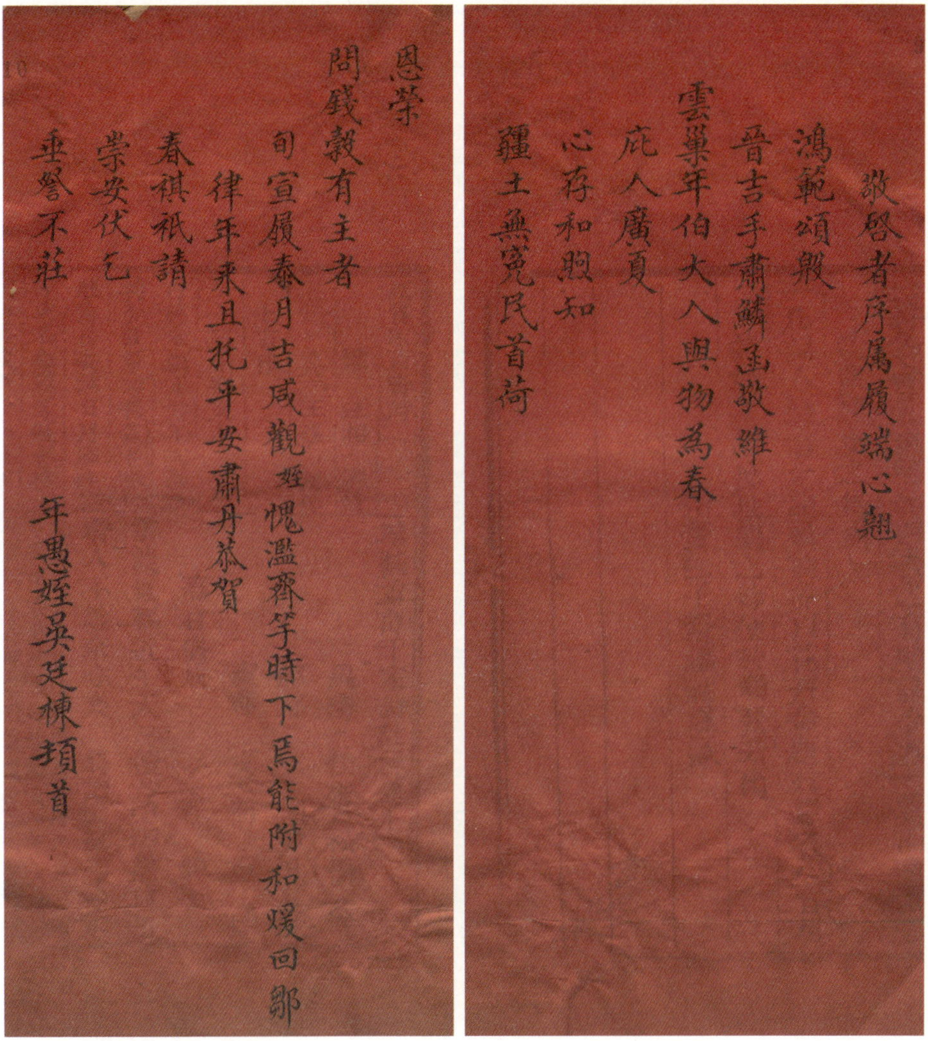

敬啓者序屬履端心翹
鴻範頌般
晉吉手肅鱗函敬維
雲巢年伯大人與物爲春
庇人廣夏
心存和煦知
疆土無窮民首荷
恩榮
問錢穀有主者
旬宣履泰月吉咸觀姪愧濫齊竽時下焉能附和煖回鄒
律年來且托平安肅丹恭賀
春祺祗請
崇安伏乞
垂鑒不莊
年愚姪吴廷棟頓首

吴廷栋致沈兆澐（云巢）函

和洋务运动一样，同文馆命运也是十分坎坷。光绪二十六年（1900），同文馆因庚子事变停办，光绪二十八年（1902），并入京师大学堂。

倭仁之败，败在了理学上；奕訢之败，败在了制度上。

第八章

朝鲜壬午兵变

农历壬午年六月初九（1882年7月23日），大清藩属国朝鲜发生兵变。事后分析会发现，这次普通的兵变居然埋下了甲午战争生根发芽的种子。进一步说，这次兵变本是权力之争，却演变为新旧之争和中日之争。

14世纪末期，朝鲜王国建立，即以明朝藩属国自居，迭至清朝建立，继续采取“事大政策”，保持藩属身份。1864年，朝鲜国王李昪病亡，因膝下无子，遂以弟李昰应子李熙入继大统。李熙未成年，便由李昰应任大院君摄政。十年后，李熙亲政。围绕着李昰应和李熙王妃闵氏，形成了两个势力集团。

自古以来，“内”始终是权力之乱源，“内”不是血亲，就是外戚。卧榻之侧，一直睡着个异心人。

自朝鲜建国以来，亦即从明朝开始，朝鲜问题背后始终闪烁着日本的影子。日本觊觎亚洲，朝鲜就是跳板。光绪二年（1876），日本以朝鲜拒绝和己邦交为由，出兵入侵，要求建交通商。其时，大清这个宗主国苦于内忧外患，自顾不暇，不能尽责提供保护，便息事宁人。朝鲜便同日本签订《江华条约》，自此，国门洞开。

《江华条约》是在闵氏主导下签订的。她之所以能主导，是因为大院君李昰应下野，就是她赶下去的。中国不能“保护”藩属国，闵氏和一部分人就把目光投向了日本。简言之，李昰应和闵氏两个集团一个亲清，一个亲日；一个保守，一个开放。不仅如此，闵氏又与美国和英国缔结通商条约，且效仿中国举办洋务，设立统理机物衙门，1881 年创立别枝军，由其侄子掌管，聘日人任教官。

新军和日人教官，成为兵变的导火索。

其时，日本和俄国对大清藩属国虎视眈眈，清廷不愿同他们为敌，便让李鸿章劝导朝鲜开放门户，以弥外患。光绪六年（1880），朝鲜按照李鸿章的建议，决定“开化自强”，其措施之一，就是改革军制：裁撤大院君创立的“亲军营”，组建日人任教官的“别枝营”。新军待遇好，引起旧军不满。1882 年 7 月，朝廷向欠饷十三个月的汉城驻军发放饷米时掺了杂物，士兵殴打了粮官。有关人士下令抓捕闹事士兵，士兵哗变，冲入军械库，攻入补盗厅，并到大院君处诉说冤情。大院君煽风点火，士兵攻入日本使馆，杀死日本教官和一些朝廷高官。闵氏逃出王宫，前往天津，向宗主国求救。李熙不得已，召还大院君组阁，哗变方息。大院君上台，全面推翻闵氏之政。

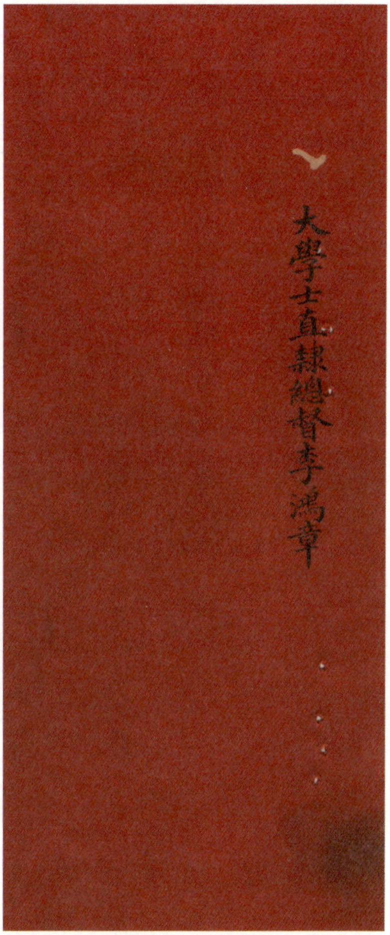

李鸿章拜帖

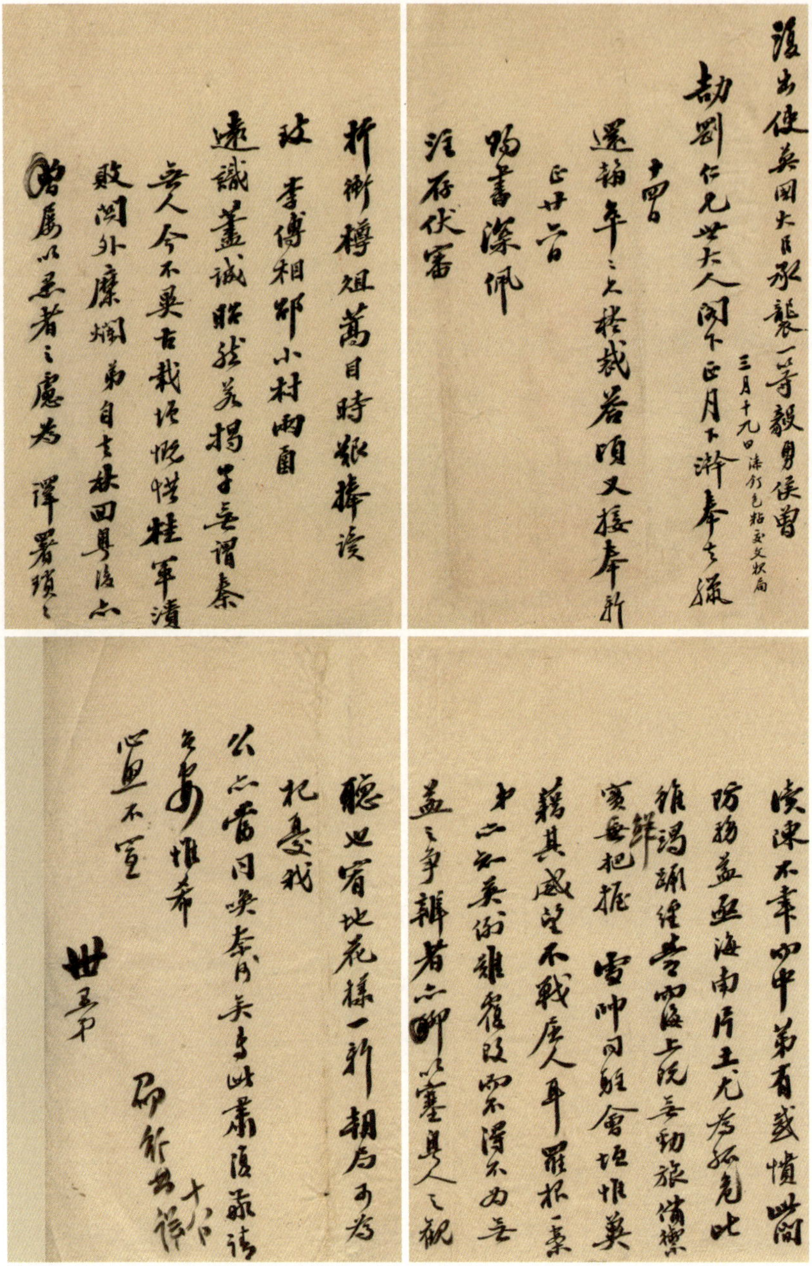

復出使英國大臣承襲一等毅勇侯曾
劼剛仁兄世大人閣下正月下澣奉去緘
三月十九日添行乞指交文報局
十四日
還翰年之揆哉著頌又接奉
正廿日
賜書深佩
注存伏審
祈衛樽俎萬目時艱捧讀
致李傅相邵小村兩函
遠識蓋識眺然莫揭于無謂秦
無人今不異古哉語悅慨桂軍潰
敗關外糜爛弟自去秋回粵後亦
曾屢以是者之慮為譯署瑣瑣
瀆陳不幸而中弟有感憤而籌
防務益亟海南片土尤為孤危此
維謁謝絕豈當滬上既無勁旅備禦
實無把握雷帥同鮮會垣非與
藉其威望不戰虜人耳羅振一意
中亦知英係難復防而僅不多無
益之爭辯者亦聊以塞其人之觀
聽也宵旰花樣一新朝局可為
杞憂我
公亦當同嘆奉矣肅此肅復敬請
台安惟希
心鑒不宣
世弟
頓首
十八日

张树声致曾纪泽（劼刚）函

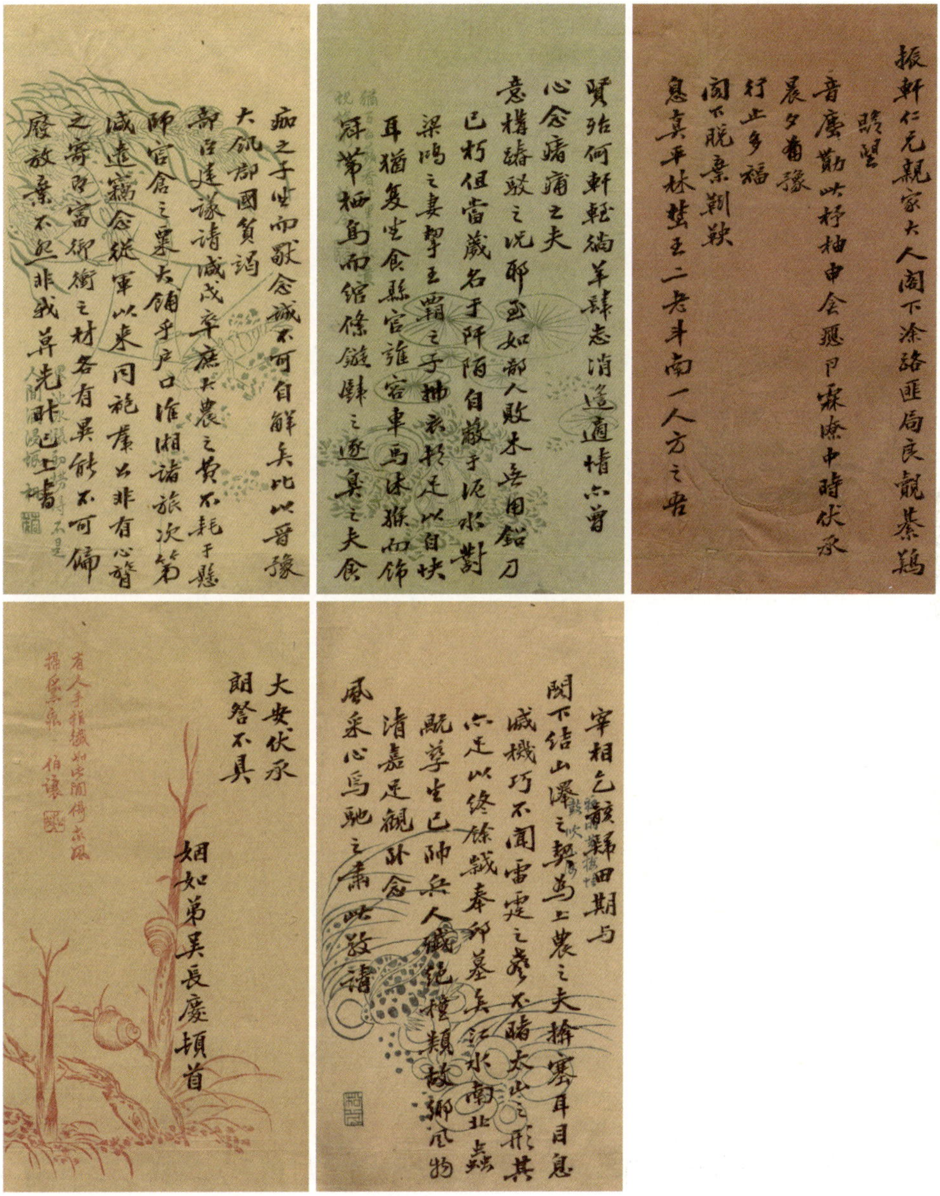

振軒仁兄親家大人閣下涂路匪局良覿綦難
睽望
音塵勤吟杼柚由含應尸霖潦中時伏承
晨夕畜豫
行止多福
閣下脱棄覊鞅
息真平林楚王二老斗南一人方之昔
賢殆何軒輊偏華肆志消遙適情亦曾
心念瘡痛之夫
意構鑄駁之況那函如鄙人敗木無用鉛刀
已朽但當藏名于阡陌自廢于泥水對
梁鴻之妻挈王霸之子抽衣栽足以自快
耳猶复坐食縣官誰容車馬沐猴而飾
冠帶栖鳥而館條鏇肆之逐臭之夫食
痂之子坐而獸念誠不可自解矣比以晉豫
大飢郡國貧竭
部臣建議請減戍卒糜兵農之費不耗于懸
師官倉之粟大餔乎戶口淮湘諸旅次第
減遣竊念從軍以來同袍蓑出非有心膂
之寄即富御衛之材各有異能不可偏
廢放棄不起非我莫先耶此上書
宰相乞骸歸田期與
閣下結山澤之契為上農之夫擁塞耳目息
滅機巧不聞雷霆之聲不睹太山之形其
亦足以終餘歲奉邱墓矣江北南北盜
賊孳生已師兵人纖絕種類故鄉風物
清嘉足觀臥念
風采心焉馳之肅此敬請
大安伏承
朗照不具
姻如弟吳長慶頓首

吴长庆致张树声（振轩）函，张謇代笔

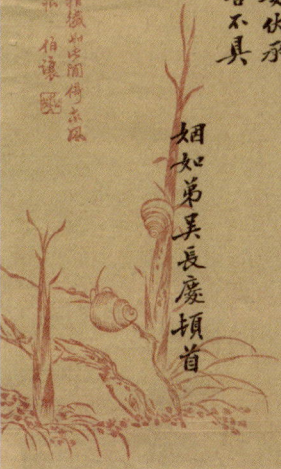

壬午兵变是一个绝佳借口，8月，日本借机派兵登陆仁川，拟将朝鲜变为自己的附属国。此时，李鸿章丁母忧，署直隶总督、北洋大臣张树声两次接到驻日公使黎庶昌电报，其建议“中国宜派兵船前往观变”。张树声三次致函总理衙门，要求出兵。总理衙门遂决定派庆军统领吴长庆、水师提督丁汝昌、候补道马建忠率军入朝。

吴长庆（1829—1884），字筱轩，安徽庐江人。咸丰五年（1855）袭云骑尉世职，参与镇压太平天国。几年后，以其所部“庆字营”加入淮军，成为李鸿章嫡系。吴长庆光绪元年（1875）任直隶正定镇总兵，光绪六年（1880）授浙江提督、广东提督，都未赴位。不久，帮办山东海防并节制全部防军，驻扎登州。

随吴长庆入朝的，有两个日后的风云人物，一是张謇，一是袁世凯。张謇（1853—1926），字季直，号啬庵，江苏常熟人。这位未来的状元和实业家，此时尚在吴长庆幕中。光绪二年（1876），张謇应吴长庆之邀入幕。因吴长庆与袁家是世交，袁世凯亦前来投奔。一时间，张謇和袁世凯成为吴长庆的左膀右臂。

马建忠首先率二百名士兵入汉城调停，吴长庆和丁汝昌则率三千名士兵在朝鲜马山登陆，并抢在日军之前入汉城，占得先机。经秘密筹备，决定从大院君入手解决兵变问题。待大院君来访，袁世凯将其扣押，带往天津。接着，吴长庆等出兵，抓获参与兵变的士兵。不久，朝鲜国王李熙迎闵氏回宫，

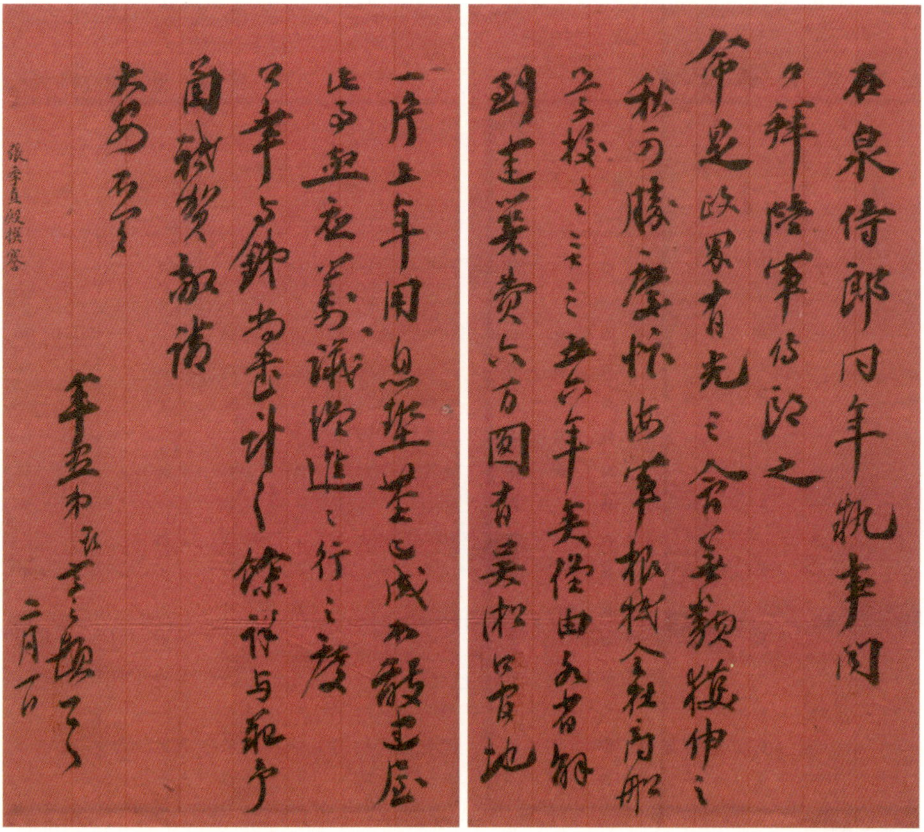

张謇（季直）致石泉侍郎函

重掌权柄。至此，壬午兵变划上句号。

平定壬午兵变，吴长庆、丁汝昌、马建忠出力最巨，李鸿章在《奏保丁汝昌马建忠片》中称：

此次援护朝鲜，扶危定乱，吴长庆、丁汝昌之功为多，而马建忠权衡缓急，操纵排解，悉合机宜，其劳尤不可泯。查赏穿黄马褂广东水师提督瑚敦巴图鲁云骑尉世职吴长庆，谋勇兼裕，赴机神速，筹边镇定，绰有儒将之风。

唯系一品实缺大员，应如何加恩奖励之处，非臣等所敢擅拟。记名提督新授天津镇总兵西林巴图鲁丁汝昌，久历戎行，才明识定，前往英国督带快船回华，创练水师，讲求西法，能耐劳苦。此次扬威域外，足张国体，拟请赏穿黄马褂二品衔。候选道马建忠，足智多谋，熟悉公法，能持大体，历办朝鲜与美、英、德议约事宜及此次朝鲜善后各务，均为远人所敬服，实堪胜专对之选，拟请赏戴花翎，并恳特恩，以海关道存记擢用。

袁世凯也因功“以同知分发省分，前先补用，并赏戴花翎”。此前，袁世凯入吴长庆营，按照吴氏的意思应备战科考，求得功名，但其人对“寻章摘句”始终没有兴趣。此次进入朝鲜，获得了一个“转轨”的机会。壬午兵变后，袁世凯被王室委以练军之任，据资料显示，袁世凯创立制度，编选壮丁，“未到一年，成效极为显著”，“吴公及韩王亲临检阅，也都欢欣喜悦，赞叹不已”。而张謇在汉城为吴长庆草拟《条陈朝鲜事宜疏》，并撰写《壬午事略》《善后六策》等文，受到朝中重臣赏识。事后，李鸿章、张之洞均邀入幕，被张謇拒绝。张謇回到旧居，一心功名。

在袁世凯为日后统领北洋诸军积累练兵经验、张謇奔向状元之路时，朝鲜逐步走向“开放”，和列强签订了一系列条约。而日本也没有放弃侵略朝鲜的决心，逐步取得了和大清同等地位的汉城驻军权。这种明争暗斗，最终演变为甲午战争，且以中国的失败而告终。

张树声暂代李鸿章任直隶总督、北洋大臣，也埋下了甲申之变的“祸根”。

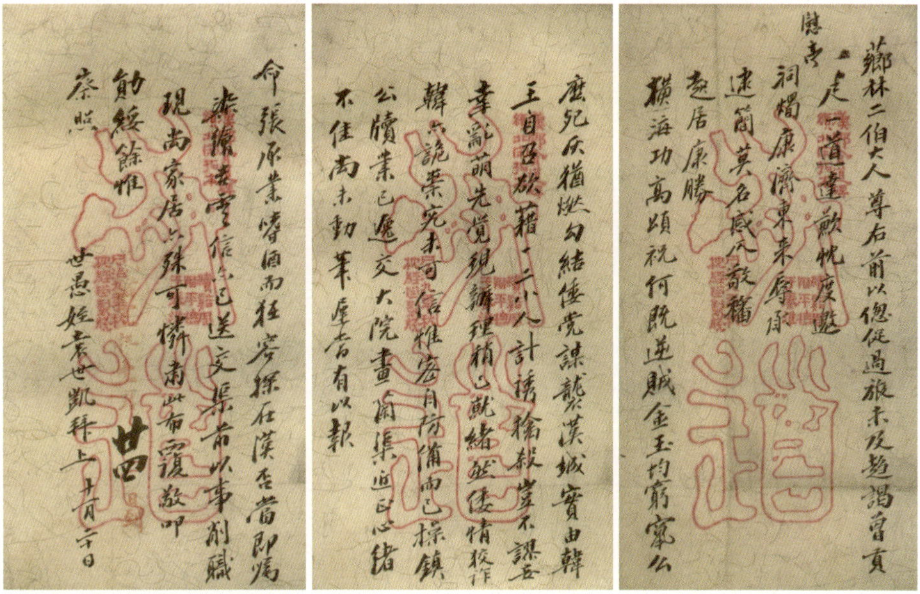

袁世凯致芗林二伯函

第九章

云南奏销案

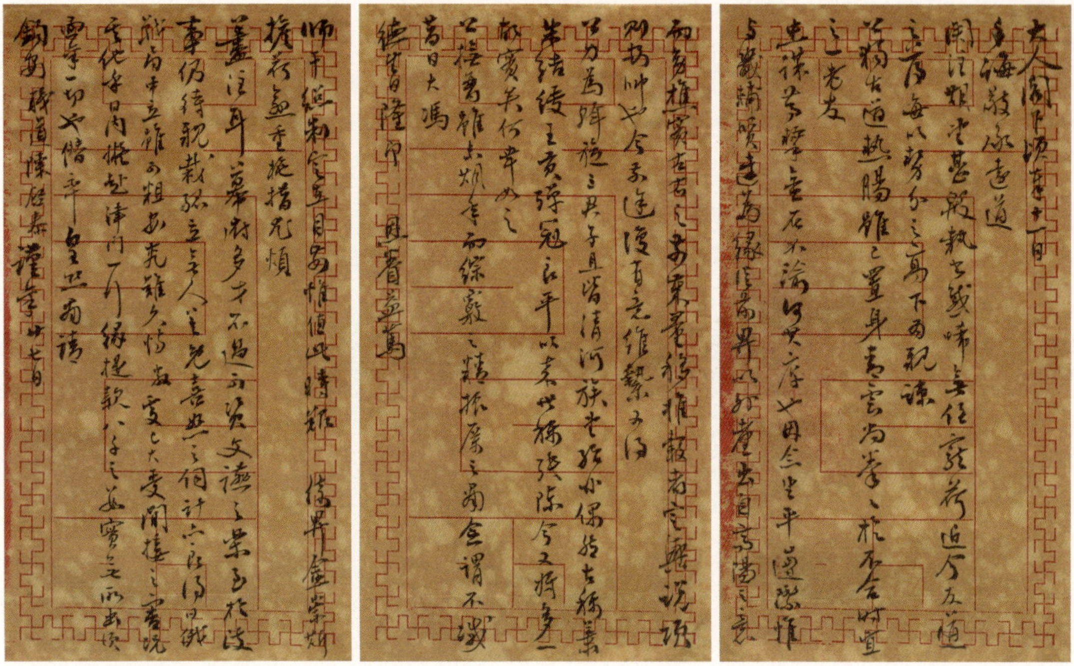

陈启泰禀张曾敭文

光绪八年（1882）七月，御史陈启泰的一纸奏章，揭开了一个震惊朝野的大案。所谓大案，不在于涉及金银数额，而在于朝廷权力中枢卷入其中。

奏销，即报销，其程序一般如下：各地将拟奏销的钱粮册子送总督、巡抚审核，缮造黄册，报户部审计，无误即呈皇帝奏销。鉴于户部负责奏销，一些地方常常备有活动经费，打通关节，此所谓部费，其实是陋规。靳辅是康熙朝名臣，曾云："各省销算钱粮，科抄到部。承议司官，虽不乏从公议允之案，然偶值一事，或执己见，或信部胥，任意吹求，苛驳无已……经用钱粮之官，不得不行贿以求之，所谓部费也。"

雍正深谙陋规，曾不无感叹地指出："若无部费，虽当用之项，册档分明，亦以本内数字互异，或因银数几两不符，往来驳诘，不准奏销。一有部费，即糜费钱粮百万，亦准奏销。"

这意味着，部费问题，连雍正都解决不了。某种意义上，皇帝天生就是冤大头。

现在，陈启泰跳将出来，矛头直指太常寺卿周瑞清（其时，周值军机），弹劾其在云南粮道崔尊彝、永昌知府潘英章请托下，帮忙办理奏销。

因云南局势忙乱，自同治十三年（1874）至光绪七年（1881）即未奏销。七年九月，崔、潘二人值升官进京引见之际，请周帮忙联络奏销事宜，并累计往北京汇银十万零七千六百两。周果然念旧，遂屈尊找到户部一低职相关人员，许诺部费八万两。此户部人员办理完毕，给了周五千两，自己留下七千两，其余按“需”分配，涉及四十余人。八万两之外的，由崔、潘私分，其中崔占了大头，超过二万两。意思很明显了，崔尊彝才是最大的获利者，即便堂堂的周军机，拿了不过崔某人的四分之一。

这件事不小心被清流陈启泰知道了。

二十三日，上谕刑部尚书潘祖荫、理藩院尚书麟书彻查。

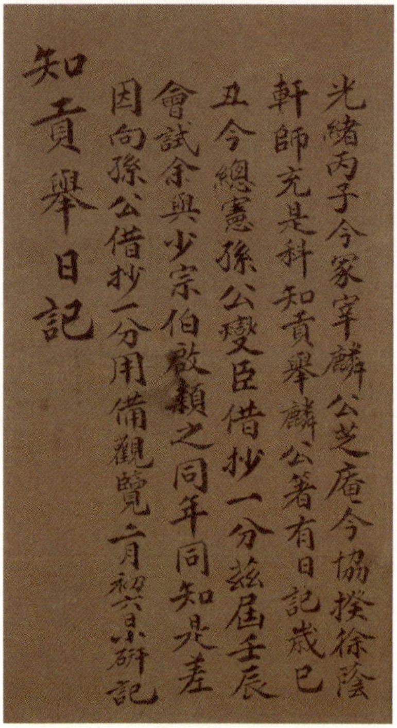
知貢舉日記

光緒丙子今家宰麟公芝庵今協揆徐蔭
軒師充是科知貢舉麟公著有日記歲己
丑今總憲孫公燮臣借抄一分茲屆壬辰
會試余與少宗伯敬賴之同年同知是差
因向孫公借抄一分用備觀覽二月初六日景崧記

唐景崇抄存麟书著《知贡举日记》(局部)

该案的起因以及能够彻查，源于沈桂芬之死。也就是说，何时查，怎么查，是讲天时地利特别是人和的。

光绪六年(1880)十二月二十九日，除夕，兵部尚书协办大学士、总理各国事务大臣沈桂芬病逝。按《清史稿》:

桂芬遇事持重，自文祥逝后，以谙究外情称。日本之灭琉球也，廷论多主战，桂芬独言劳师海上，易损国威，力持不可。及与俄人议还伊犁，崇厚擅订约，朝议纷然，桂芬委曲斡旋，易使往议，改约始定，而言者犹激论不已。桂芬久卧病，六年，卒，年六十有四，赠太子太傅，谥文定。桂芬躬行谨饬，为军机大臣十余年，自奉若寒素，所处极湫隘，而未尝以清节自矜，人以为难云。

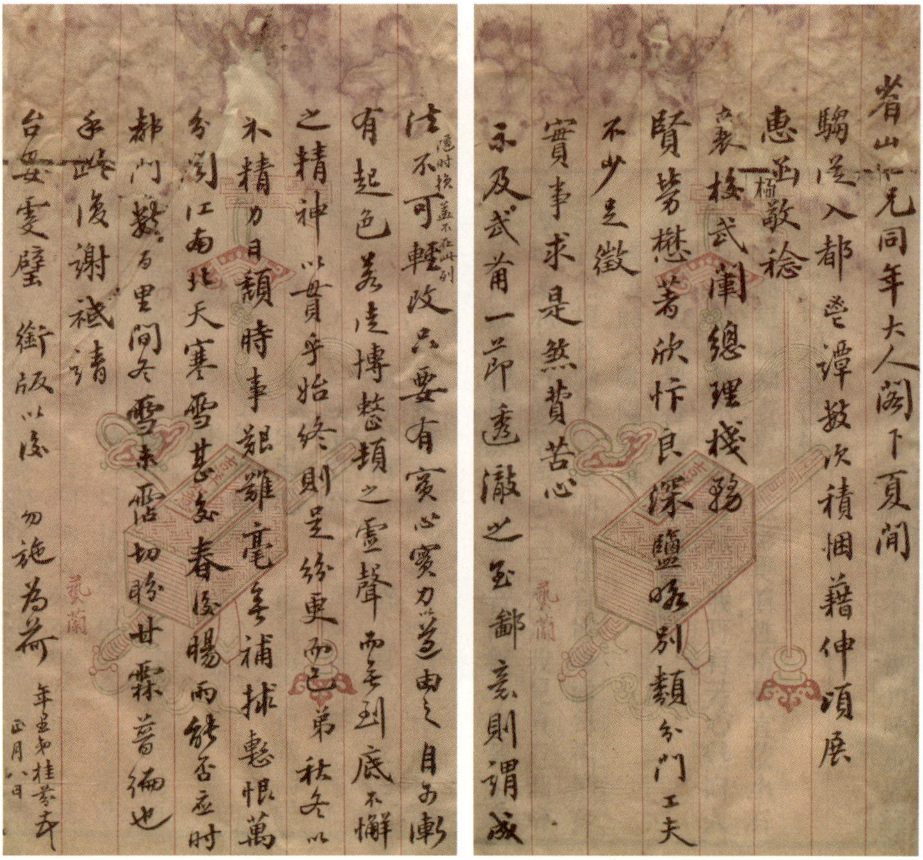

省山仁兄同年大人阁下：夏间
騶從入都，叠譚數次，積悃藉伸。頃展
惠函，敬稔
襄校武闈，總理棧務，
賢勞懋著，欣忭良深。鹽政別類分門，工夫
不少，足徵
實事求是，煞費苦心。
示及武甯一節，透澈之至，鄙意則謂成
法（隨時損益，不在此例）不可輕改，只要有實心實力，遵而由之，自可漸
有起色。若徒博整頓之虛聲，而無到底不懈
之精神以貫乎始終，則是紛更而已。弟秋冬以
來精力日頹，時事艱難，毫無補救，慙恨萬
分。聞江南北天寒雪甚，多春後暢雨，能否應時
都門數百里間無雪，未霑，切盼甘霖普徧也。
手此，復謝，祇請
台安。雯璧
銜版以後勿施為荷。
年愚弟桂芬頓首
正月八日

沈桂芬致庞际云（省三，省山）函

沈桂芬是道光二十七年（1847）进士，与张之万、李鸿章、沈葆桢、郭嵩焘、马新贻同年。梁启超指出：“自发捻以前，汉人无真执政者，文文忠汲引沈文定，实为汉人掌政权之嚆矢。其后李文正、翁师傅、孙徐两尚书继之。”也就是说，沈桂芬是清朝第一个掌握中央实权的汉人。沈桂芬之死，最难过的是王文韶，最开心的则是李鸿藻。其时，沈桂芬、王文韶被称为南派，且王为沈的门生，和同在军机的清流李鸿藻水火不同炉。

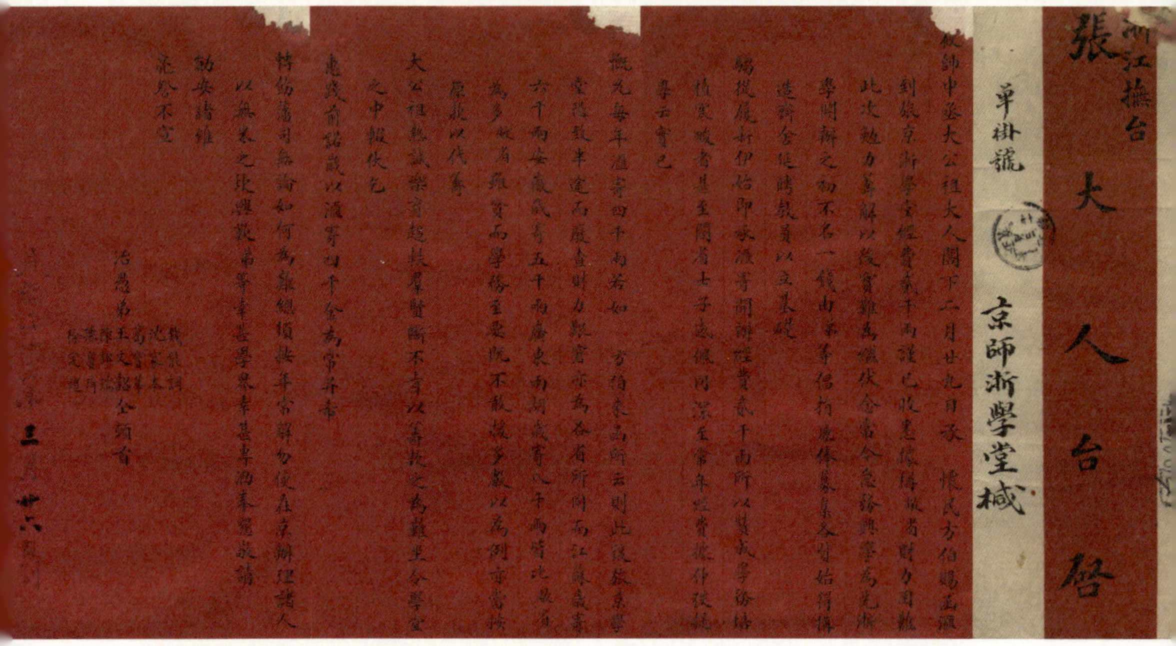
浙江撫台
張大人台啓
單掛號
京師浙學堂緘

京师浙学堂王文韶等致张曾敭（筱帅中丞）函

王文韶时任户部侍郎，值军机，一向被认为是沈桂芬的人。在日记中，王文韶说：“巳正回寓，突闻经师凶问，亟诣哭之，俯仰生平，不自知其涕之所从也。”所谓“不自知其涕之所从也”，皆因失去了一个靠山和知音。李鸿藻之乐，也是可以理解的。内阁也好，军机也罢，一直就是是非之地。

陈夔龙（1857—1948）《梦蕉亭杂记》对权力中枢的矛盾记载尤为详细，虽长，但来龙去脉清晰，不妨摘引如下：

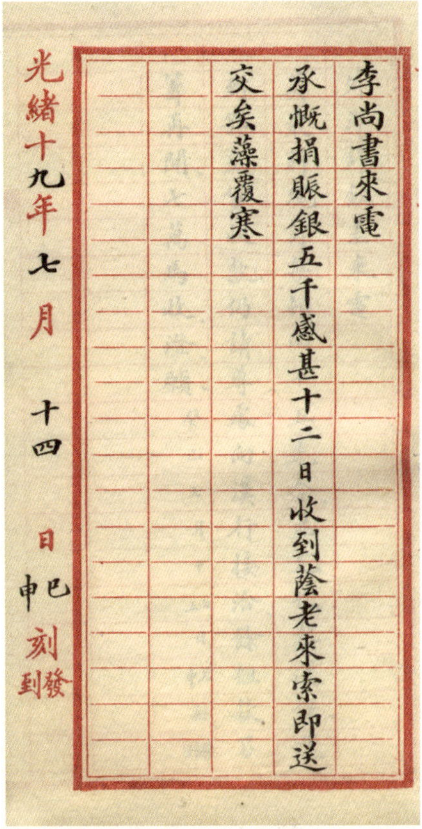
李尚書來電
承慨捐賑銀五千感甚十二日收到蔭老來索即送
交矣藻覆寒
光緒十九年七月十四日巳刻發 申刻到

李鸿藻致张之洞电报件

国家大政有二：曰行政，曰治兵。综光绪一朝，荣文忠公实为此中枢纽，文忠没而国运亦沦夷。《诗》云：“人之云亡，邦国殄瘁。”斯言岂不谅哉。穆宗崩逝，德宗入承大统，圣躬仅四龄耳。文忠时以工部侍郎、步军统领兼总管内务府大臣。内务府一差，权位与御前大臣、军机大臣三鼎峙。御前班列最前，但尊而不要；军机则权而要；内务府则亲而要，武侯《出师表》所谓“宫中府中，俱为一体”也。文忠负权略，敢于任事。当穆宗上宾时，夜漏三下，两宫临视，痛哭失声。内务府诸臣均在殿前屏息伺候。少顷，慈禧语慈安曰：“事已如此，哭亦无益。我们回去歇歇罢。”文忠跪奏，谓：“此间尚有宗社大事，须两宫主持，万不能回宫。请召军机、御前并近支亲贵入见。”两宫命文忠传旨。适恭邸已到，贸然云：“我要回避，不能上去。”不知其用意所在。枢臣文文忠祥扶病先至，宝文靖鋆、沈文定桂芬、李文正鸿藻继到；同入承旨，德宗嗣立。醇邸闻之，惊惧失常度，昏扑倒地。懿旨令扶出，横卧殿角，

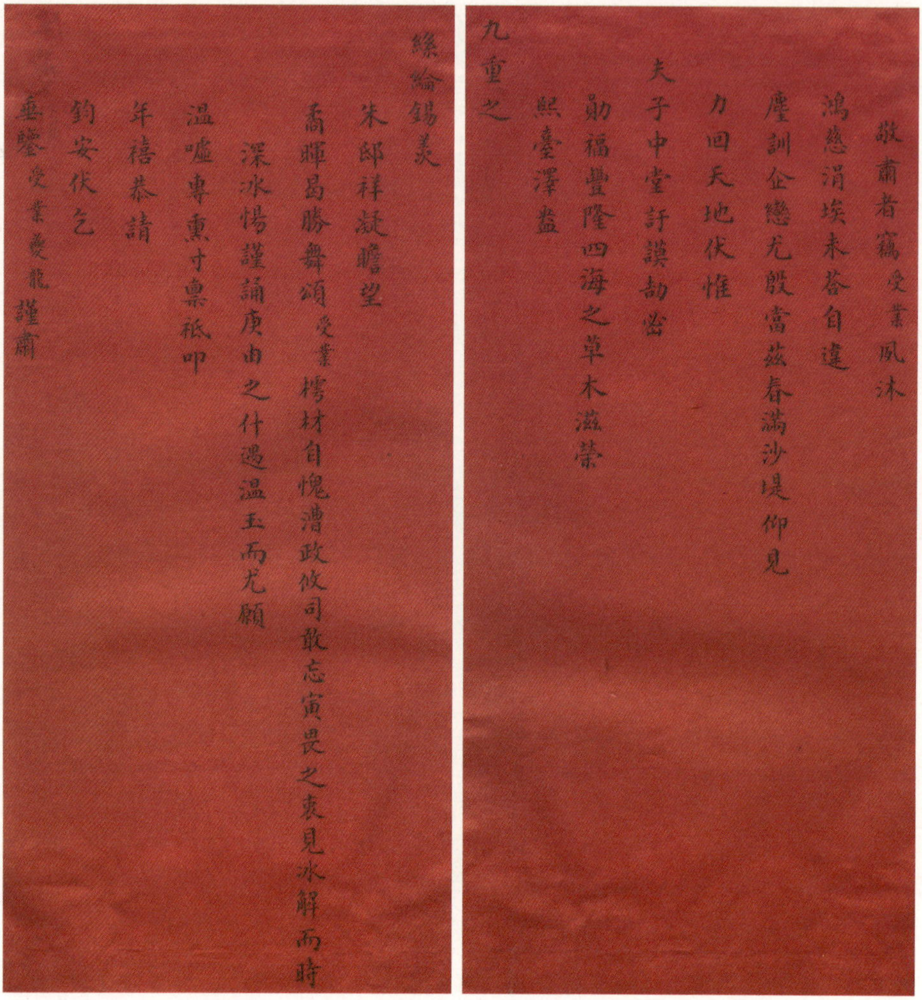

敬肅者竊受業夙沐
鴻慈消埃未荅自違
塵訓企戀尤殷當茲春滿沙堤仰見
力回天地伏惟
夫子中堂訏謨劼毖
勛福豐隆四海之草木滋榮
熙臺澤盎
九重之
絲綸錫羨
朱邸祥凝瞻望
喬暉曷勝舞頌受業樗材自愧漕政攸司敢忘寅畏之衷見冰解而時
深冰惕謹誦庚由之什遇温玉而尤顧
温噓專熏寸稟祇叩
年禧恭請
鈞安伏乞
垂鑒受業夔龍謹肅

陈夔龙致荣禄（夫子中堂）函

无人看顾也。登时凄皇惨状，迨不如庶民家。御前大臣夤夜迎德宗入宫。恩诏、哀诏，例由军机恭拟。文定到稍迟，由文文忠执笔拟旨，因病不能成章。文忠仓卒，忘避嫌疑，擅动枢笔。文定不悦，而无如何，思以他事陷之，文忠亦知之，防御尤力，两端遂成水火。文正与文定不相能，颇右文忠。党祸之成，非一日矣。某月日黔抚出缺，枢廷请简，面奉懿旨：著沈桂芬去。群相惊诧，谓巡抚系二品官，沈桂芬现任兵部尚书，充军机大臣，职列一品，宣力有年，不宜左迁边地。此旨一出，中外震骇。朝廷体制，四方观听，均有关系，臣等不敢承旨。文靖与文定交最契。情形尤愤激。两宫知难违廷论，乃命文定照旧当差，黔抚另行简人。文定谢恩出，惶恐万状。私谓："穴本无风，风何由入？"意殆疑文忠矣，然并无影响也。南中某侍郎素昵文定，与文忠亦缔兰交，往来甚数。文定嘱侍郎，侦访切实消息。侍郎遂诣文忠处种种侦视。文忠虚与委蛇。一日，侍郎忽造文忠所曰："沈经笙真不是人，不特对不起朋友，其家庭中亦有不可道者。我已与彼绝交。闻彼恚君甚，因外简黔抚事，谓出君谋，常思报复，不可不防。"文忠见其语气激昂，且丑诋文定至其先世，以为厚我，遂不之疑，将实情详细述之。侍郎据以告文定，从此结怨愈深。

沈桂芬任职期间，李鸿藻郁郁不得志，翁同龢则作为内鬼，协助沈桂芬打击荣禄，荣禄被迫赋闲。沈桂芬亡，荣禄起复，权力中心遂进入李鸿藻时代。

案子很好查，刑部尚书潘祖荫、理藩院尚书麟书找到兑汇局，五天之内，有了结果。上命周瑞清退出军机，命崔尊彝、潘英章入京接受审查。

不料，此时又有一纸奏折，直指权力中枢。江西道御史洪良品上折说：

天变之兴，皆由人事之应。未有政事不阙于下而灾眚屡见于上者也。现在彗星复出东方，形如匹练，尾长数丈，直扫西南。日将出时，其光莹莹，几与争曜。臣虽不谙占验之术，然博观载籍，皆云政失于此，而后变见于彼……然臣续有风闻，为陈启泰所未及言者。近日外间哄传，云南报销，户部索贿银十三万两；嗣因阎敬铭将到，恐其持正驳诘，始以八万金了事，景廉、王文韶均受赂遗巨万，余皆按股朋分，物议沸腾，众口一词，不独臣一人闻之，通国皆知之。盖事经败露，众目难掩，遂致传说纷纭。臣窃思奏销关度支大计，数十年积弊相仍，全赖主计之臣整顿，以挽积习。景廉久经军务，王文韶历任封圻，皆深知此中情弊者，使其毫无所染，何难秉公稽核，立破其奸？乃甘心受其贿赂，为之掩饰弥缝。以主持国计之人，先为罔利营私之举，何以责夫贪吏之借势侵渔，蠹胥之乘机勒索者也？

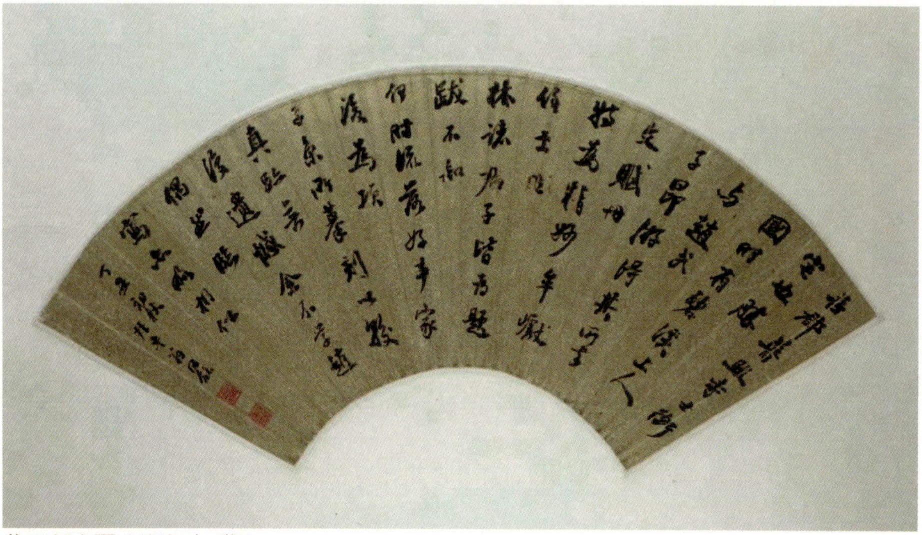

翁同龢扇面（郑仁杰 藏）

洪良品的意见是，景廉、王文韶等是老牌儿贪污犯，应立赐罢斥其人，或照周瑞清例，撤出军机，一并听候查办。否则，“以主持国计之人，先为罔利营私之举，何以责夫贪吏之借势侵渔”，也就是说，不打老虎，怎么拍苍蝇！

上谕立即派惇亲王奕誴和翁同龢查办。

洪良品是清流，折子墨迹未干，另一位清流、云南道监察御史邓承修接着发难。他说：

议者谓：前大学士沈桂芬履行清洁，惟援引王文韶以负朝廷，实为知人之累。众口佥同，此天下之言，非臣一人所能捏饰，方今人才杂糅，吏事滋蠹，纪纲堕坏，贿赂公行，天变于上，人怨于下；挽回之术，惟在任人，治乱之机，间不容发。若王文韶者，才不足以济奸，而贪可以误国……乞特召一二亲信大臣，询以王文韶素行若何，令其激发天良，据实上对。如臣言不诬，乞即将王文韶先行罢斥，使朋比者失其护符，讯办者无所顾忌。天下之人知朝廷有除奸剔弊之意，庶此案有水落石出之时。如臣言不实，则甘伏讪上之罪。

邓承修的折子虽表扬了沈桂芬的人品，却批评其不能识人，起码，王文韶就用错了。

不久，清流张佩纶半月之内，连上三折，请求罢免王文韶：“王文韶贪位恋权，依违不去，非大臣自处之道也……

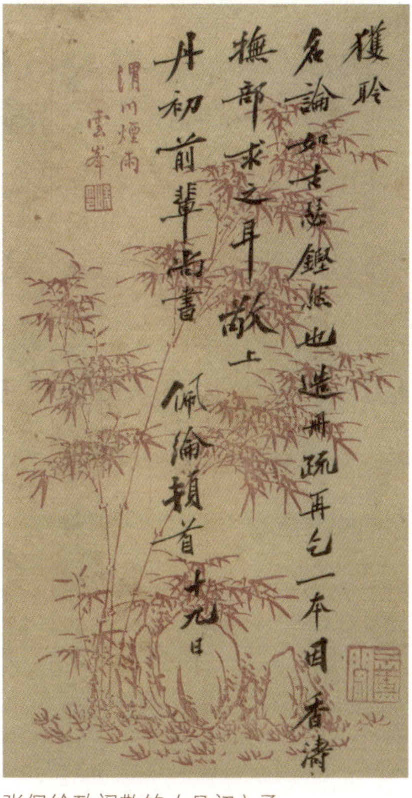
獲聆
名論如古法鏗然也進冊疏再乞一本因香濤
撫部求之耳敬上
丹初前輩尚書 佩綸頓首 十九日

张佩纶致阎敬铭（丹初）函

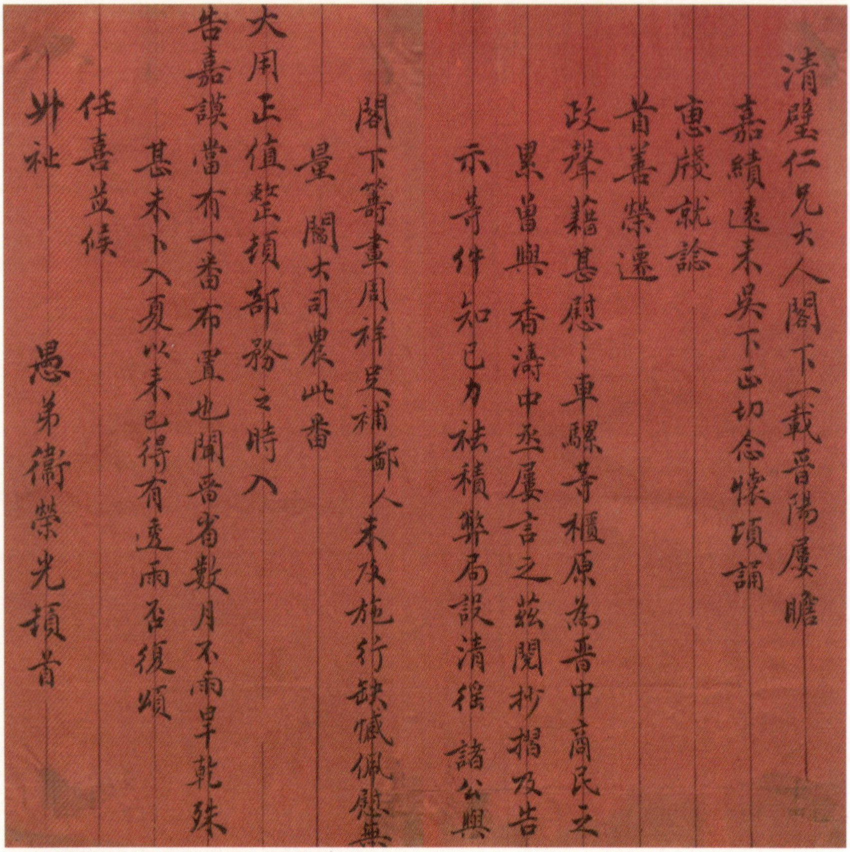

清璧仁兄大人閣下：一載晉陽，屢瞻
嘉績。遠來吳下，正切念懷，頃誦
惠牋，就諗
首善榮遷，
政聲藉甚，慰慰。車騾等櫃原為晉中商民之
累，曾與香濤中丞屢言之，茲閱抄摺及告
示等件，知已力祛積弊，局設清徭，諸公與
閣下籌畫周詳，足補鄙人未及施行缺憾，佩慰無
量。閻大司農此番
大用，正值整頓部務之時，入
告嘉謨，當有一番布置也。聞晉省數月不雨，旱乾殊
甚，未卜入夏以來已得透雨否。復頌
任喜，並候
升祉。
愚弟衛榮光頓首

卫荣光致锡良（清璧）函

若决不去贪人，无以儆惕有位，血诚披沥，不敢顾私。”张佩纶和王文韶是姻亲关系，为推举李鸿藻，成己党之私，不惜拿宗戚开刀。这下子，事情没了回旋的余地。

二十九日，江苏巡抚卫荣光上奏，崔尊彝病故。此前，已有传言说其自杀。十一月初五日，王文韶乞请开缺，同日，翁同龢、潘祖荫入枢。十一月十一日，张佩纶署都察院左都御史。次年五月二十九日，户部尚书景廉，署理尚

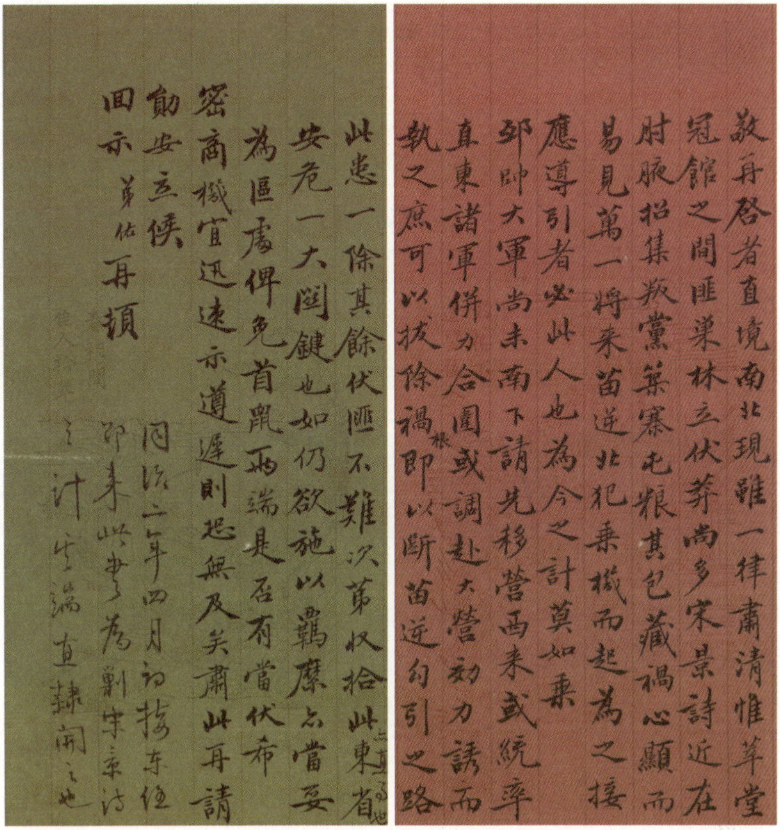

敬再啓者直境南北現雖一律肅清惟莘堂冠館之間匪巢林立伏莽尚多宋景詩近在肘腋招集叛黨築寨屯粮其包藏禍心顯而易見萬一將來苗逆北犯乘機而起為之接應導引者必此人也為今之計莫如乘鄧帥大軍尚未南下請先移營西來或統率直東諸軍併力合圍或調赴大營勠力誘而執之庶可以拔除禍根即以斷苗逆勾引之路此患一除其餘伏匪不難次第收拾山東省安危一大關鍵也如仍欲施以羈縻亦當妥為區處俾免首鼠兩端是否有當伏希密商機宜迅速示遵遲則恐無及矣肅此再請勛安並候回示 弟佑再頓

刘长佑致阎敬铭函

书、左侍郎王文韶等有失察之嫌，降二级调用；云贵总督刘长佑，云南巡抚杜瑞联，监管不力，降三级调用。

一场借助经济案，由李鸿藻主使，洪、邓、张主攻的倒王 / 沈政争案，以李鸿藻掌握了话语权作为终结。

第十章

中法战争

唐景崧致袁爽秋户部书

唐景崧致袁爽秋户部报告刘永福黑旗军战胜实况书

中法战争是一场难以评判的战争。一般的说法，中法战争是近代中国唯一一次战胜侵华列强的战争。还有一种说法，中法战争中，中国没有失败，法国也没有胜利。

战争永远服从于内政。检点近代历史，中法战争最初的赢家是慈禧，最终的输家则是大清。

欲明了其中之逻辑，需要回到战场上去。

越南之名得于嘉庆，其时，嘉庆赐名安南以越南，因此得有国名。清朝中后期，越南虽不断扩展版图，但始终承认中国的宗主国地位。一切在 19 世纪 80 年代戛然而止。早在第二次鸦片战争期间，法国就开始入侵越南，并一举占领南部六省。同治十二年十月（1873 年 11 月），法国派安邺率军攻陷河内，越南国王阮福时请刘永福黑旗军救助，其时，刘永福军尚为义军。年底，刘永福击毙安邺，法军被迫撤退。次年，法国胁迫越南签订《越法和平同盟条约》，逼其开放红河。光绪元年（1875），法国就条约内容照会清政府，遭到拒绝。光绪八年（1882），法军再次入侵越南北部，直逼河内西北山西附近。

此时，中法战争一触即发。

在法军寇边之际，一个文弱的书生站了出来。唐景崧（1841—

1903），字维卿，广西桂林人，同治四年（1865）进士，任吏部候补主事。他在这个职位上一干十几年，郁郁不得志。法国侵略越南后，唐景崧上折言事，自请赴越南动员刘永福抗法。朝廷下旨："吏部候补主事唐景崧，著发往云南，交岑毓英差遣委用。"唐景崧到越南打的第一个漂亮仗就是"拿下"刘永福。

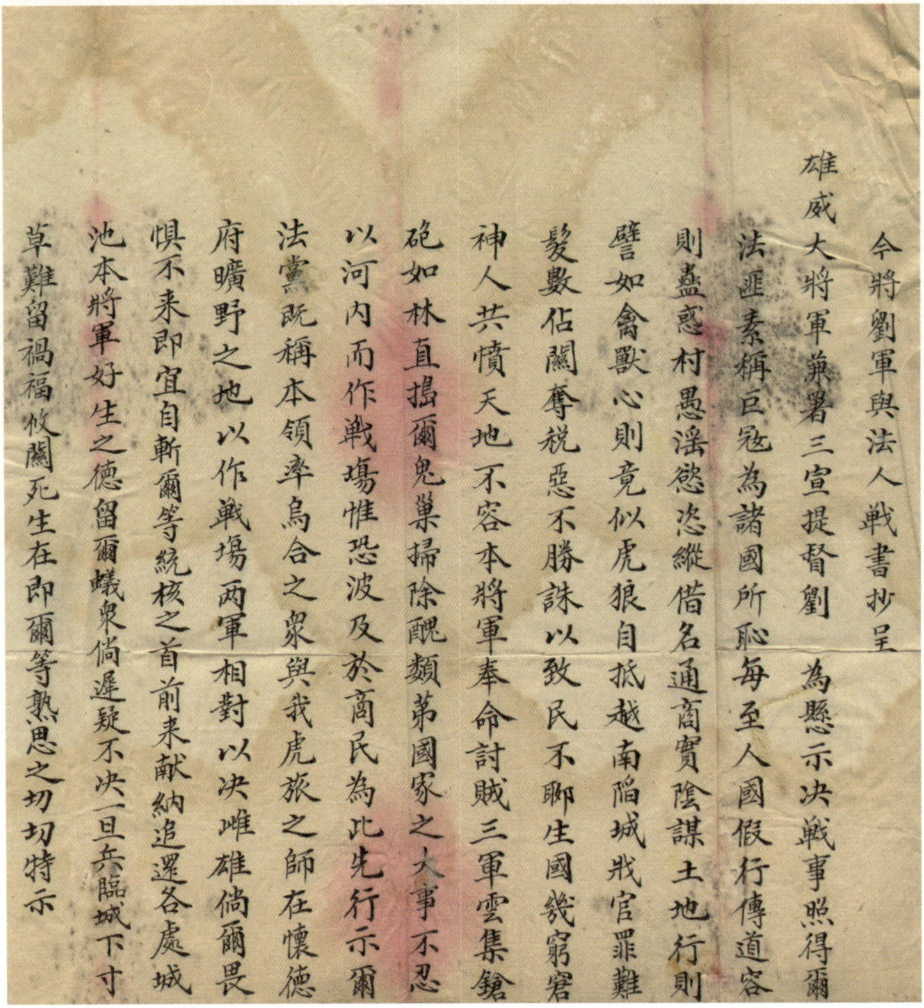

令將劉軍與法人戰書抄呈

雄威大將軍兼署三宣提督劉　為懸示決戰事照得爾法匪素稱巨寇為諸國所恥每至人國假行傳道咨則蠱惑村愚淫慾恣縱借名通商實陰謀土地行則譬如禽獸心則竟似虎狼自抵越南陷城戕官罪難髮數佔闕奪稅惡不勝誅以致民不聊生國幾窮窘神人共憤天地不容本將軍奉命討賊三軍雲集鎗砲如林直搗爾兇巢掃除醜類弟國家之大事不忍以河內而作戰場惟恐波及於商民為此先行示爾法黨既稱本領率烏合之衆與我虎旅之師在懷德府曠野之地以作戰場兩軍相對以決雌雄倘爾畏惧不來即宜自斬爾等統核之首前來献納追還各處城池本將軍好生之德留爾蟻衆倘遲疑不決一旦兵臨城下寸草難留禍福攸關死生在即爾等熟思之切切特示

张树声抄呈刘永福与法人作战书

刘永福（1837—1917），字渊亭，广东钦州（今属广西）人。咸丰七年（1857），刘永福加入天地会抗击清军，因冯子材围剿，刘率残部进入越南。有意思的是，法国侵略越南，打出第一枪的就是抗清的刘永福。唐景崧据此认为，刘永福可用，便请命前往越南招抚。光绪九年（1883）农历三月初八，唐景崧奉云贵总督岑毓英命孤身抵越南，招安刘永福。

光绪九年底，法军进攻山西，两日内，凭借优势兵力，占领山西。中法战争正式打响。次年初，米勒率法军一万六千人连下北宁、太原、兴化。

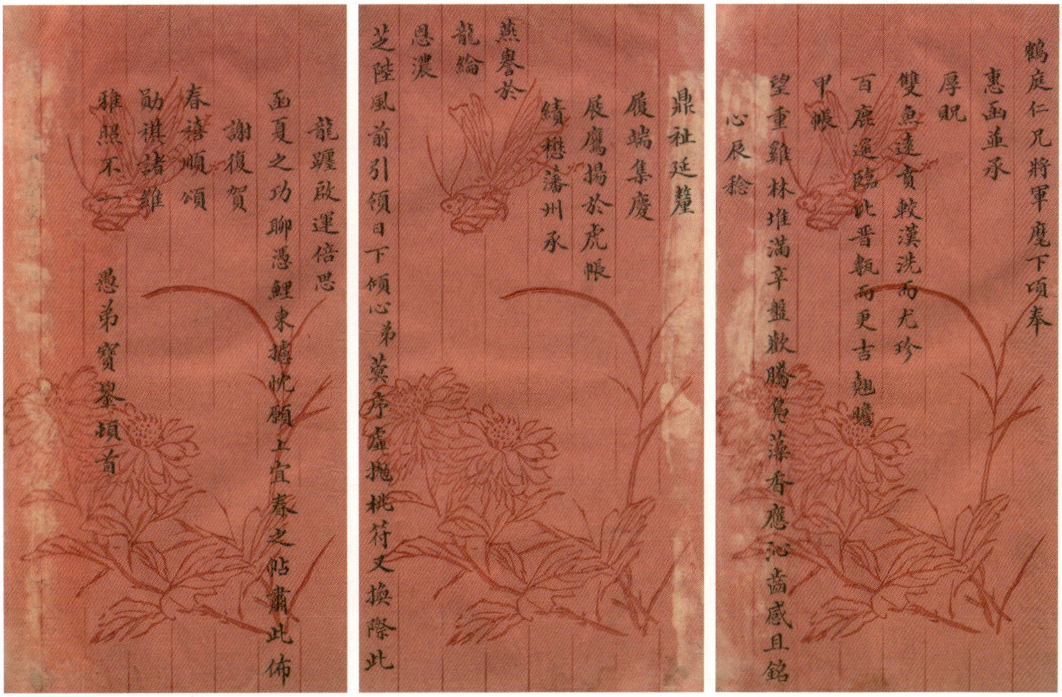
鶴庭仁兄將軍麾下頃奉
惠函並承
厚貺
雙魚遠貢較漢洗而尤珍
百鹿遥臨比晋瓶而更吉翹瞻
甲帳
望重雞林堆滿辛盤歡騰鳧藻香應沁齒感且銘
心辰稔
鼎祉延釐
履端集慶
辰膺揚於虎帳
績懋藩州承
燕譽於
龍綸
恩濃
芝陛風前引領日下傾心弟莫序虛拋桃符又換除此
龍躍啟運倍思
函夏之功聊憑鯉東摅忱顧上宜春之帖肅此佈
謝復賀
春禧順頌
勛祺諸維
雅照不一
愚弟寶鋆頓首

宝鋆致鹤庭（长顺）仁兄将军函

前线失利，后方却忙于权力布局。辛酉政变后，慈禧和奕訢逐渐度过了政治合作的蜜月期。慈禧认为，奕訢的存在是其专权最大的隐患。同治四年（1865），慈禧罢掉奕訢“议政王”头衔。这次放气球，奕訢毫无还手之力，让慈禧尝到了甜头。由于慈安暴卒，光绪继位，醇亲王奕譞逐渐进入权力中枢。中法战争一败再败，慈禧借口奕訢为首的军机大臣“委靡因循”，全部罢黜。其中，奕訢停亲王双俸，家居养疾；宝鋆原品休致；李鸿藻、景廉降二级调用；翁同龢革职留任，退出军机处。在罢黜奕訢的同时，慈禧以光绪之名发布上谕，礼亲王世铎著在军机大臣上行走，毋庸学习御前大臣，亦毋庸带领豹尾枪。户部尚书额勒和布、阎敬铭和刑部尚书张之万，均著在军机大臣上行走，工部侍郎孙毓汶著在军机大臣上学习行走。

此次易枢过程中，最关键的决策是两条。一、世铎主持军机处，二、庆郡王奕劻主持总理衙门，遇重大事件，须与醇亲王商办。这意味着，奕譞操纵了权柄。

这就是历史上著名的甲申易枢。晚清史上，慈禧一共进行了三次政变，一为辛酉政变，取代顾命八大臣；二为甲申易枢，罢黜奕訢；三是戊戌政变，囚禁光绪。

甲申易枢，是慈禧正式专权的开始。

因战事不胜，李鸿章与法国代表福禄诺在天津签署条约，俗称《李福协定》，正式承认了法国对越南的保护权，也就是出让了自己的宗主国地位。不久，福禄诺通告李鸿章，法国拟在越南北部全境接防。法军去观音桥接防时，因中国驻军没有接到命令，不能换防，引发冲突，双方互有死伤。法国借此次“观音桥事变”，企图扩大事端，提出巨额索赔。朝廷一方面拒绝，一方面派两江总督曾国荃在上海与巴德诺谈判。因谈判无果，法国派战舰出击福州和基隆，在出击基隆时，被刘铭传击退。法军又出击福州，炮轰马尾。

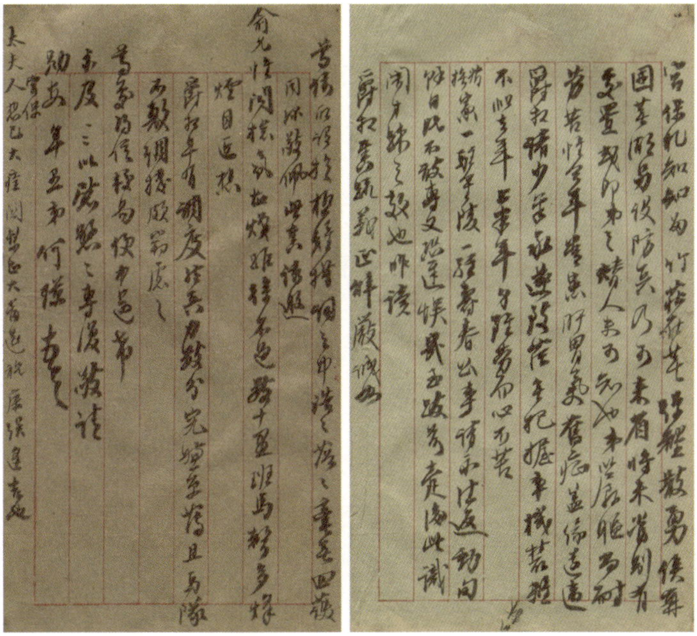

何璟致宫保（曾国藩）函

马尾之战，何璟被即行革职。何璟（1816—1888），字伯玉，号筱宋，广东香山（今中山市）人，道光二十七年（1847）进士，选翰林院庶吉士。光绪五年（1879），兼署福建巡抚。光绪十年（1884），张佩纶为会办福建海疆事宜钦差大臣。七月十三日，孤拔率法军舰陆续开入福州马尾港，扬言要攻取福州。因朝廷未对法宣战，何璟不敢阻其开入。七月十五日，何璟、张佩纶等请示朝廷用兵之计，不得其详。

八月五日，法军进攻基隆。八月二十三日，福建水师九艘舰船和马尾船厂被毁，何璟受处分，归故里。

至此，中法战争的主战场由越南转移到中国东南沿海。

此时，在唐景崧的参谋下，刘永福取得了“纸桥大捷”。唐景崧《请缨日记》称，此役毙法军头目三十余，士兵二百多，而黑旗军死亡三十余人。

在僵持状态下，朝廷以张之洞为两广总督，总领对法作战。张重用唐景崧，令其自带四营，以“景军”名之。因战事不理想，唐景崧出面请出老将冯子材。

冯子材（1818—1903），字萃亭，广东钦州（今属广西）人，曾从向荣、张国梁镇压太平军，同治间累擢广西提督。因不喜官场陋习，一怒之下，告老还乡。中法战争初起，冯子材就募集团练，号称“萃军”。唐景崧亲自劝解其奔赴前线，冯子材带领九千人的队伍，于光绪十一年（1885）大年初一，抵达镇南关，与广西巡抚兼关外军务督办潘鼎新会和。不久，谕命冯子材帮办广西关外军务。镇南关初战失陷，潘鼎新出逃，李秉衡署理广西巡抚，推荐冯子材率军抗敌。冯子材以六十八岁之躯，设良谋，出奇兵，一举击败法军，并连克文渊、谅山、长庆府、观音桥等，取得了中外闻名的镇南关大捷。

此役不仅让国人扬眉吐气，也迫使法国总理辞职，内阁倒台。某种意义上，也算替奕訢出了口恶气。

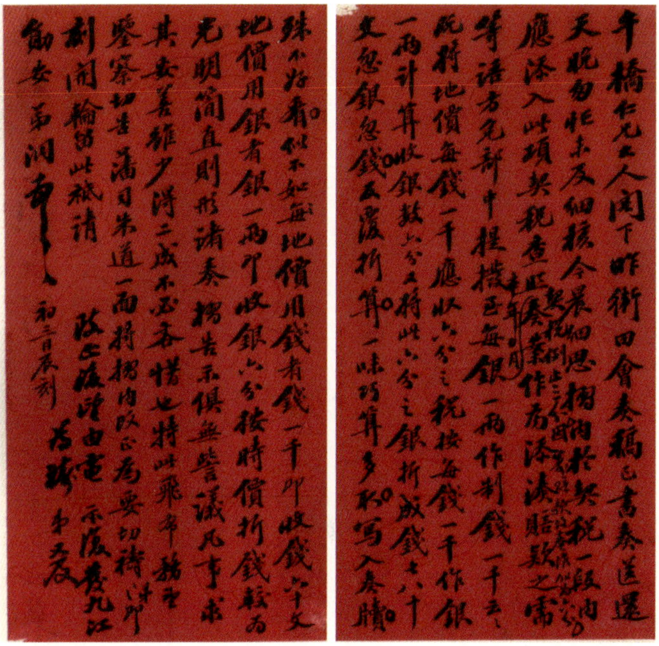

张之洞致端方（午桥）函（李瑾 藏）

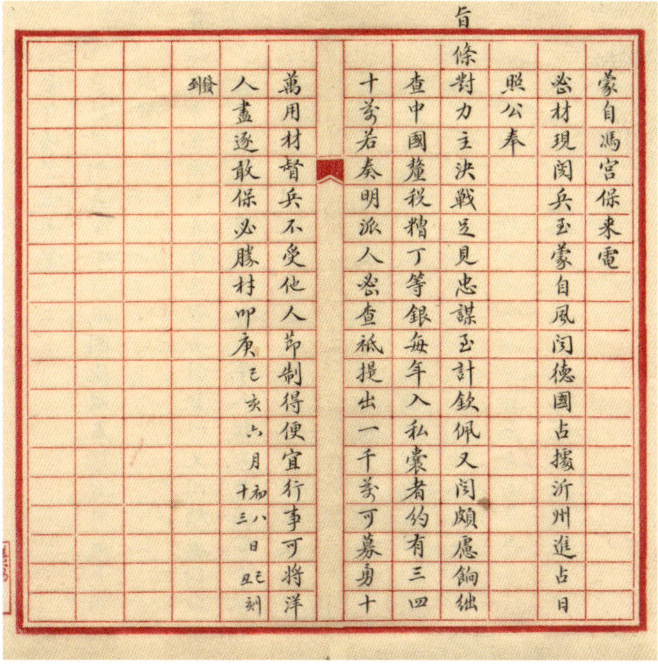

蒙自馮宫保來電

豁材現閱兵至蒙自風聞德國占據沂州進占日

照公奏

旨條對力主決戰足見忠謀至計欽佩又聞頗慮餉絀

查中國釐稅糟丁等銀每年入私囊者約有三四

十萬若奏明派人豁查祇提出一千萬可募勇十

萬用材督兵不受他人節制得便宜行事可將洋

人盡逐敢保必勝材叩庚 己亥六月初八日巳刻 十三日丑刻

到發

冯子材电报件

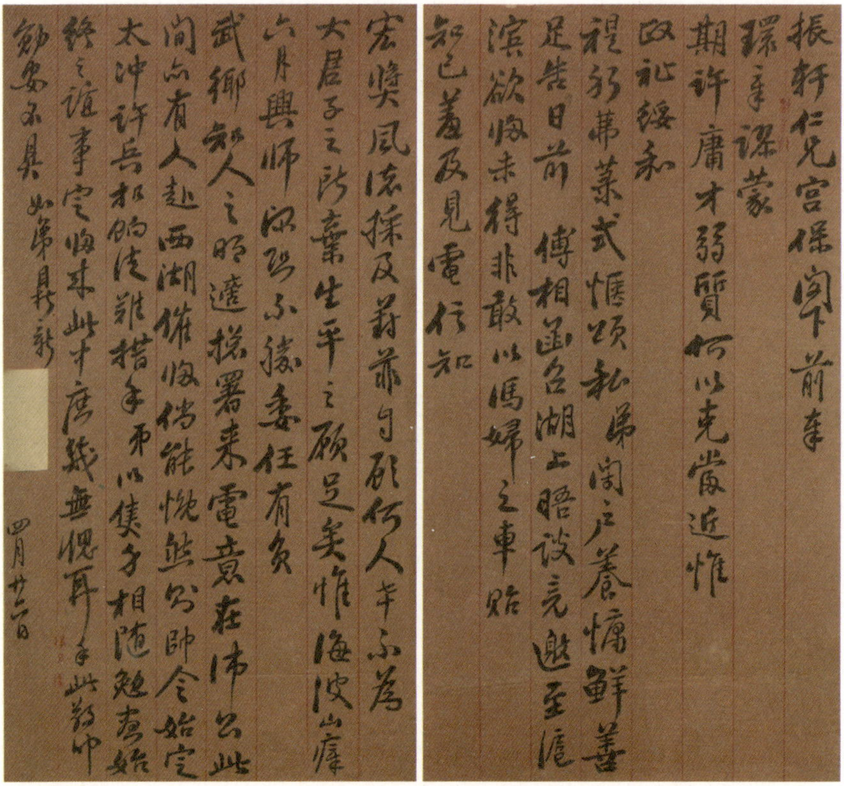

潘鼎新致张树声（振轩）函

大捷不久，经清政府批准——其实是请求，海关总税务司赫德派员赴巴黎斡旋中法和议。其后，由李鸿章和驻华公使巴德诺在天津签订《中法新约》，正式承认越南为法国的殖民地。

中法战争不仅使中国西南大门大开，最严重的是，一个务实、进取的中枢换成软弱无能的班子，国家在衰弱的深渊里越陷越深。

需要补充的是，时人和今人均认为李鸿章等没有重兵南下、“乘胜即收”

的思想是一种妥协，殊不知，日本正在一旁虎视眈眈。如果和法国决战，甲午战争也许提前十年爆发。不过，梁鼎芬不这么认为。

梁鼎芬（1859—1919），字星海，号节庵，广东番禺人，光绪六年（1880）进士，授编修。梁氏认为李鸿章在中法战争中一味主和，弹劾其六大可杀之罪，被以“妄劾”罪降五级，于是梁镌“年二十七罢官”印辞官。出京前，他将妻子托付文廷式照顾，不料二人偷情。

这算残酷的中法战争中唯一的一点儿“花絮”。

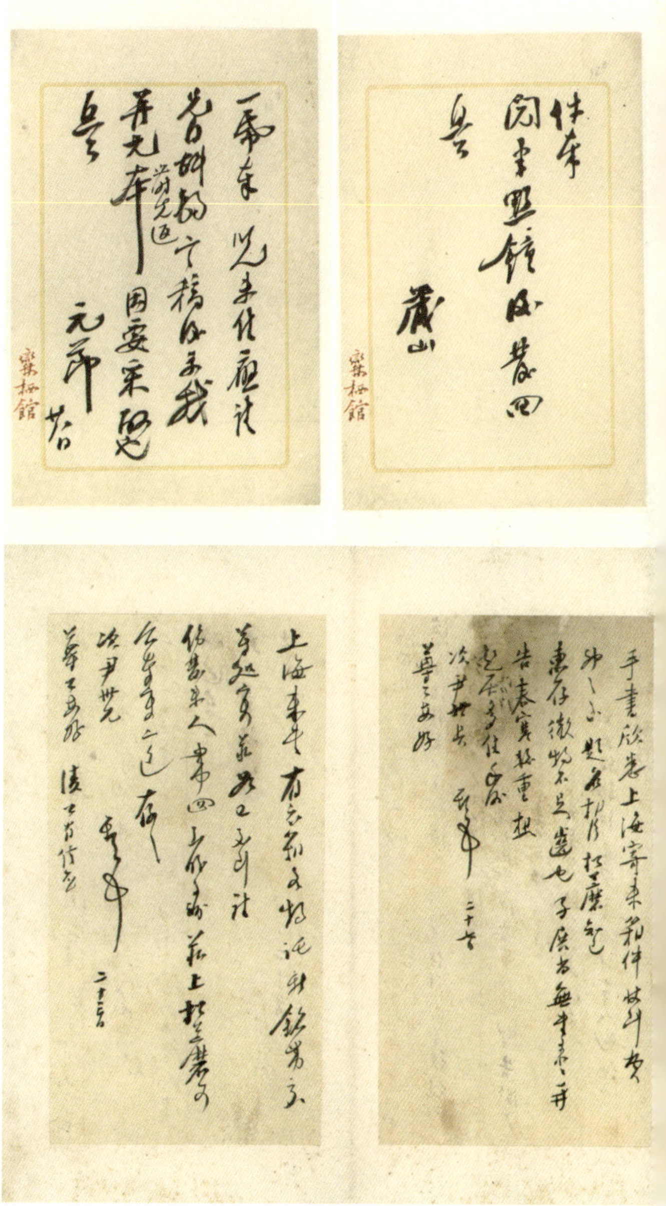

梁鼎芬信札（李瑾、庄剑锋　藏）

第十一章

甲申之变

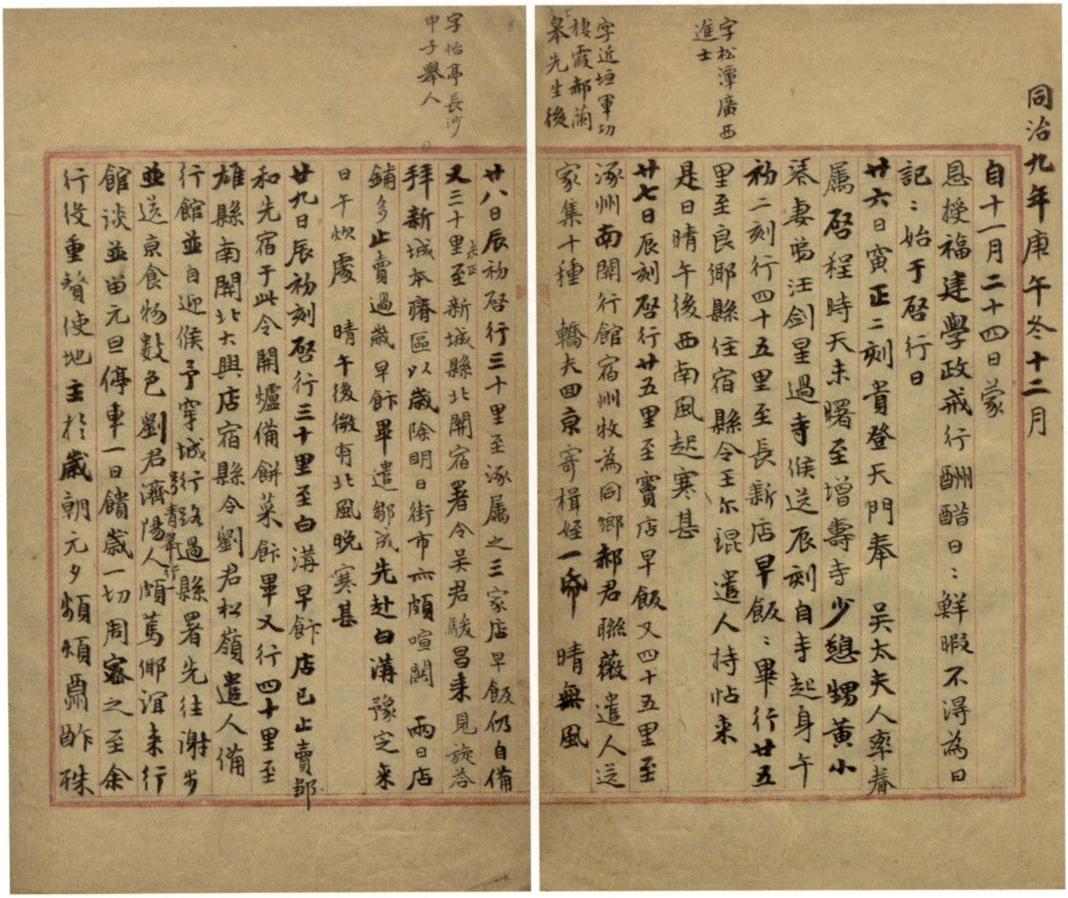

同治九年庚午冬十二月

自十一月二十四日蒙
恩授福建學政戒行酬酢日〻鮮暇不得為日
記〻始于啓行日
廿六日寅正二刻貴登天門奉　吳太夫人率眷
屬啓程時天未曙至增壽寺少憩甥黃小
泉妻弟汪劍星過寺候送辰刻自寺起身午
初二刻行四十五里至長新店早飯〻畢行廿五
里至良鄉縣住宿縣令王尔琨遣人持帖來
是日晴午後西南風起寒甚
廿七日辰刻啓行廿五里至竇店早飯又四十五里至
涿州南關行館宿州牧為同鄉郝君聯薇遣人送
家集十種　轎夫回京寄楫姪一函　晴無風

字松潭廣西進士
字近垣軍功捷霞郝蘭泉先生後

廿八日辰初啓行三十里至涿屬之三家店早飯仍自備
又三十里至新城縣北關宿署令吳君駿昌來見旋答
拜新城本瘠區以歲除明日街市亦頗喧鬧　兩日店
鋪多止賣過歲早飯畢遣郗成先赴白溝豫定來
日午炊處　晴午後微有北風晚寒甚
廿九日辰初刻啓行三十里至白溝早飯店已止賣鄙
和先宿于此令開爐備餅菜飯畢又行四十里至
雄縣南關北大興店宿縣令劉君松嶺遣人備
行館並自迎候予寧城行路過縣署先往謝步
並送京食物數色劉君濟陽人頗篤鄉誼來行
館談並留元旦停車一日館歲一切周密之至余
行役重贅使地主於歲朝元夕頻煩鼎昨殊

字怡亭長沙甲子舉人

孙毓汶使闽日记（局部）

喜欢记日记的翁同龢在咸丰十年（1860）十二月初十的一则记载，可以看作1884年甲申之变最值得玩味的注脚。日记中，这位日后权倾一时的帝师说：“僧邸参孙毓汶不遵调遣，请革职枷示，发新疆。奉旨免其枷号，即革职发新疆。词臣居乡，乃被斯议，亦奇矣哉。”

其时，翁同龢只是觉得奇怪，或为同年孙毓汶抱不平，他尚不知道，“僧（僧格林沁）邸”的背后是“恭（奕訢）邸”；更不知道，日后，孙毓汶对奕訢的反扑会更加剧烈。

孙毓汶（1834—1899），字莱山，山东济宁人，其父孙瑞珍，官礼部尚书、户部尚书，与翁心存同殿称臣，故孙毓汶和翁同龢是世交，加之二人同科取士，更有情谊。咸丰八年（1858），孙毓汶丁父忧，值太平天国事起，受命办团练。不料，孙毓汶抗捐，被僧格林沁弹劾，时恭亲王奕訢主持时局，深恶其“首抗捐饷”，便将其革职遣戍。

但翁、孙情谊也有另外一种解读，据刘禺生《世载堂杂忆》：

孙、翁两家，状元宰相，同列清要。咸丰六年，毓汶、同龢同举进士。毓汶书法翁覃溪，几入室；同龢书法甚佳妙，实能领袖馆阁。是科状元，无第三人敢争，固非两人莫属也。孙家锐意欲使毓汶获状头，俾与毓溎成兄弟状元，与陈其昌三元，同为科第佳话。殿试前夕，向例，赴殿试进士，住家

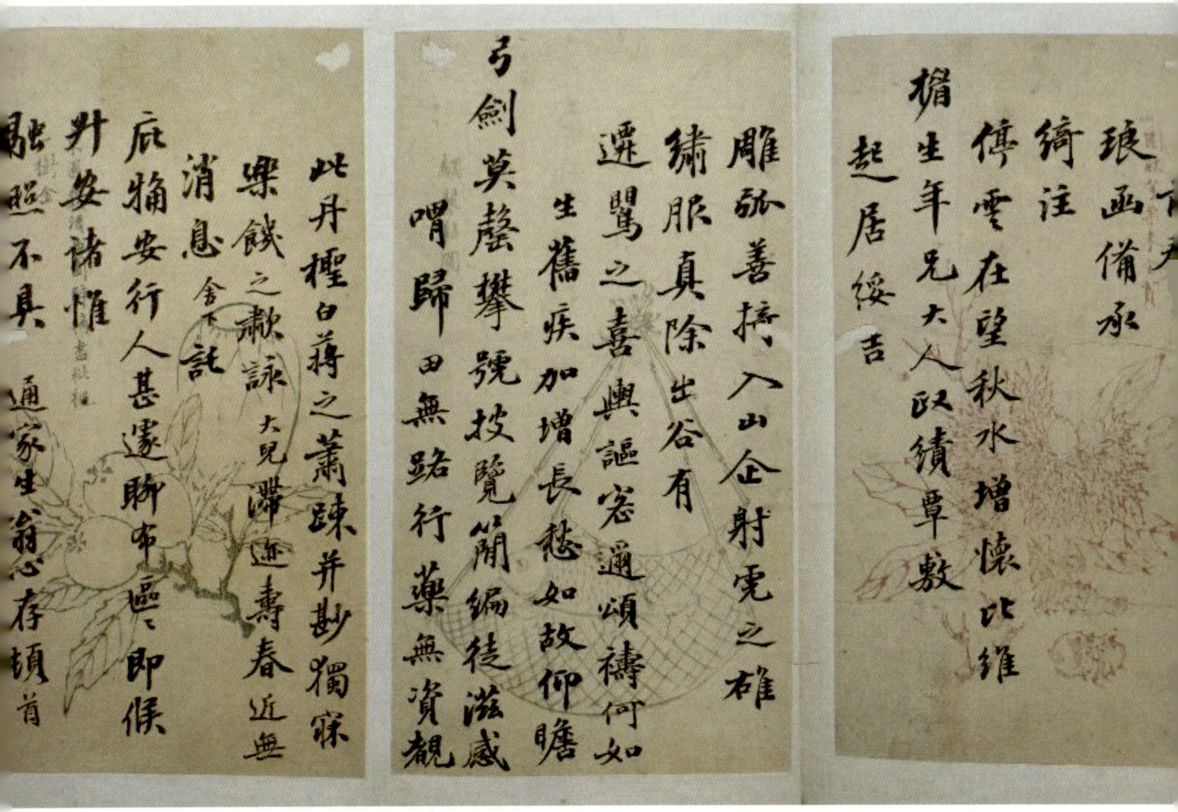

……夫
琅函備承
綺注
傳雲在望秋水增懷比維
楣生年兄大人政績覃敷
起居綏吉
雕弧善技入山企射虎之雄
綉服真除出谷有
遷鶯之喜輿謳客通頌禱何如
生舊疾加增長愁如故仰瞻
弓劍莫攀號披覽簡編徒滋感
喟歸田無路行藥無資覩
此丹楹白蔣之蕭疏并勘獨寐
槃饑之歉詠大兒滯迹壽春近無
消息舍下託
庇猶安行人甚遠聊申區區即候
升安諸惟
鑒照不具 通家生翁心存頓首

翁同龢父翁心存致楣生函（刘春雨 藏）

离殿廷稍远者，当夜寄宿朝门附近。孙府则近皇城，翁家稍远，孙家当晚以通家之谊，延同龢来家夜饭。孙氏以父执世谊，与同龢畅谈，将至深夜，始促归宿，同龢已有倦意，毓汶早就宿矣。同龢将入睡，宿舍四周大动爆竹之声，彻夜不断，终夕不能成寐。未明入朝，已困顿无气力矣，殿试，比策稿就，执笔毫无精神。自以为此次状元，属孙莱山必无疑问。忽忆卷袋中有人参两枝，乃含入口中，精液流贯，神志奋发，振笔直书，手不停挥，一气到底，无一懈笔。书毕，展卷视之曰：此可压倒莱山，笔意妙到秋毫颠，尚在兴酣落笔时也。翁后始悟孙家延饭，深谈入夜，使之疲倦，燃大爆竹终宵，使不能入睡，皆为翌日书殿试策无精采气力地步，孙莱山可独占鳌头矣。不意人参巧能救急，故当时有呼同龢为“人参状元”者。孙、翁两家，因此事件，芥蒂甚深。说者谓瑞珍不应出此，非君子所为。甚矣，争科名者，真无微不至矣。岁除前，与冒鹤亭同宿庄严寺，谈此掌故，彻夜闻爆竹巨响，鹤亭久不成寐，早决回家，咸曰：此翁常熟之感应也。

若如此，孙家德性可见一斑。

同治元年（1862），孙毓汶官复原职。因恭邸不待见，转投醇亲王奕譞。光绪九年（1883），已是工部左侍郎的孙毓汶，“以习于醇亲王，渐与闻机要”。

这意味着，甲申之变，孙毓汶是最大的“帮凶”。

一般而言，甲申之变亦称甲申易枢，是慈禧“倒恭用醇”、自专己擅的转折点。

辛酉政变后，中外广受赞誉的恭亲王奕訢，就成为慈禧的眼中刺。同治四年（1865），奕訢被摘掉“议政王”封号，慈禧亲书的懿旨错字连篇，却挡不住内心的愤恨：“恭亲王从议政以来，妄自尊大，诸多骄敖（傲），以（依）仗爵高权重，目无君上，看朕冲龄，诸多挟致（制），往往谙始（暗使）离间，不可细问。每日召见，趾高气扬，言语之间，许多取巧，满是胡谈乱道。嗣（似）此情形，以后何以能办国事？若不即早宣示，朕归政之时，何以能用人行正

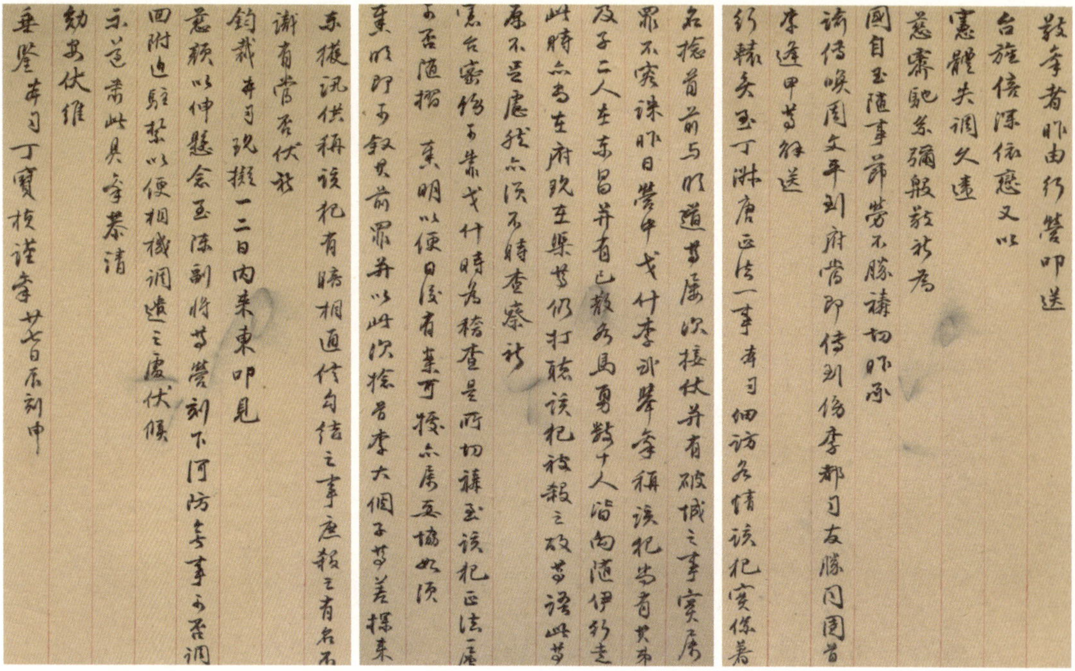

丁宝桢稟阎敬铭文

（政）？”由是，“恭王自是益谨”。

诸多蛛丝马迹表明，同治八年（1869），安德海在山东被巡抚丁宝桢处死，就是奕訢打的一次漂亮的“伏击”。同治驾崩，两宫太后召集讨论立嗣君事宜，有意以醇亲王子载湉继承，而恭亲王子大于载湉。据记载，恭亲王便抗议不止，怒谓其弟（醇亲王）：“立长一层，可以全然弃之不顾吗？”

光绪七年（1881），慈安暴亡，奕訢失去了一个可以依靠的重要力量，又过了一年，久于洋务的沈桂芬病逝，再过一年，沈桂芬门生王文韶被罢，加之奕訢身体不好，倒恭的机会终于在中法战争中来临了。

倒恭的先锋，依旧是清流。

壬午兵变前，李鸿章恰值丁忧，以淮军将领张树声代李任直隶总督、北洋大臣。兵变起，张树声派吴长庆等入朝，因处置得力，深受赞誉。这一代、一赞，张树声是否膨胀不得而知，但其子张华奎先跳出来了。

张华奎，字蔼青，举人出身。据《花随人圣庵摭忆》，张之洞幕僚赵凤昌曾闻张之洞语："其子霭青，在京专意结纳清流，为乃翁博声誉。此时即奏请丰润（即张佩纶——引者注）帮办北洋军务，忽为言官奏劾，疆臣不得奏调京僚，丰润仍留京，因而怨树声之调为多事，树声甚恐。"

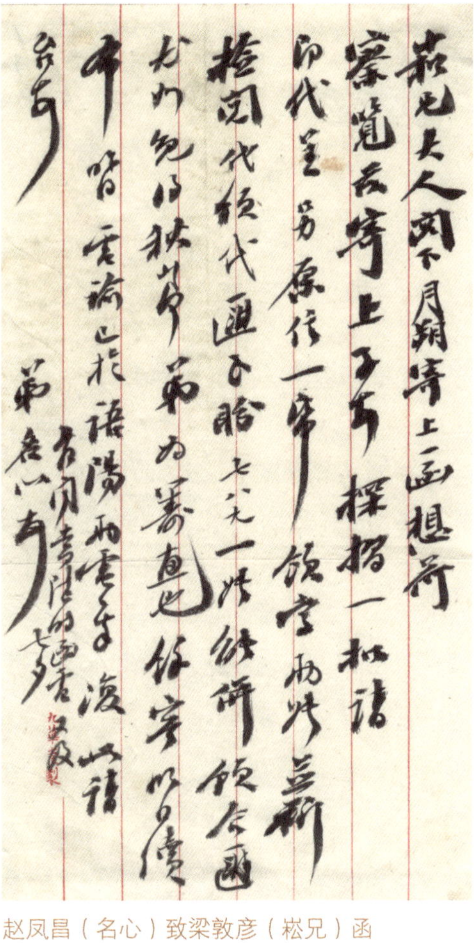

赵凤昌（名心）致梁敦彦（崧兄）函

奏劾者陈宝琛，奏调人张佩纶，都是李鸿章的铁杆。张华奎不知深浅，倾意结纳，换来一地鸡毛，让自己陷入困境，于是想到了自保。他的自保方式是找盛昱出马弹劾张佩纶。

盛昱，宗室，字伯熙，隶满洲镶白旗，肃武亲王豪格七世孙。

光绪二年（1876）进士。祖敬徵，协办大学士，父恒恩，左副都御史。其人一向喜弹劾，据《清史稿》：

闽浙总督何璟、巡抚刘秉璋收降台匪黄金满，盛昱劾璟等长恶养奸，请下吏严议，发金满黑龙江、新疆安置。尚书彭玉麟数辞官不受职，劾其自便身图，启功臣骄蹇之渐。浙江按察使陈宝箴陛见未行，追论官河南听狱不慎，罢免；张佩纶劾其留京干进，宝箴疏辩，盛昱言其哓哓失大臣体，请再下吏议。朝鲜之乱也，提督吴长庆奉北洋大臣张树声檄，率师入朝，执大院君李罡应以归，时诧为奇勋。盛昱言："出自诱劫，不足言功，徒令属国寒心，友邦腾笑。宜严予处分，俾中外知非朝廷本意。"为讲官未半载，数言事，士论推为謇谔。

张华奎提出弹劾张佩纶，盛昱则认为"不如参军机大臣，军机倒则张佩纶必无办法"。据《晚清宫廷实纪》，光绪十年（1884）三月初八，盛昱以张佩纶推荐唐炯、徐延旭为由头，上折：

唐炯、徐延旭自道员超擢藩司，不二年即抚滇桂，外间众口一词，皆谓侍讲学士张佩纶荐之于前，而协办大学士李鸿藻保之于后。张佩纶资浅分疏，误采虚声，遽登荐牍，犹可言也；李鸿藻内参进退之权，外顾安危之局，乃以轻信滥保，使越事败坏至此，即非阿好徇私，律以失人偾事，何说之辞？恭亲王、宝鋆久直枢廷，更事不少，非无知人之明，与景廉、翁同龢之才识凡下者不同，乃亦俯仰徘徊，坐观成败，其咎实与李鸿藻同科！

盛昱的意见是：

唯有请明降谕旨，将军机大臣及滥保匪人之张佩纶，均交部严加议处，责令戴罪图功，认真改过，讳饰素习，悉数湔除。

当日，奏折留中。次日，恭亲王被安排动身去祭祀慈安三周年，十三日才回，而慈禧则到了寿庄公主府。据翁同龢日记，这一天，醇亲王也去了。醇亲王是寿庄公主同母哥哥，按照林文仁《南北之争与晚清政局》的说法，这是醇亲王和慈禧的一次密谋。

孙毓汶偷偷出场了。

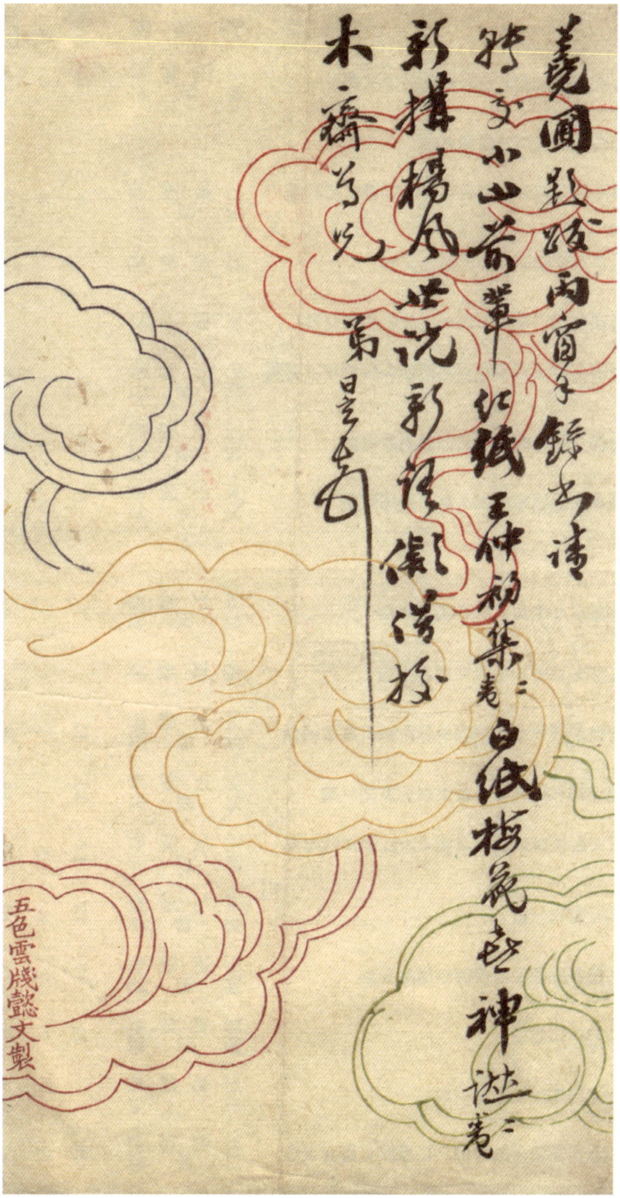

盛昱致李盛铎（木斋）函

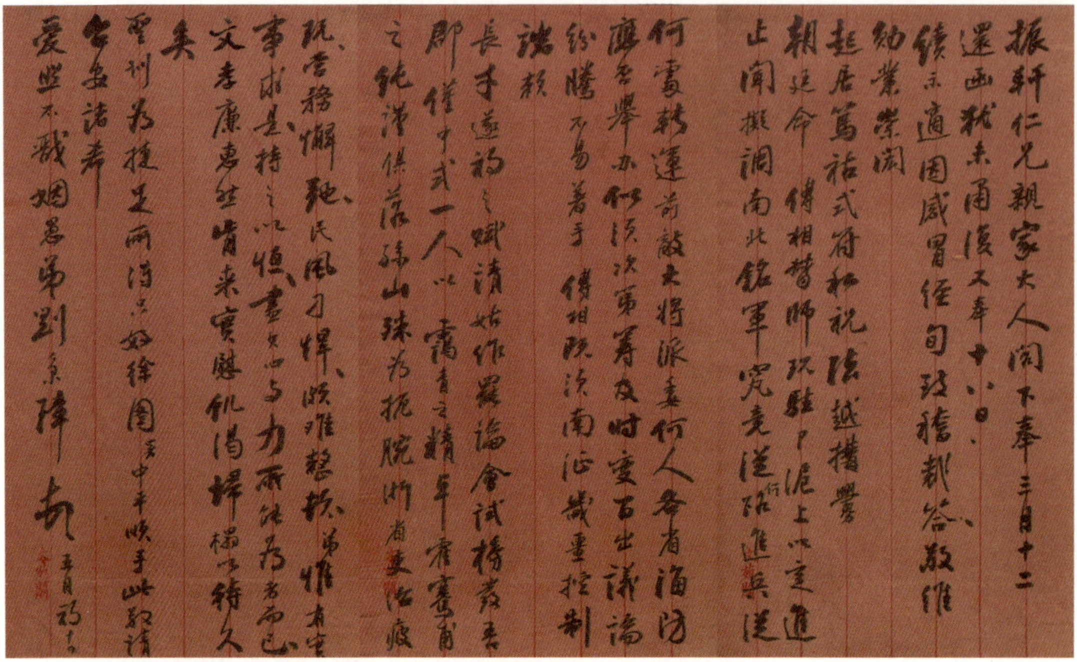

刘秉璋致张树声（振轩）函

年初，孙毓汶由工部侍郎兼署刑部尚书。这位曾被恭王流放的抗捐者，已是政坛的万事通了。十一日，翁同龢在日记中流露出了这样一种迫不及待的心情：“济宁（孙毓汶）电线皆断，杳无消息，闷煞闷煞。”

据林文仁考察，外出公干的孙毓汶已秘密返京，十二日，和醇亲王入内拜见慈禧。十三日，慈禧让恭亲王和军机大臣外面候着，召集其他御前大臣、大学士及六部尚书等，发布据考证是孙毓汶代拟的谕旨：

现值国家元气未充，时艰犹巨，政虞丛脞，民未敉安。内外事务，必须得人而理，而军机处实为内外用人行政之枢纽。恭亲王奕訢等，始尚小心匡弼，继则委蛇保荣；近年爵禄日崇，因循日甚，每于朝廷振作求治之意，谬执成见，不肯实力奉行。屡经言者论列，或目为壅蔽，或劾其委靡，或谓簠簋不饬，或谓昧于知人。本朝家法綦严，若谓其如前代之窃权乱政，不惟居心所不敢，亦实法律所不容。只以上数端，贻误已非浅鲜，若仍不改图，专务姑息，何以仰副列圣之伟业贻谋？将来皇帝亲政，又安能臻诸上理？若竟照弹章一一宣示，即不能复议亲贵，亦不能曲全耆旧，岂宽大之政所忍为哉？言念及此，良用恻然。恭亲王奕訢，大学士宝鋆，入直最久，责备宜严，姑念一系多病，一系年老，兹特录其前劳，全其末路，奕訢著加恩仍留世袭罔替亲王，赏食亲王全俸，开去一切差使，并撤去恩加双俸，家居养疾！宝鋆著原品休致！协办大学士吏部尚书李鸿藻，内廷当差有年，只为囿于才识，遂致办事竭蹶，兵部尚书景廉，只能循分供职，经济非其所长，均著开去一切差使，降二级调用！工部尚书翁同龢，甫直枢廷，适当多事，惟既别无建白，亦有应得之咎，著加恩革职留任，退出军机处，仍在毓庆宫行走，以示区别！朝廷于该王大臣之居心办事，默察已久，知其决难振作，诚恐贻误愈重，是以曲示矜全，从轻予谴。初不因寻常一眚之微，小臣一疏之劾，遽将亲藩大臣投闲降级也。嗣后内外臣工务当痛戒因循，各摅忠悃。建言者秉公献替，务期远大。朝廷但察其心，不责其迹，苟于国事有裨，无不虚衷嘉纳。倘有门户之弊，标榜之风，假公济私，倾轧攻讦，甚至品行卑鄙，为人驱使，就中受贿渔利，必当立抉其隐，按法惩治不贷，将此通谕知之！

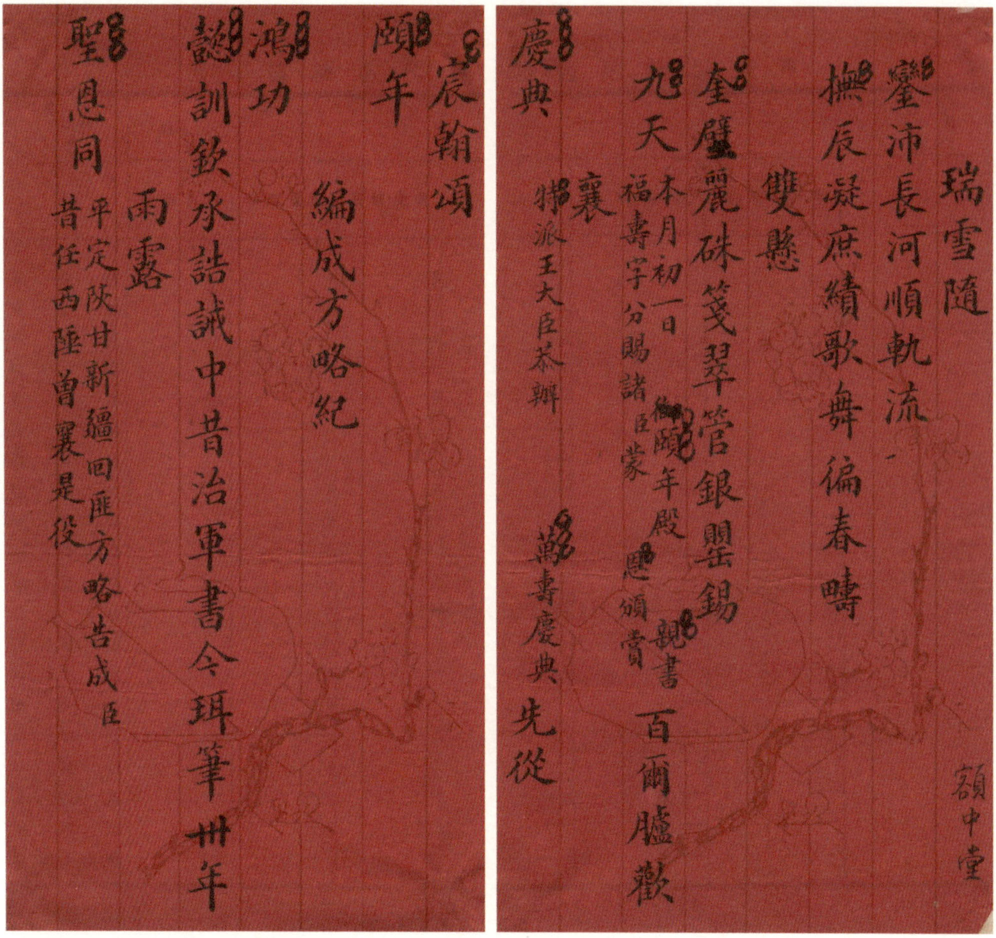

額中堂

瑞雪隨
鑾沛長河順軌流
撫辰凝庶績歌舞徧春疇
雙懸
奎璧麗硃箋翠管銀罌錫
九天本月初一日福壽字分賜諸臣蒙御題年殿匾頒賞親書百爾臚歡
襄
特派王大臣恭辦
萬壽慶典先從
慶典

宸翰頌
頤年
編成方略紀
鴻功
懿訓欽承詁誡中昔治軍書令珥筆卅年
雨露
平定陝甘新疆回匪方略告成臣昔任西陲曾襄是役
聖恩同

额勒和布（额中堂）致奕譞贺词

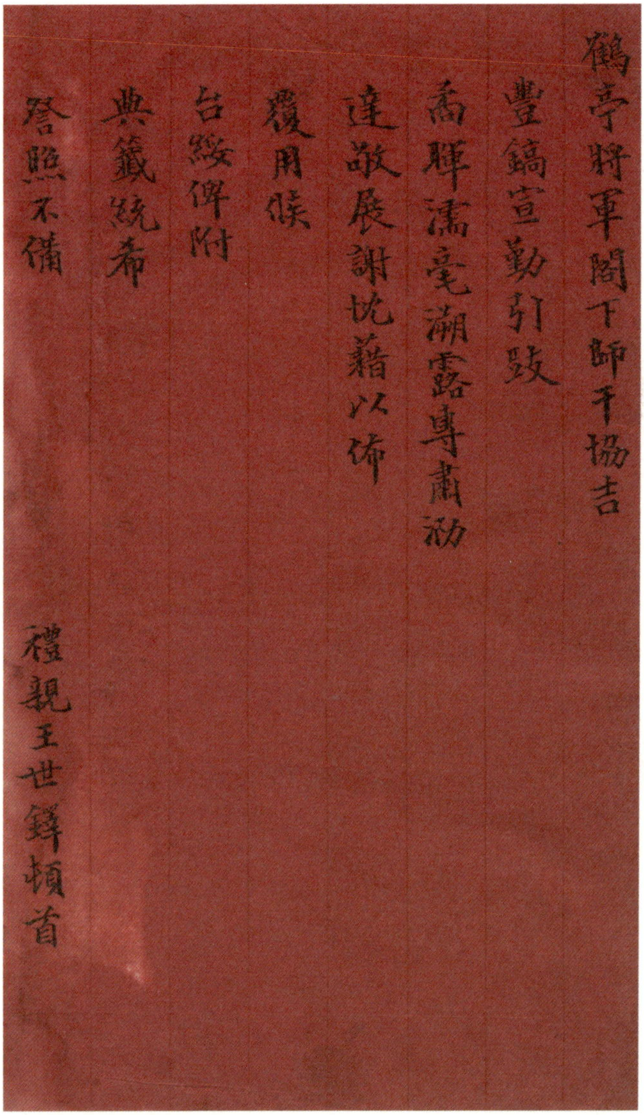
鶴亭將軍閣下師干協吉
豐鎬宣勤引跂
喬聘濡毫溯露專肅函
達敬展謝忱藉以佈
覆用候
台綏俾附
典籤統希
詧照不備
禮親王世鐸頓首

世铎致长顺（鹤亭将军）函

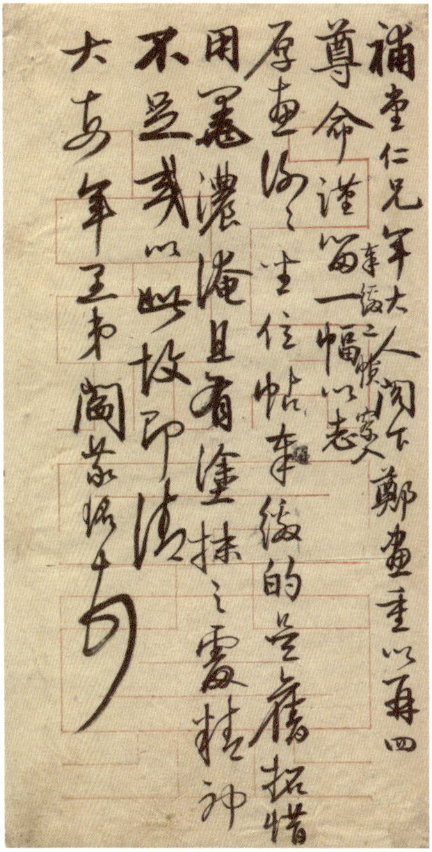

阎敬铭致补堂函

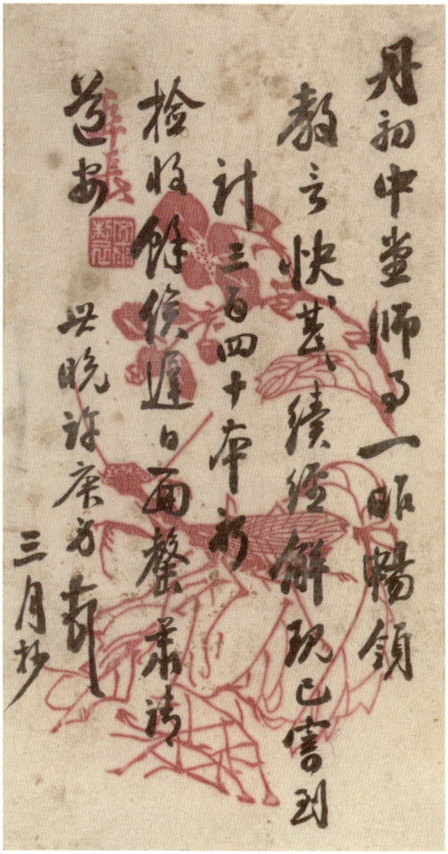

许庚身致阎敬铭（丹初）函

同日，以礼亲王世铎代恭亲王，其余则额勒和布、阎敬铭、张之万、孙毓汶、许庚身在军机大臣上学习行走。次日，又发布懿旨，军机处有要事，会同醇亲王商办。这样，恭亲王的班底被换掉，其权力名在世铎，实际被醇亲王收拢了。

六天之内，中枢变天。

此前两天，翁同龢在日记中说：

盛昱一件未下，已四日矣，疑必有故也。……自巳正迄未正，兀坐看门，尘土眯目。吁，可怕哉！

据《清史稿》：

十年，（盛昱）迁祭酒。法越构衅，徐延旭、唐炯坐失地逮问，盛昱言："逮问疆臣而不明降谕旨，二百年来无此政体。"并劾枢臣怠职。太后怒，罢恭亲王奕訢等，而诏醇亲王奕譞入枢府，盛昱复言："醇亲王分地綦崇，不宜婴以政务。"

如果不是慈禧内意如此，一个区区盛昱能扳倒恭王？朝云暮雨，传统政治之"可怕哉"，不止于此。

第十二章

中日甲午战争

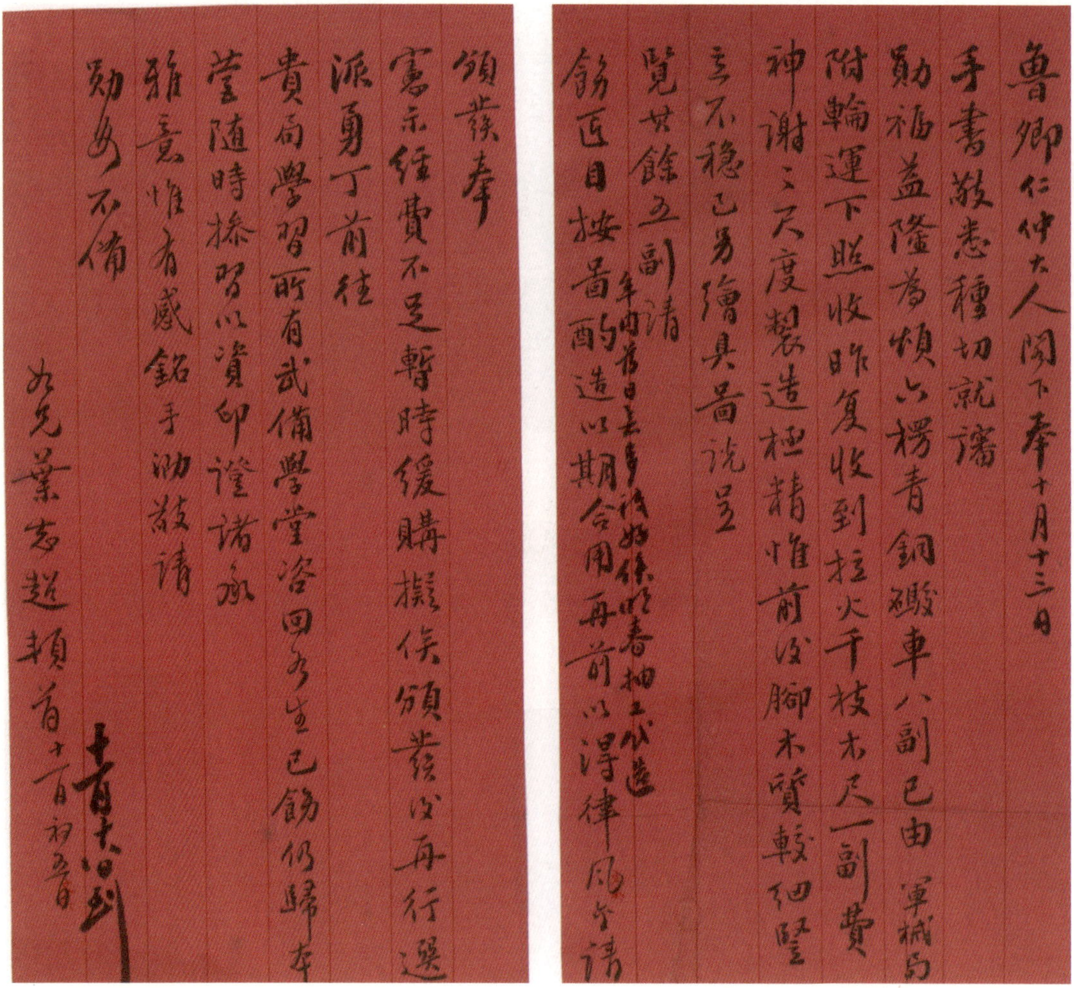

魯卿仁仲大人閣下：奉十月十三日
手書，敬悉種切。就諗
勛福益隆，爲頌。六楞青銅礮車八副已由軍械局
附輪運下，照收。昨復收到拉火千枝、木尺一副，費
神謝謝。天度製造極精，惟前次腳木質較細，堅
亦不穩，已另繪具圖說呈
覽。廿餘五副，請（年內爲日無多，請俟明春相工趕造）
飭匠目按圖酌造，以期合用。再，前次淂律風，亦請
頒發。奉
憲示經費不足，暫時緩購，擬俟頒發後再行選
派勇丁前往
貴局學習。所有武備學堂洛回之生，已飭仍歸本
營隨時操習，以資印證。諸承
雅意，惟有感銘。手泐敬請
勛安，不備。
如兄葉志超頓首 十一月初二日

叶志超致鲁卿仁仲大人函（李瑾 藏）

光绪二十年七月初一（1894 年 8 月 1 日），中日双方宣战。战争的焦点在朝廷看来是朝鲜，殊不知，日本早就制定了以中国为中心的“大陆政策”。而且，当双方的战舰对垒时，很少有人意识到，这还是一场慈禧与光绪的战争。

光绪八年（1882），朝鲜发生壬午兵变。表面上，中国将日本的侵略意图打破了，事实上，却失掉了宗主国的地位。日本先是通过日朝《济物浦条约》，获得派兵权和驻军权，后又通过中日《天津会议专条》，取得了和中国在朝鲜共同行动权。

甲午战争的爆炸点在朝鲜。

1890 年亦即中国的光绪十六年，日本国内经济出现危机，首相山县有朋提出，日本是主权线，中朝是利益线，为武力保护利益线，需扩军备战。这个时候，中国经过洋务运动，经济、科技和武力似乎有所提升，对这个小邻居并没太在意。

事有不巧。1894 年亦即中国光绪二十年，朝鲜爆发东学党起义，正是这次起义，引发了中日冲突。朝鲜政府向中国求救，中国派直隶提督叶志超和太原镇总兵聂士成率

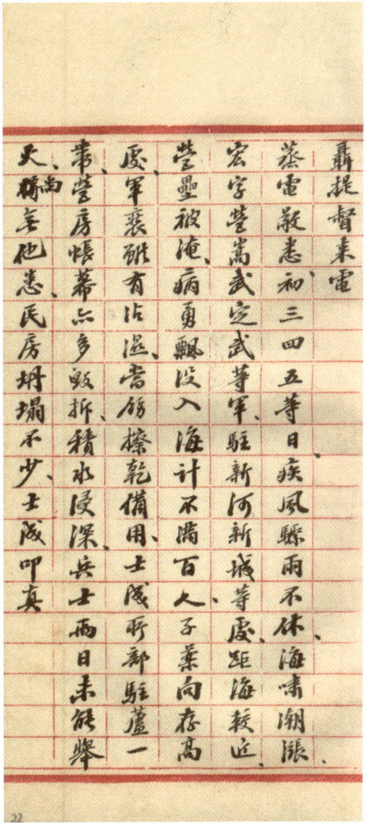
聶提督來電
蒸電敬悉。初三、四、五等日、疾風驟雨不休、海嘯潮漲、
宏字營、嵩武、定武等軍、駐新河、新城等處、距海較近、
營壘被淹、病勇飄沒入海、計不滿百人、子藥向存高
處、軍裝雖有沾濕、當飭搶乾備用、士成所部駐蘆一
帶營房帳幕亦多數折、積水浸深、兵士兩日未能舉
火、尚晴、無他患、民房坍塌不少、士成叩真

聂士成致张之洞电报件

两千名淮军入朝镇压起义。日本闻讯，以保护侨民和使馆为由，亦派兵登陆。其时，政府和义军已达成全州和议，起义平息。日军却拒不撤退，还抛出改革朝鲜方案，遭到中朝拒绝。日方没得逞，便持续增兵，驻日公使汪凤藻电李鸿章云：“日志在留兵胁议善后……察日颇以我急欲撤兵为怯，狡谋愈逞，其布置若备大敌，似宜厚集兵力，隐伐其谋。”

叶志超（1838—1901），字曙青，安徽合肥（今肥西）人。曾从刘铭传镇压捻军起义，后获李鸿章赏识命在北洋效力。光绪十五年（1889），任直隶提督。此次出征朝鲜，是这位曾破热河金丹道教、杀教首李国珍之淮军名将的滑铁卢。据《清史稿》：“（叶志超）径定州，亦弃不守，趋五百余里，渡鸭绿江，入边始止焉。”事实上，叶氏一生都是脑袋拴在裤腰带上，根本不是怕死鬼。他匆忙退却，有两种可能，一是受李鸿章保存实力之密令；二是战场情况瞬息万变，身为主将，只能权变。否则，事后朝廷严惩叶志超，李鸿章不会勠力营救。

光绪二十年六月二十一日（1894 年 7 月 23 日），日军攻破汉城，挟持朝鲜国王李熙，让大院君李昰应摄政，同时宣布中朝断交。此时，伊藤博文为日本首相。六月二十三日，日本袭击中国“济远”“广乙”两兵舰，击沉“高升”商舰。七月初一（8 月 1 日），中方对日宣战，并“著李鸿章严饬派出各军，迅速进剿，厚集雄师，陆续进发，以拯韩民于涂炭”。

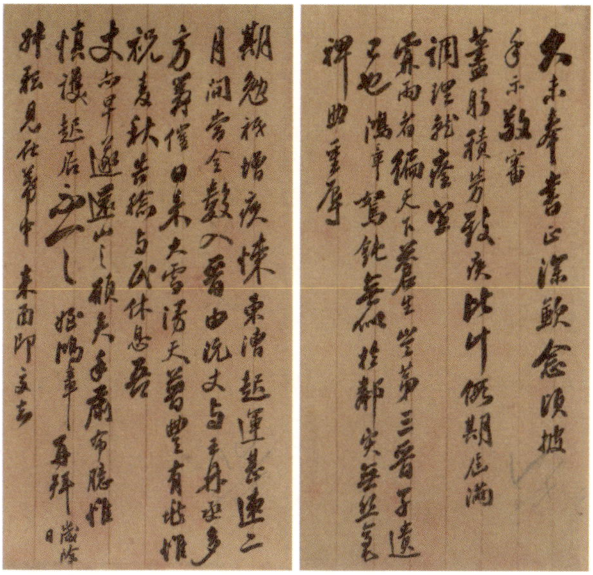

李鸿章致阎敬铭（丹初）函

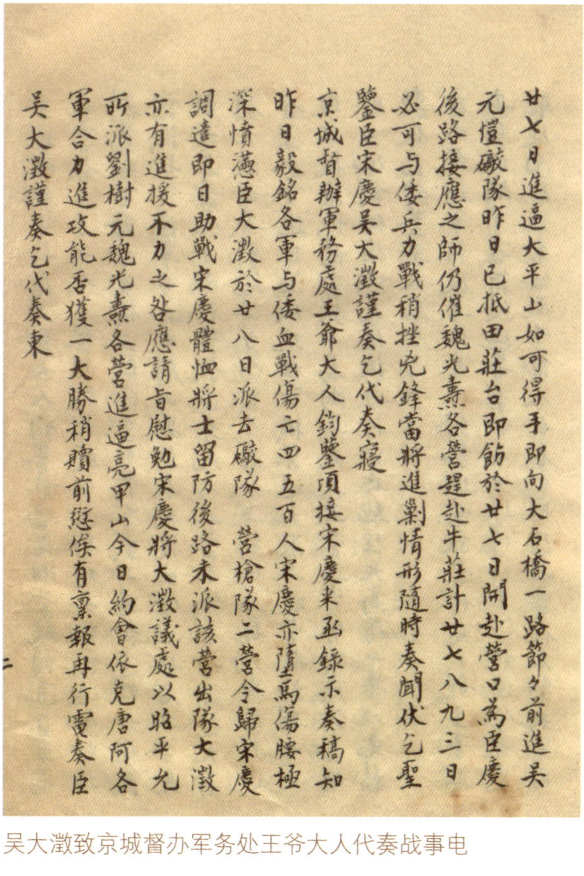

廿七日進逼大平山如可得手即向大石橋一路節々前進吴
元愷礮隊昨日已抵田莊台即飭於廿七日開赴營口為臣慶
後路接應之師仍催魏光燾各營趕赴牛莊計廿七八九三日
必可与倭兵力戰稍挫兇鋒當將進剿情形隨時奏聞伏乞聖
鑒臣宋慶吴大澂謹奏乞代奏寢
京城督辦軍務處王爺大人鈞鑒頃接宋慶來函録示奏稿知
昨日毅銘各軍与倭血戰傷亡四五百人宋慶亦隕馬傷腰極
深憤懣臣大澂於廿八日派去礮隊 營槍隊二營今歸宋慶
調遣即日助戰宋慶體恤將士留防後路未派該營出隊大澂
亦有進援不力之咎應請旨慰勉宋慶將大澂議處以昭平允
所派劉樹元魏光燾各營進逼亮甲山今日約會依克唐阿各
軍合力進攻能否獲一大勝稍贖前愆俟有稟報再行電奏臣
吴大澂謹奏乞代奏東

吴大澂致京城督办军务处王爷大人代奏战事电

开战前，朝廷内部就分裂为两派。一方是慈禧，因筹备六十大寿，不愿战争耽误喜事；一方是光绪和帝师翁同龢，他们试图借助这场战争，树立皇帝威信。李鸿章作为北洋大臣，深知己方实力，他所采取的措施就是拖、忍，并试图通过俄国调解，其曾电告袁世凯："日逼朝不认华属，断不可从，俄在日议正紧，略忍耐，必有区处。复电译署，又称喀希尼前谓压服，恐亦空言。"

这么做的目的，李鸿章在给吴大澂的信中，有明确表白："日本乘机以重兵突入其国都……叠经据约驳斥，英、俄、德、美各友邦先后出为理处，彼竟悍然不顾，势非用武不能取成，所虑兵衅既开，不易结束，而征调烦费已难亿计……前明封贡之役，与倭相持者七年，縻饷数百万，丧师数十万，始复其国。"

在朝臣中，支持李鸿章的是军机大臣孙毓汶，而支持翁同龢的是军机大臣李鸿藻。战后，签署《马关条约》，孙毓汶主张早日批准条约，而李鸿藻主张暂缓批准。两方关系，势同水火。

按正史的说法，甲午战争分三个阶段。

第一阶段是黄海之战。因叶志超怯战，平壤失陷，中日海军在黄海展开决战。此战历时五个小时，中方损坏"致远""经远""超勇""扬威""广甲"五艘军舰，死伤千余人；日方重创"松岛""吉野""比睿""赤城""西京丸"五艘军舰，死伤六百余人。五个小时后，日本控制了黄海。此战，李鸿章被拔三眼花翎，交部严加议处。黄海之战三天，李鸿章上《据实陈奏军情折》，称："军情益急，臣力难支……伏愿圣明在上，主夺大计，不存轻敌之心，责令诸臣多筹巨饷，多练精兵，内外同心，南北合势，全力专注，持之以久，而不责旦夕之功，庶不堕彼速战求成之诡计。"上命宋庆帮办北洋军务，以刘步蟾代丁汝昌，暂署海军提督。

第二阶段是辽东之战。李鸿章建议，"惟有严防渤海以固京畿之藩篱，力保沈阳以顾东省之根本；然后厚集兵力，再图大举，以为规复朝鲜之地"，朝廷据此增兵辽东，以防日本人入沈阳，图北京。日本增兵鸭绿江，接连突破各道防线，最后占领旅顺，制造了大屠杀。在辽东之战前，慈禧便试图和议。不久，起用奕訢主持政局，目的是借其熟悉洋务之便利，达成和议。金州失守后，就命张荫桓赴天津会晤李鸿章，拟商各国调停。旅顺失守，慈禧派户部侍郎张荫桓、湖南巡抚邵友濂赴日求和，不久，被拒绝。此时，战事已转入第三阶段。

第三阶段是威海卫之战。日军在荣成登陆，试图以山东半岛为翘板，图谋中国。其时，北洋水师最后的精锐蜷缩在威海卫。战争打响，中国便一败涂地，丁汝昌、刘步蟾等将领皆自杀殉国。

丁汝昌（1836—1895），字禹廷，安徽庐江人，早年曾参加太平军，后投湘军，又随淮军。光绪十四年（1888），北洋海军正式成军，丁汝昌出任北洋海军提督。威海卫之战中，他拒绝伊东祐亨劝降，服毒自尽。自杀后，光绪下旨籍没其家产，不许下葬。宣统二年（1910），经载洵及萨镇冰等努力，予平反。1912年，丁汝昌下葬安徽无为。

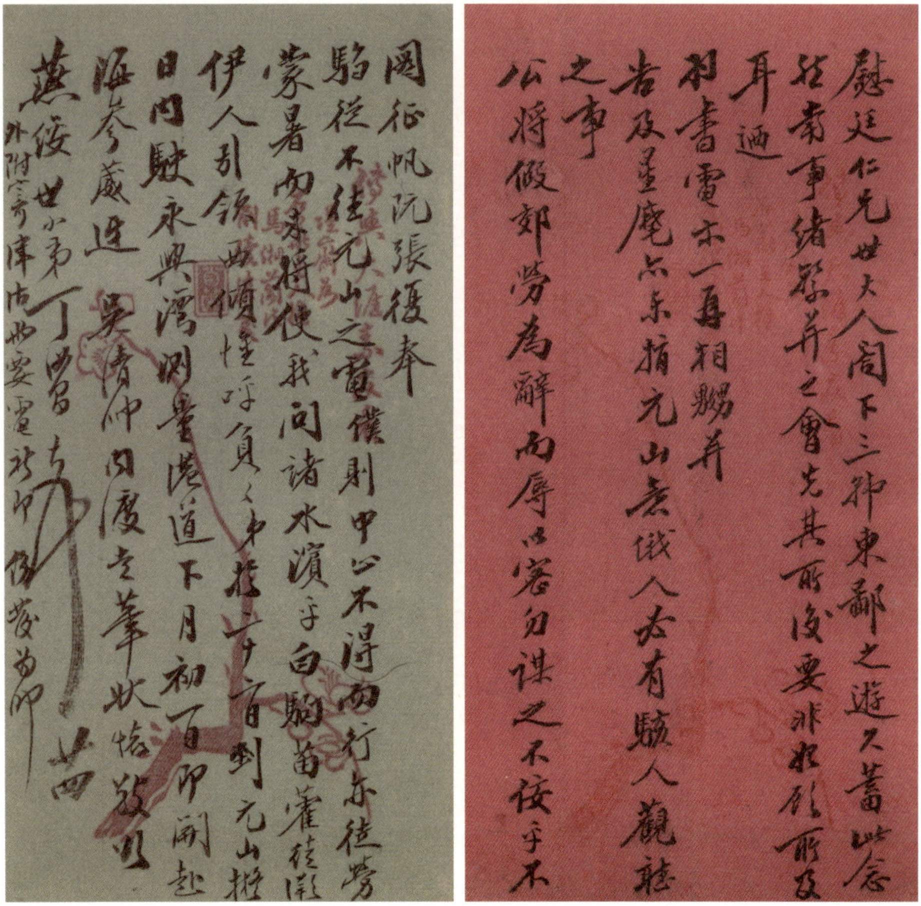

丁汝昌致袁世凯（慰廷）函

需要提一提的是吴大澂。吴大澂（1835—1902），字止敬，号恒轩，江苏吴县（今苏州）人，同治七年（1868）进士，光绪十二年（1886）任广东巡抚，十八年（1892）授湖南巡抚。甲午战争爆发，吴大澂请战。因和黑龙江将军依克唐阿、吉林将军长顺及宋庆等部反攻海城不能胜，被以“徒托空言，疏于调度”为罪名，交部议处，后降旨革职，永不叙用。

看来，吹牛也是要付出代价的。

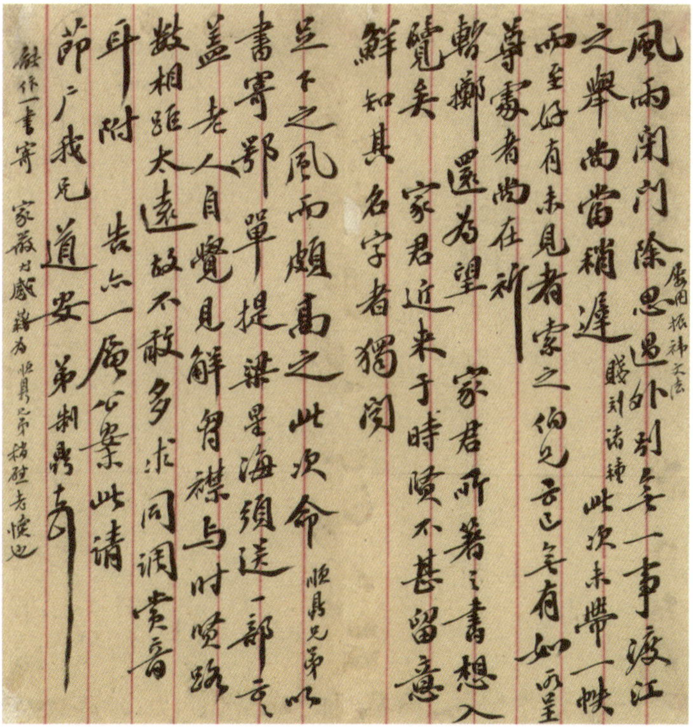

易顺鼎致梁鼎芬函

甲午战争中，具有书生意气的不止吴大澂，还有易顺鼎。易顺鼎（1858—1920），湖南龙阳（今汉寿）人，字实甫，号哭庵，光绪元年（1875）举人。其人自称：“三十余年内，初为神童，为才子，继为酒人，为游侠。”甲午战争后，易顺鼎请罢和议，反对割让领土。奈何国事岂是书生做得了主的！

三战皆北，朝廷遂命李鸿章任全权大臣，赴日谈判，最终签订《马关条约》。闻条约成，李鸿章智囊周馥赋诗曰：“岂真气数力难为？可叹人谋著著迟；自古师和方克敌，何堪病急始求医！西邻漫恃和戎策，东海宁逢洗辱时；蠢尔岛夷何负汝？茫茫天道意难知。十载经营瞥眼空，敢言掣肘怨诸公；独支大厦谈何易，未和阳春曲已终。”

据记载，1899 年初慈禧召见周馥，询问甲午战争事宜，周馥答，“李

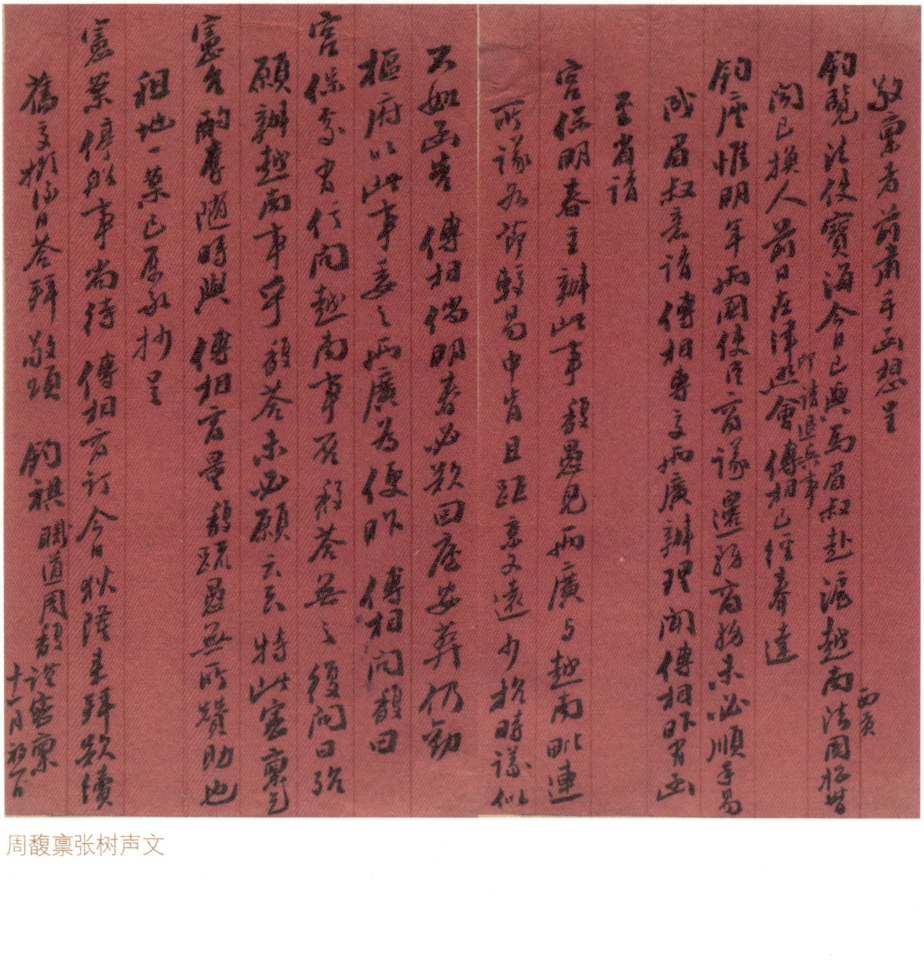

周馥禀张树声文

鸿章明知北洋一隅之力，不敌日本一国之力，且一切皆未预备，何能出师”，“李鸿章若言力不能战，则众唾交集矣。任事之难如此”。慈禧闻言，叹息不已。在和慈禧谈话中，周馥还把“户部铿费，言者掣肘各事和盘托出，并将前密告李相国之言亦奏及”。户部其时由翁同龢主持，周馥的说辞，恰恰证明帝后之间战和矛盾。

这一举报，恐怕与戊戌变法伊始翁同龢即被罢免还乡不无关系。

不过，和周馥以诗袒护李鸿章不同，另一位著名诗人——人称“樊美人”的樊增祥就没那么客气了。这位日后的陕西布政使、江宁布政使、护理两江总督，在甲午战争后，作《有感》《重有感》《书愤》《马关》《再阅邸钞》等抒发愤懑，讽刺李鸿章：“度关不用鸡鸣客，卖却卢龙掩面归。”

甲午战争失败最大的后果是，中国“纸老虎”的形象彻底破灭，成了人人得以分而食之的肉蛋糕。

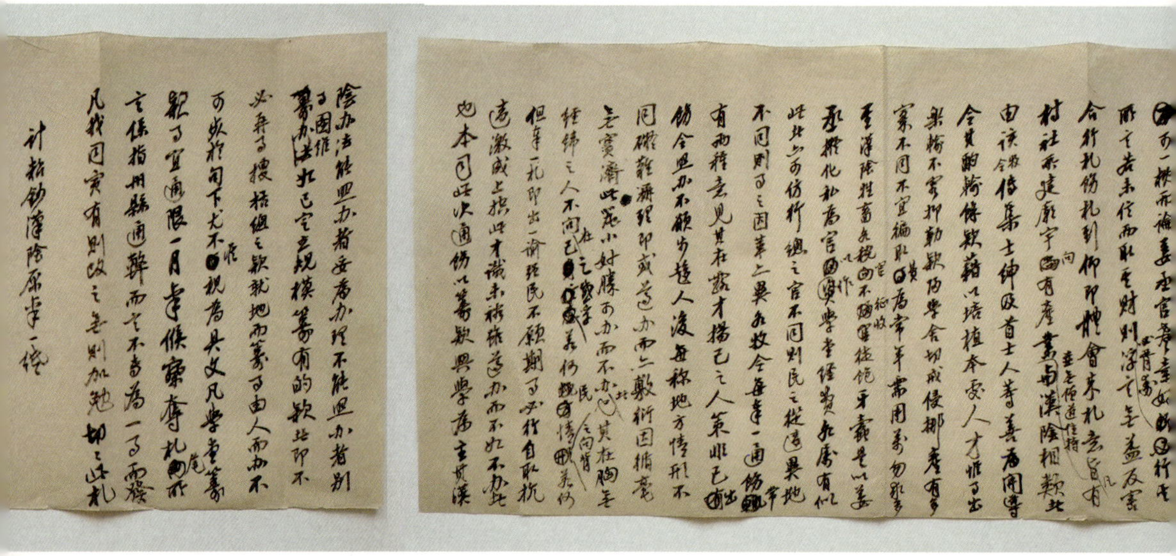

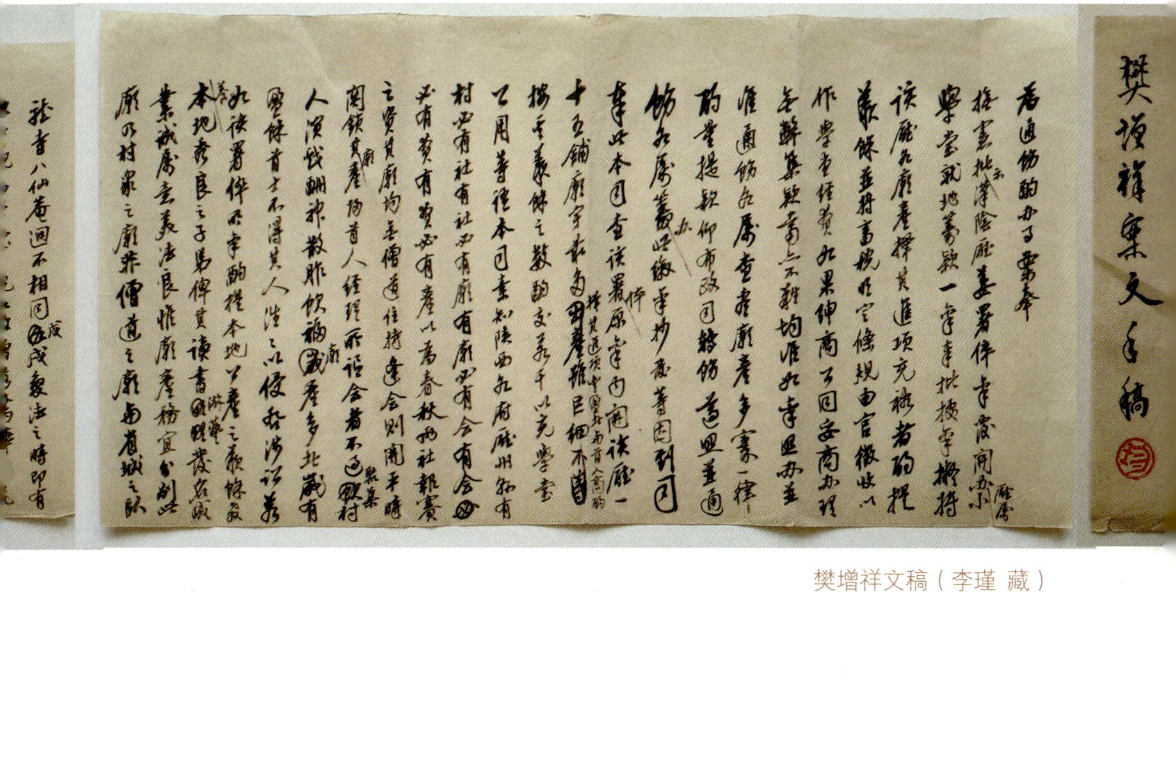

樊增祥文稿（李瑾 藏）

第十三章

戊戌变法

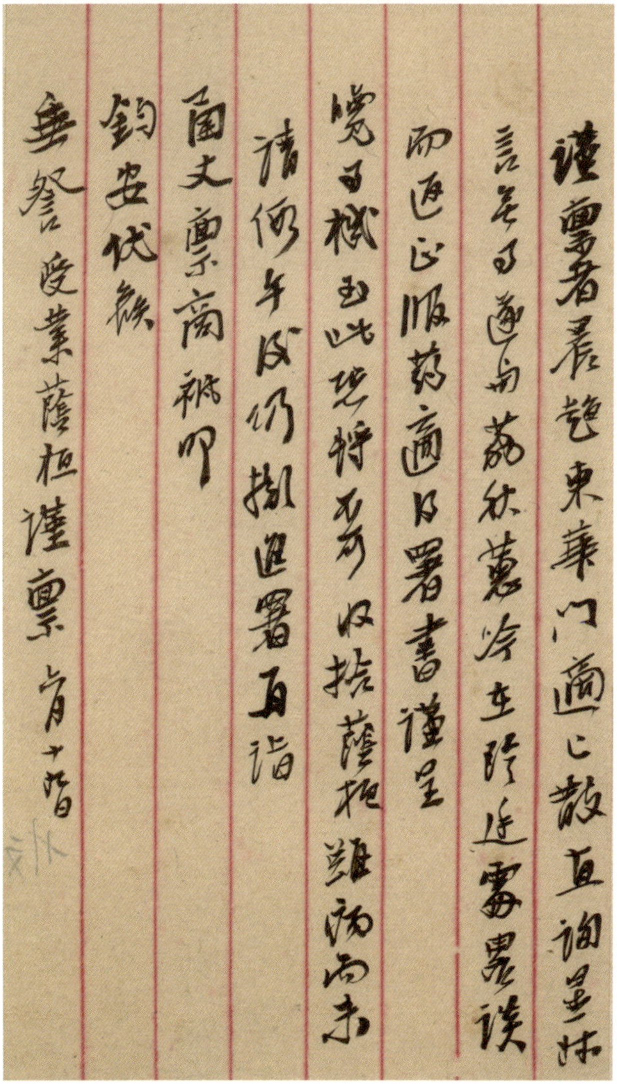
谨禀者：晨赴东华门，适已散直，询悉林
言若可通融，苏秋蕙冷在院，近露墨谈
而退。已派药商送日署书，谨呈
览。可概由此照转，不可收拾。荫桓虽病，尚未
请假，午后仍拟进署面诣
函丈禀商。祗叩
钧安，伏候
垂詧。受业荫桓谨禀 [illegible]

张荫桓致阎敬铭函

光绪二十四年（1898）七月二十九日，袁世凯到了北京。在被认为是事后补记且多处伪造的《戊戌日记》中，他这样写道："予奉召由天津乘第一次火车抵京，租寓法华寺。"法华寺，一座因谭嗣同造访袁世凯而闻名至今的寺庙，永远无法说出史家笔下的这两位正反派人物碰面时究竟谈了什么。但事实证明，袁世凯可能不是将戊戌变法更改为戊戌政变的主角。

同日，另外两个人的活动值得大书特书。伊藤博文，这位主导中日甲午战争的日本前首相，此时来到北京散心。散心并没有错，问题是他来的不是时候。先前，康有为向李提摩太请教变法事宜，这个大鼻子的意见是"合邦"，其本意是几个国家合在一起共治，而康有为的理解是把中国和日本合在一起，由伊藤博文"专中国政柄"——这是不是康有为大同世界的构想，也许只有他自己知道。不过，这绝对不是康有为的腹案，而是三番五次通过奏折的形式，递到皇帝案头。最为致命的是，政变前一天，杨深秀还上了一道"合邦"奏折。

伊藤博文来京，和光绪相谈甚欢，慈禧不便出面，躲在帷幕之后。当她闻知二人"言笑晏晏"时，内心的皱褶可想而知。会谈时，张荫桓和伊藤博文密语数句——这几句外人不知其详的话，导致他先被流放后被杀。当然这并不是主要原因，正是张荫桓，将比自己小二十岁的广东同乡康有为介绍给翁同龢，由翁荐举给光绪。这位京师矿务铁路总局负责人深受光绪喜爱，仅在戊戌年三月，就获七次召见。蒙宠之隆，一时无两。而且，伊藤博文来京，就由他引领给光绪。此时，他尚不知道，自己将是朝廷大员中参与变法的唯一一个殉难者。

还有一个人是康有为。无数证据表明，就是这个戊戌变法的“教父”，把一场好端端的所谓的“资产阶级改良”导演成了政变。根据毕永年日记，二十九日，这个“百无一用”、官不过六品的书生康有为和他谈起了利用袁世凯杀慈禧一事。康有为似乎嗜杀，这个激进的知识分子曾和当朝红人、实力人物荣禄说，要杀掉几个阻挠变法的大臣。荣禄，时为直隶总督，慈禧最宠信的人，很多野史将他和当时最有实力的女人拉拉扯扯。慈禧能放手让光绪变法，倚仗的棋子就是荣禄，可以设想荣禄听到康有为此语时的心情。据相关史料，荣禄也推荐过康有为，但当康提出杀几个大臣时，荣禄后悔了。

康有为的这种冲动，就连他的弟弟康广仁都不赞同。康广仁（1867—1898），名有溥，字广仁，号幼博，广东南海人。和其兄康有为不同，康广仁一向温和，最大的愿望就是改革八股取士，在他看来，“阿兄历年所陈改革之事，皆千条万绪，彼政府之人早已望而生畏，故不能行也”，比较靠谱的，就是专注废八股，“或有可成”。据史料记载，康广仁被逮之后，“与同居二人程式谷、钱维骥同在狱中，言笑自若，高歌声出金石”，就此表现而言，是条汉子。

而专曰“杀”的康有为，为避“杀”，早就跑了。

时间暂时回到四月二十三日。这一天，是光绪最为扬眉吐气的日子。皇帝颁布“明定国是”诏，变法正式开始。诏书曰：

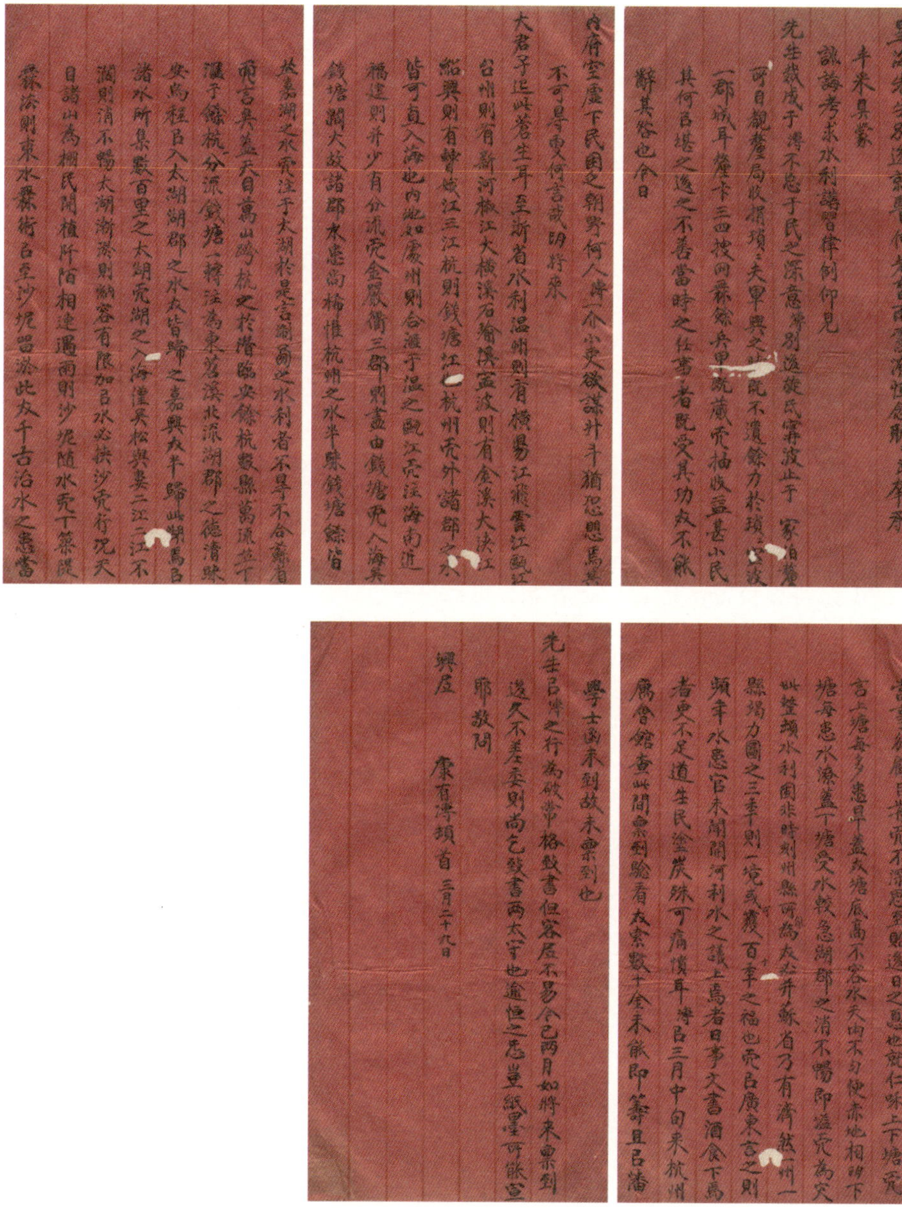

康广仁（有溥）致梁鼎芬（星海）函

数年以来，中外臣工，讲求时务，多主变法自强。迩者诏书数下，如开特科，裁冗兵，改武科制度，立大小学堂，皆经再三审定，筹之至熟，妥议施行。惟是风气尚未大开，论说莫衷一是，或狃于老成忧国，以为旧章必应墨守，新法必当摈除，众喙哓哓，空言无补。试问今日时局如此，国势如此，若仍以不练之兵，有限之饷，士无实学，工无良师，强弱相形，贫富悬绝，岂真能制梃以挞坚甲利兵乎？朕惟国是不定，则号令不行，极其流弊，必至门户纷争，互相水火，徒蹈宋明积习，于时政毫无裨益。即以中国大经大法而论，五帝三王不相沿袭，譬之冬裘夏葛，势不两存。用特明白宣示，嗣后中外大小诸臣，自王公以及士庶，各宜努力向上，发愤为雄，以圣贤义理之学植其根本，又须博探西学之切于时务者，实力讲求，以救空疏迂谬之弊。专心致志，精益求精，毋徒袭其皮毛，毋竟腾其口说，总期化无用为有用，以成通经济变之才。京师大学堂为各行省之倡，尤应首先举办，著军机大臣、总理各国事务王大臣会同妥速议奏，所有翰林院编检、各部院司员、各门［内］侍卫、候补候选道府州县以下官、大员子弟、八旗世职、各省武职后裔，其愿入学堂者，均准其入学肄业，以期人才辈出，共济时艰，不得敷衍因循，徇私援引，致负朝廷谆谆告诫之至意。将此通谕知之。方今各国交通，使才为当务之急。著各直省督抚于平日所知品学端正、通达时务、不染刁气者，无论官职大小，酌保数员交总理各国事务衙门带领引见，以备朝廷任使。

这篇诏书虽平淡无奇，读来却令人如沐春风，偌大的帝国，终于要变了。

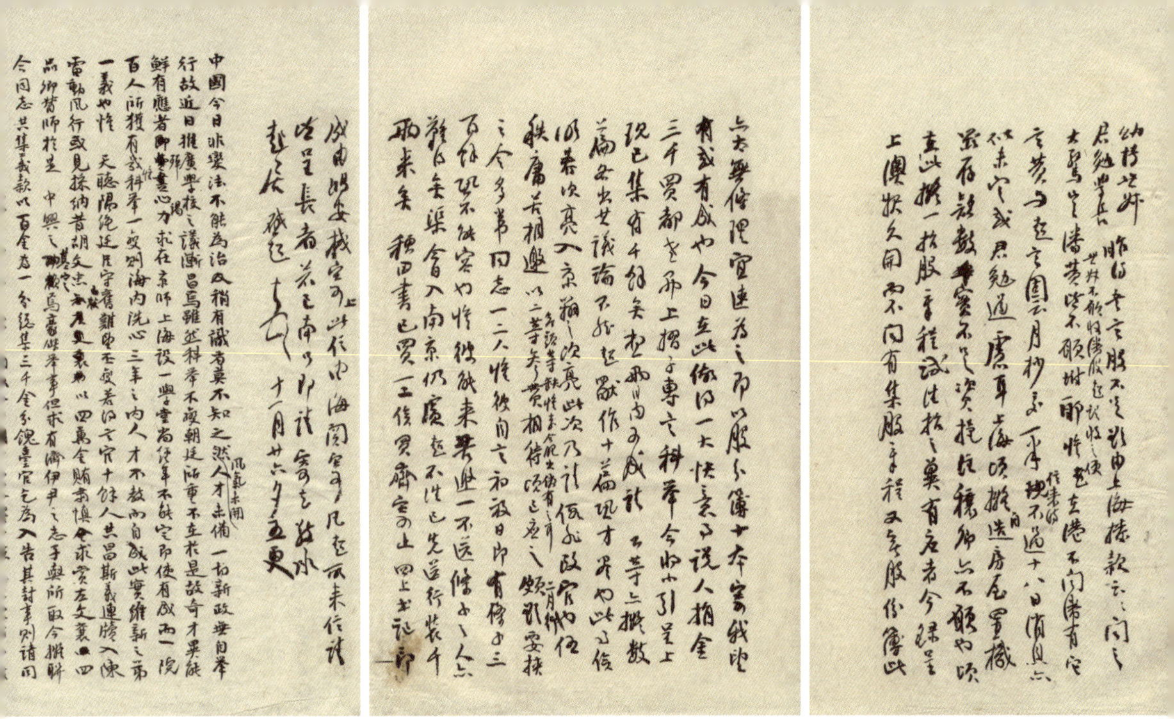

梁启超致康广仁（幼博）、徐勤（君勉）函

一纸看似简单的文字，凝结着无数人的血、汗、力。逼签《马关条约》的消息传开后，舆论哗然，早被国际国内形势刺激得蜂窝煤一般的赤子之心，在康有为、梁启超等人的鼓动下联名上书，提出拒和、迁都、练兵、变法等策议。陈情书虽没有送到皇帝手里，却留下了一个流传千古的名字——“公车上书”。上书是与一系列组织性活动纠葛在一起的。不久，康有为、梁启超等人在北京创办《万国公报》，建立强学会，鼓吹变法。次年，《时务报》在上海创刊。再次年，严复在天津主编《国闻报》。又一年，谭嗣同、唐才常等人在湖南成立南学会，此前创办《湘学报》。史料说，到光绪二十三年底（1897），全国建立以变法为宗旨的学会、学堂和报馆达六十九个，而到光绪二十四年（1898）年，就已有三百多个。

有意思的是谭嗣同父子。当谭嗣同倡导变法时，其父谭继洵还以保守派

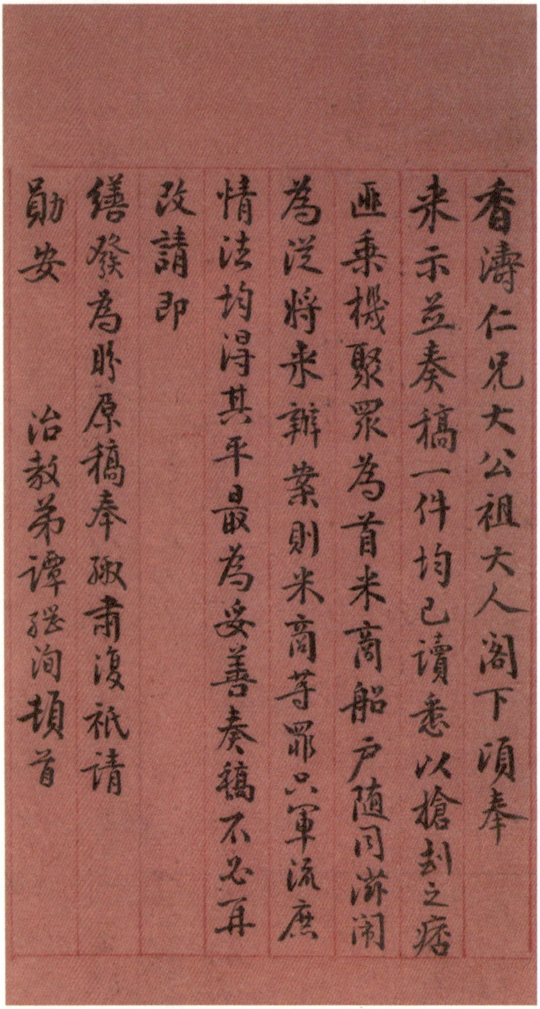

香濤仁兄大公祖大人閣下頃奉
來示並奏稿一件均已讀悉以搶封之痞
匪乘機聚衆為首米商船戶隨同滋鬧
為從將來辦案則米商等罪只軍流庶
情法均得其平最為妥善奏稿不必再
改請即
繕發為盼原稿奉繳肅復祇請
勛安
治教弟譚繼洵頓首

谭继洵致张之洞（香涛）函

著称。变法期间，山东道监察御史杨深秀弹劾说：“即湖北巡抚谭继洵守旧迂拘，虽人尚无他，要非能奉行新政者。此等即不逢裁缺，亦当分别罢斥，或优之听其告休。”读史至此，也许有人怀疑谭继洵老于世故。谭继洵（1823—1901），字子实，号敬甫，湖南浏阳人，咸丰十年（1860）进士。变法前，任湖北巡抚兼署湖广总督。谭嗣同和唐才常拟在浏阳设立算学格致馆，请谭继洵出名首倡，其不反对，也不支持，只说：“守老氏之宝，不欲为天下先。”

谭继洵这种态度是一贯的，张之洞条陈新政，他也一推六二五，就是不会衔。及至其子事发，连坐革职，勒令回籍。

其时，变法已成为举国上下通识。特别是德国出兵强占胶州湾，中国眼瞅着被鲸吞蚕食，变法不得不为。光绪二十四年初，康有为上《应诏统筹全局折》，不久，又发起保国会。

创办强学会和《时务报》，陈炽和文廷式功不可没，其“功”主要是“影响力”。陈炽（？—1900），江西瑞金人，光绪年间中举人，历任户部郎中、刑部章京、军机处章京。陈炽不读死书，善行万里路，曾考察香港、澳门，一心“天下利病”。光绪十九年（1893）为《盛世危言》作序，并出版《庸书》，对议院制情有独钟。强学会成立，被推为提调；《时务报》创办，为京师代收捐款者。

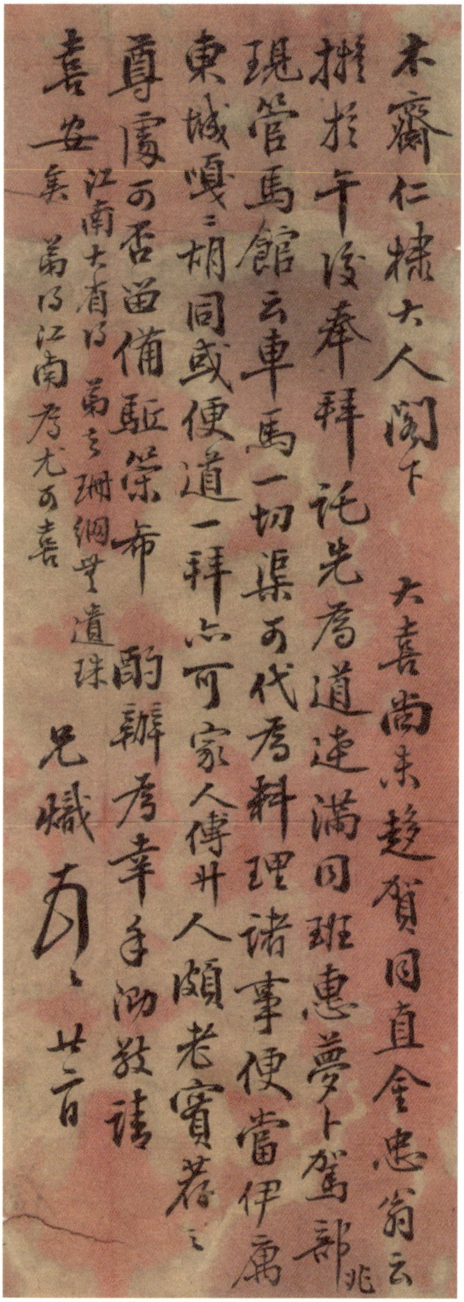

陈炽致李盛铎（木斋）函

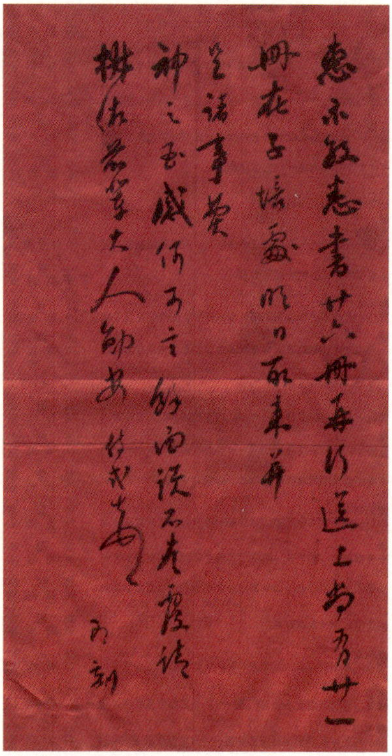

文廷式致李盛铎（椒微）函

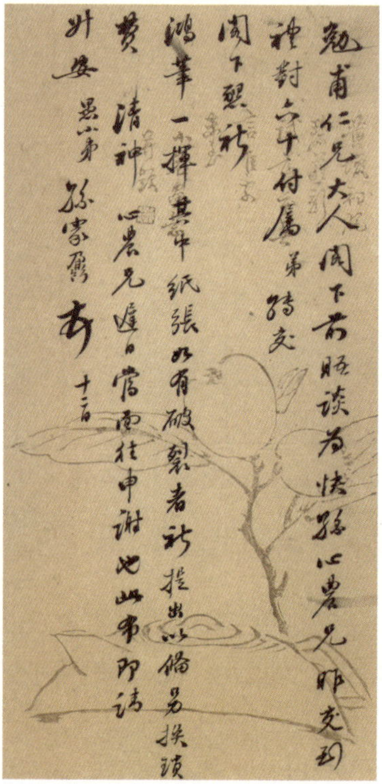

孙家鼐致勉甫函

文廷式（1856—1904），江西萍乡人，光绪十六年 (1890) 进士，其最引人注目的头衔是瑾妃、珍妃的老师。在光绪亲自关注下，升任翰林院侍读学士，兼日讲起居注。其人思想解放，遇事敢言，既与黄绍箕、盛昱等列名清流，又与汪鸣銮、张謇等被称为翁门六子。变法前，曾上疏请罢慈禧生日庆典、请还恭亲王参议大政、弹劾李鸿章丧心误国，一时获得士林称赞无数。强学会成立，他与陈炽积极出面赞助。需要补充的是，作为翁派人物，其自然与李鸿章水火不容。强学会成立第二年，即被李鸿章姻亲、御史杨崇伊参劾，遭革职，并被驱逐出京。文廷式虽没参与变法，但笔头“不老实”，满纸君民共主，故政变起，即被密电访拿，逃亡日本。

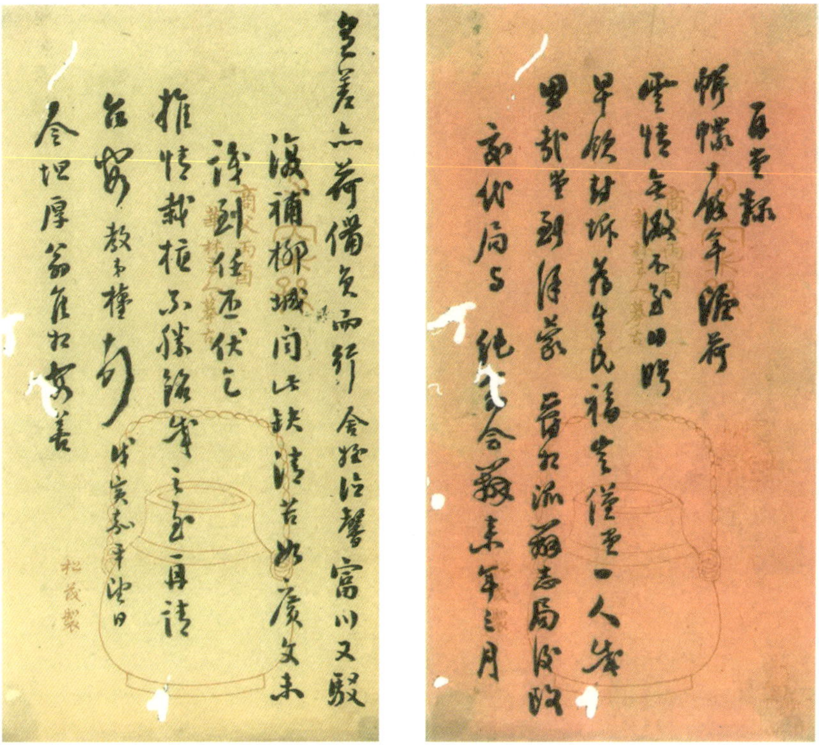

杨崇伊（楂，即同楂）信札（徐婉婉 藏）

另外，孙家鼐对成全强学会的名声也出力甚巨。孙家鼐（1827—1909），字燮臣，号蛰生，安徽寿州（今寿县）人，咸丰九年（1859）状元，与另一位状元翁同龢同为光绪帝师。戊戌变法一大主张就是建设京师大学堂（今北京大学），他以吏部尚书、协办大学士身份受命为首任管理学务大臣。强学会成立后，孙家鼐列名其中。后，御史杨崇伊弹劾强学会妄议朝政，被迫改名为官书局，这位帝师仍不避锋芒而主其事。奇怪的是，政变后，孙家鼐并没有受到牵连，仍任文渊阁大学士、学务大臣等职。

有理由相信，京师大学堂是戊戌变法唯一的遗产。自然，这是后话。

日講起居注官左春坊左庶子臣徐致靖跪

奏為恭謝

天恩仰祈

聖鑒事本月十二日順天鄉試揭曉臣子仁鏡中式

四十二名舉人竊臣備員記注渥荷

隆施報稱毫無正深兢惕恭逢

慶榜宏開臣子倖領鄉薦

國恩疊沛家慶頻邀欣幸之餘彌增悚感伏念

朝廷設科目以求才鄉舉為士人之始進臣子學

殖謭陋得與其選深懼弗勝臣惟有勖以讀書

益之勵志顧名思義在砥行以課脩為致用通

經惟績學以程遠大勉勤蛾術冀答

鴻慈所有微臣感激下忱謹率同臣子仁鏡泥首

宮門叩謝

天恩伏乞

皇上聖鑒謹

奏

光緒十九年九月 十四 日

徐致靖奏顺天乡试臣子仁镜中式恭谢天恩折

变法前，康有为并没有见过光绪。此前，康有为声望如日中天，不但翁同龢推荐他，荣禄也推荐了他，但最具决定性的举荐出自徐致靖。变法第三天，礼部侍郎徐致靖上《保荐人才折》，推荐康有为。据说，这个折子乃康有为手笔。当日，光绪批复。变法第六天，康有为匍匐于地，见到了传说中的光绪——一个被慈禧压制得不成“人形”的君主。

慈禧也要变法，底线是保持自己的地位不被撼动。这一点，在变法第五天就露出端倪。慈禧命光绪连下三道圣旨，一是让新任二品以上大员具折到太后前谢恩；二是著荣禄为直隶总督兼北洋大臣；三是命荣禄筹备太后和皇帝赴天津阅操事。这三道圣旨涉及人事任免和京津地区的军政大权，意味着慈禧对变法表现出了不信任，或者说要把持在可控的范围内。

最出乎意料的是，这一天，帝师翁同龢正在家里过生日，圣旨到了，送给他的“礼物”是罢免。

翁同龢（1830—1904），字叔平，号松禅，江苏常熟人。咸丰六年（1856）状元，历任户部尚书、工部尚书、军机

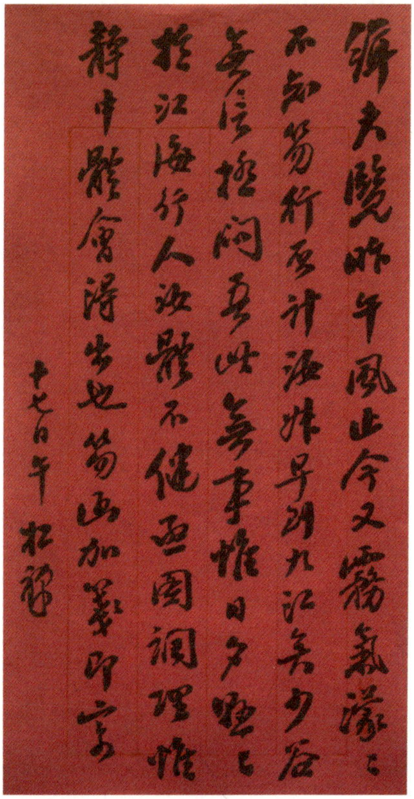

翁同龢（松禅）致缉夫书札

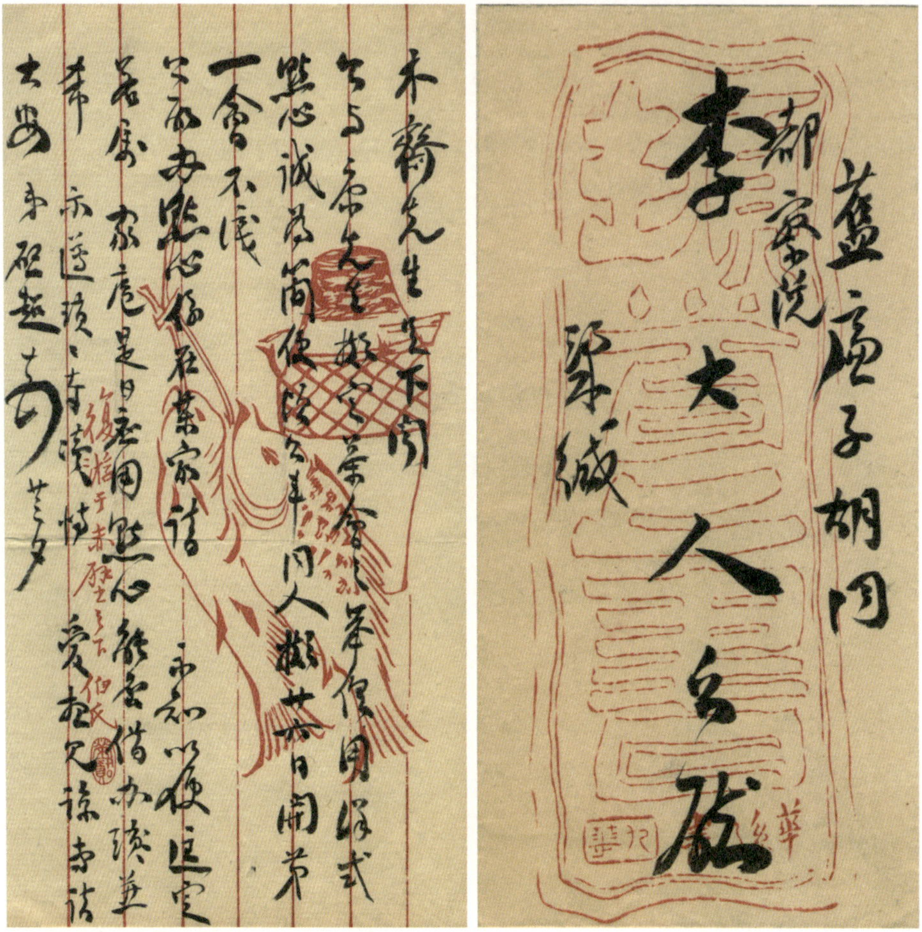

梁启超致李盛铎（木斋）函

大臣兼总理各国事务衙门大臣。他最重要的身份不是政治家、书法家，而是同治、光绪两代帝师。罢免诏书语气生硬，浑然没有师徒之情：

> 协办大学士翁同龢近来办事多不允协，以致众论不服，屡经有人参奏。且每于召对时，咨询事件，任意可否，喜怒见于词色，渐露揽权狂悖情状，断难胜枢机之任。本应查明究办，予以重惩，姑念其在毓庆宫行走有年，不忍遽加严谴。翁同龢著即开缺回籍，以示保全。

颇有意味的是，变法后，即当年十月，光绪又下圣旨：

翁同龢授读以来，辅导无方，往往巧借事端，刺探朕意。至甲午年中东之役，信口侈陈，任意怂恿。办理诸务，种种乖谬，以致不可收拾。今春力陈变法，滥保匪人，罪无可逭。事后追维，深堪痛恨！前令其开缺回籍，实不足以蔽辜，翁同龢著革职，永不叙用，交地方官严加管束。

对于翁氏被逐，有人说是慈禧的主意，也有人说是光绪的主意。但不论是谁，翁同龢在洋务运动特别是甲午战争中，处处和李鸿章对着干，被认为是导致北洋水师全军覆没的真正“元凶”，恐怕与此次罢免不无关系。戊戌变法当日，翁同龢还和光绪说，西学要学，理学也不能丢。很多专家认为，罢免翁氏，是光绪想抛开翁的掣肘，以康有为为领袖，将变法推向纵深。这显然说不过去。因为，若无翁同龢支持，光绪无法推行新法——翁同龢是光绪最忠实的拥护者。只是，所有过往都是南柯一梦，临终前，翁同龢口占曰：“六十年中事，伤心到盖棺。不将两行泪，轻向汝曹弹。”

时过境迁，我们已永远不会知道翁同龢“伤心”些什么。

光绪一辈子只召见过康有为一次，当日见面，只是闲聊了下变法。这次会见，让康有为一伙儿甚是不平，因为光绪并没有给这位官居六品的主事升官，以至于梁启超牢骚不已。

慈禧和光绪间云山雾罩，朝臣和疆臣间也是乌烟瘴气。

许应骙（1832—1903），字德昌，号筠庵，广东番禺人，官礼部尚书。变法开始后，许应骙上折反对宋伯鲁、杨深秀废八股，弹劾康有为。期间，光绪准臣民直接上书言事。礼部主事王照疏请光绪帝游历日本等国考察各国情况。礼部满、汉二尚书怀塔布、许应骙拒绝代送，被光绪知道后将六堂官革职。而就是这次撤职，许应骙因祸得福。政变后，两江总督刘坤一以其“首发康有为之奸”进行保举，许被任命为闽浙总督。

光绪这次杀鸡骇猴的行为，最终将以失败埋单。

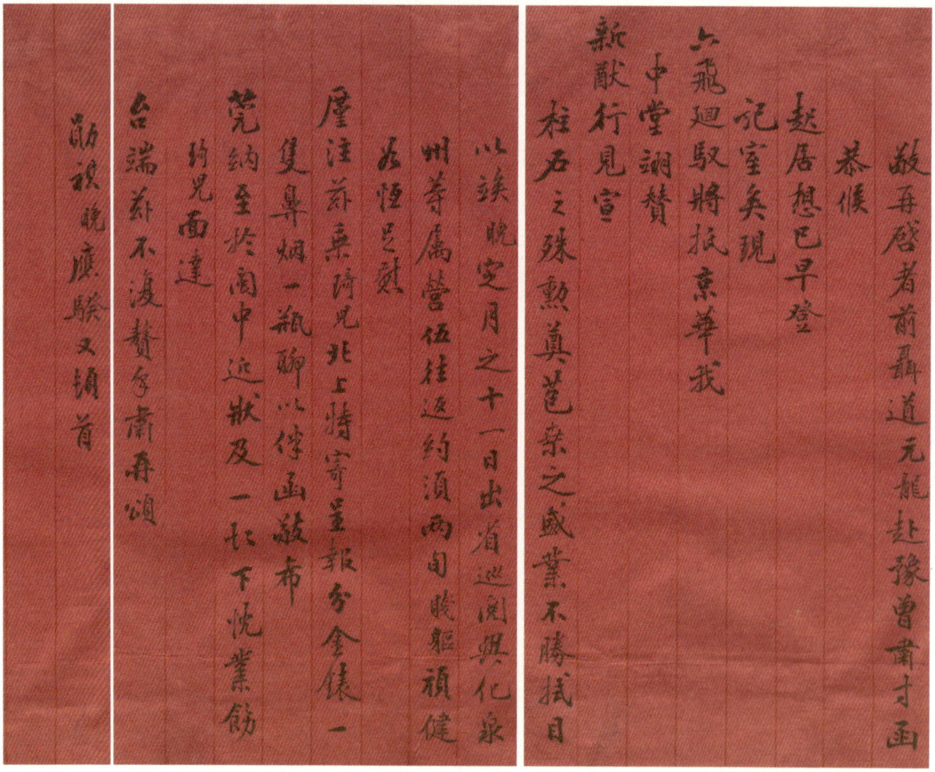
敬再啓者前聶道元龍赴豫曾肅寸函
恭候
起居想已早登
记室矣現
六飛廻馭將抵京華我
中堂翊贊
新猷行見宣
柱石之殊勳奠苞桑之盛業不勝拭目
以俟晚定月之十一日出省巡閲興化泉
州等屬營伍往返約須兩旬晚軀頑健
差堪足慰
屢注兹乘琦兒北上特寄呈報分金錶一
隻鼻烟一瓶聊以伴函敬希
莞納至於閩中近狀及一切下忱業飭
琦兒面達
台端兹不復贅乎肅再頌
勛祺晚應騤又頓首

许应骙致荣禄（中堂）函

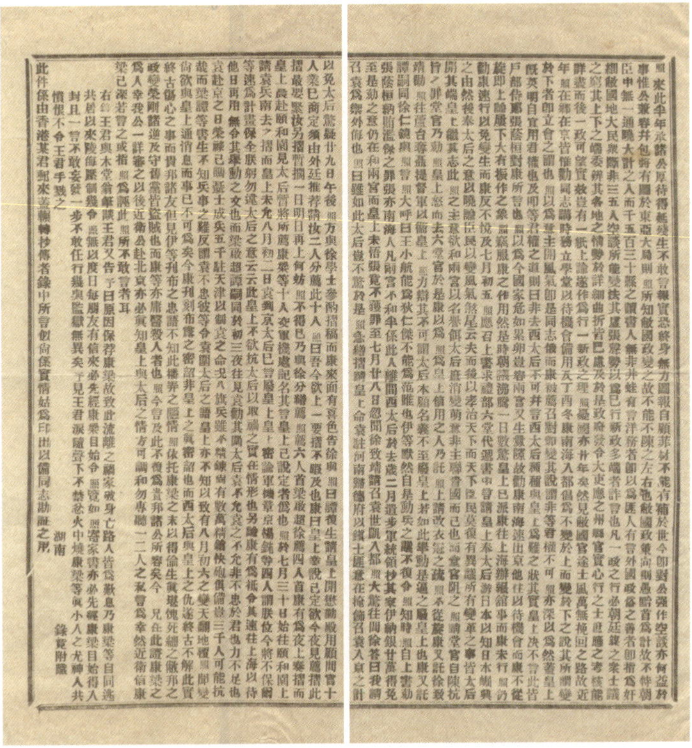

湖南录竟抄印王照与木堂翁笔谈

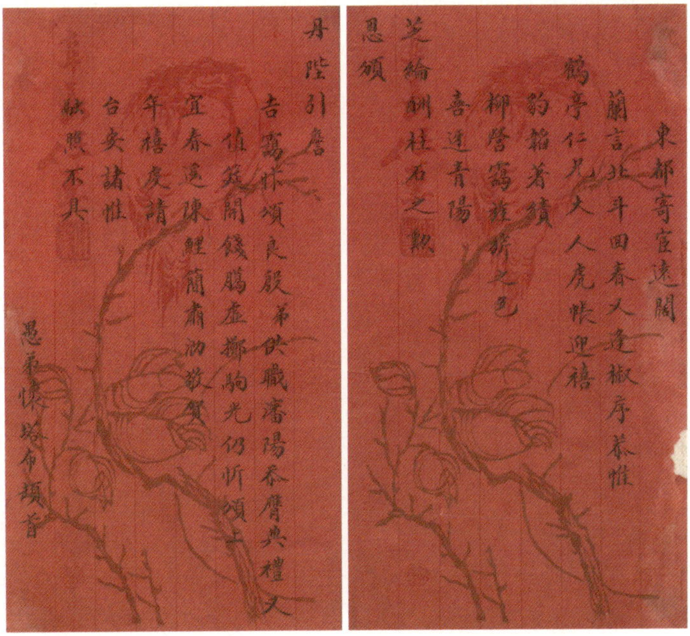

怀塔布致长顺（鹤亭仁兄大人）函

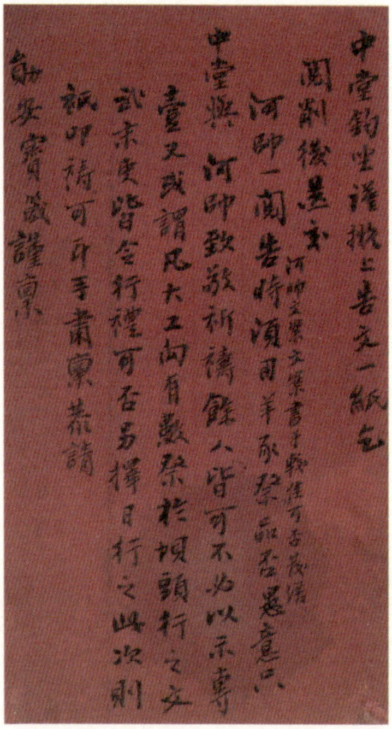

陈宝箴禀翁同龢（中堂）文

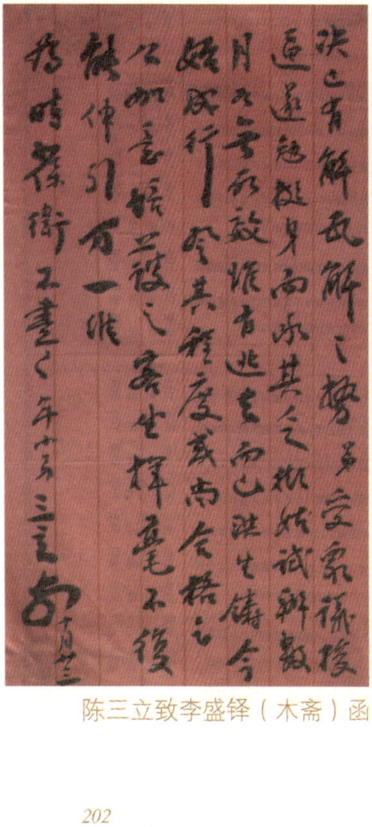

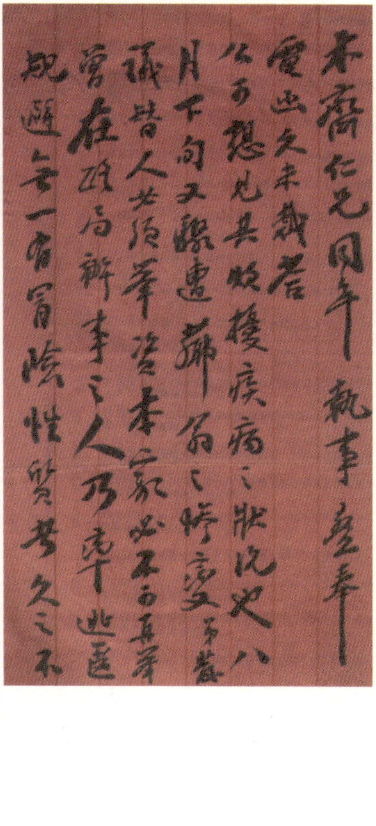

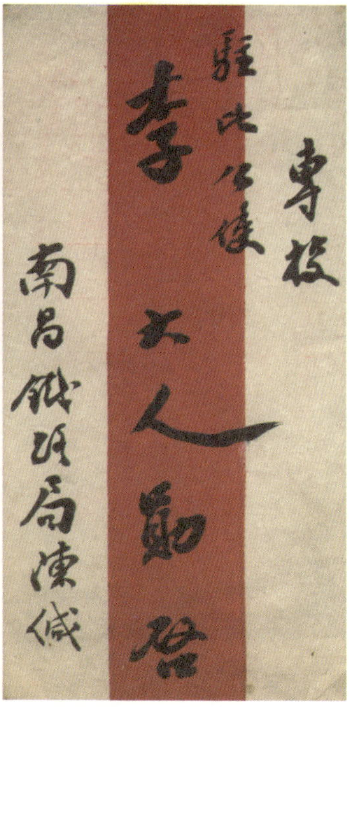

陈三立致李盛铎（木斋）函

疆臣中，唯一赞成变法的是陈宝箴。陈宝箴（1831—1900），字相真，号右铭，江西义宁（今修水）人。陈宝箴举人出身，随后从政。任湖南巡抚时，在布政使俞廉三赞助下，办时务学堂，刊《湘学报》，被光绪称为“新政重臣”，一时受到王先谦、叶德辉攻击。政变后，因“滥保匪人”被罢：“湖南巡抚陈宝箴，以封疆大吏滥保匪人，实属有负委任。陈宝箴著即行革职，永不叙用。伊子吏部主事陈三立，招引奸邪，著一并革职。”他保举的“匪人”即是杨锐。

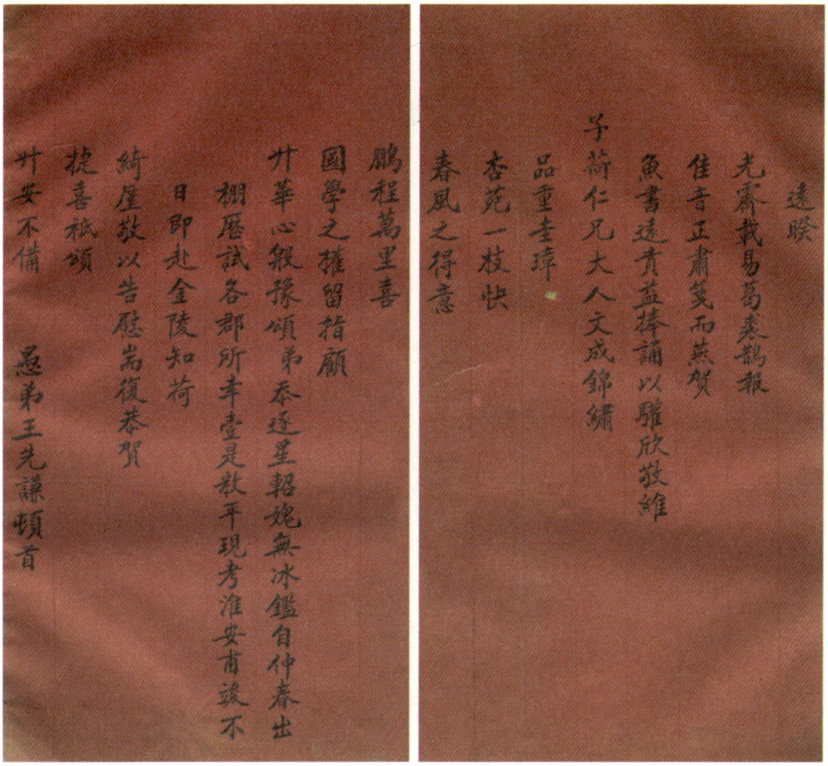
遠睽
光霽載易葛裘鵲報
佳音正肅箋而燕賀
魚書遠貴益捧誦以驩欣鼓雒
子荷仁兄大人文成錦繡
品重圭璋
杏苑一枝快
春風之得意
鵬程萬里喜
國學之權留指顧
升華心殷豫頌弟忝廷星軺媿無冰鑑自仲春出
棚歷試各郡所幸壹是教平現考淮安甫竣不
日即赴金陵知荷
綺屋殷以告慰尚復恭賀
捷喜祗頌
升安不備
愚弟王先謙頓首

王先谦致子荷函

大多数疆臣保持观望，最为保守的当属谭锺麟。谭锺麟（1822—1905），字文卿，湖南茶陵人。其人进士出身，历任陕西巡抚、浙江巡

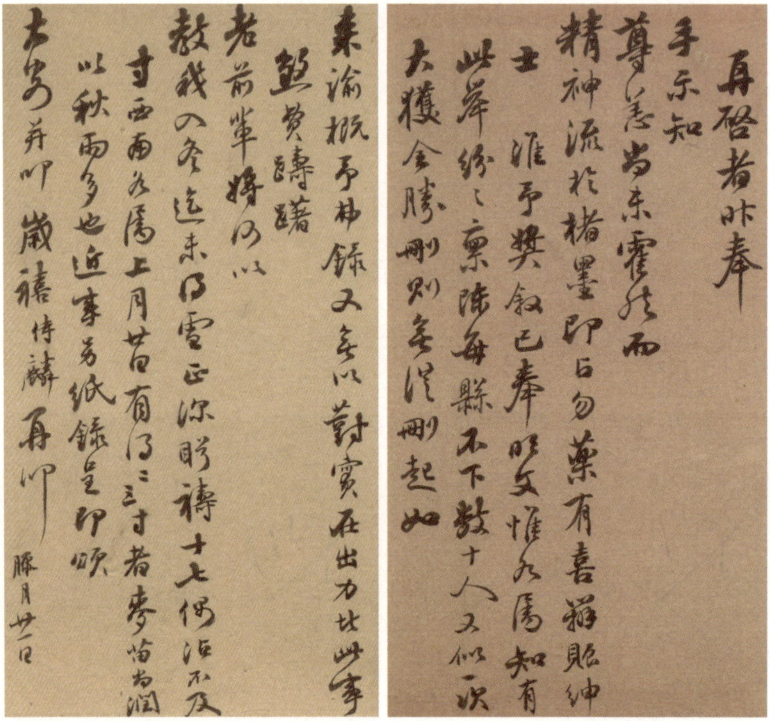

谭锺麟致阎敬铭函

抚、陕甘总督、闽浙总督等要职。变法时，任两广总督。谭锺麟是典型的守旧派，梁启超谈起他时曾说：“近日报务日兴，吾道不孤，真强人意。惟广东督抚于‘洋务’二字，深恶痛绝，不能畅行于粤耳。”这位痛恨“洋务”的疆臣也痛恨变法，戊戌变法期间，曾数次上疏反对。

不要小看了光绪罢免礼部六堂官事件。这意味着，慈禧能够任命二品以上重臣，光绪亦有权罢免他们。而且，这种躁进难免让人联想起康有为杀几位大臣的说辞。

不满在慈禧及后党人士心中弥漫，梁启超等也满腹牢骚。梁启超致信友人说：“而西王母主持于上，他事不能有望也。总署行走，可笑之至，决意即行矣。”更令他失望的还在后面。七月三日，光绪召见梁启超，也给了个六品官，让他负责译书局相关工作。“而西王母主持于上，他事不能有望也”，意味着在康、梁看来，慈禧是最大的绊脚石。

七月十五日，光绪帝裁撤詹事府、通政司、光禄寺、鸿胪寺、太常寺、太仆寺、大理寺和湖北、广东、云南三省巡抚。七月十六日，光绪召见湖南巡抚陈宝箴推荐的杨锐，接着，又召见刘光第、谭嗣同、林旭三人。四天后，加四人四品卿衔，由他们负责草拟新政诏书。有意思的是，变法“领袖”康梁二人不仅只是六品，位列四章京之下，且无法参与枢密。

慈禧不满，只有一个办法，即釜底抽薪。康有为不满，也只有釜底抽薪一个办法。

康有为想到了袁世凯。七月二十六日，康有为代拟《边患日捍宜练重兵密保统兵大员折》，由徐致靖呈光绪，请求提拔袁世凯。此前，康有为已派人前往天津，游说袁世凯加入帝党。康有为不知道，是日，湖南举人曾廉上书，请求诛杀他。二十七日，光绪继续踌躇满志，命刊行新政政策，布告天下，使上下同心，促成变法。二十八日，光绪请设外国顾问官，慈禧不许。这一天，日后被称为戊戌六君子的杨锐给家里写信，露出退意。

他似乎已经意识到了杀机。

杨锐（1857—1898），字叔峤，四川绵竹人，曾参与发起强学会，创立蜀学会。如果检点杨锐的行为，他的“罪行”不只是变法。 甲午战争中，在太监寇连才阻谏慈禧举办六十大寿被杀的情况下，杨锐“教唆”御史王鹏运劝谏，并代写奏疏，以“齐顷公败于鞍，七年不饮酒食肉，越勾践败于会稽，二十年卧薪尝胆”讽刺国是，若无奕訢“言官无邪”之保，杨锐恐怕早就掉了脑袋。杨锐深受张之洞器重，光绪二十四年（1898），推荐其应征经济特科，后又经陈宝箴推荐，成为主导变法的四章京之一。

政变后，张之洞对杨锐被捕深感痛惜，多次设法营救，可惜事与愿违。

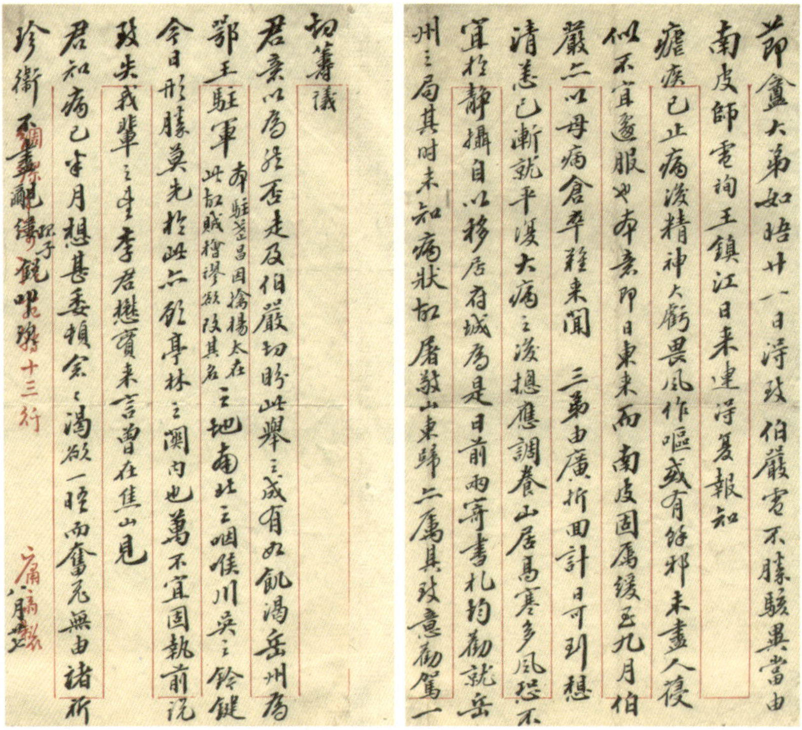

杨锐致梁鼎芬（节盦）函

据李瑾《纸别裁》，杨锐是张之洞的密探，他引用的资料出自梁启超《杨锐传》："杨锐字叔峤，又字钝叔，四川绵竹县人。性笃谨，不妄言邪视，好词章。张公之洞督学四川，君时尚少，为张所拔识，因受业为弟子。张爱其谨密，甚相亲信。光绪十五年，以举人授内阁中书。张出任封疆将二十年，而君供职京僚，张有子在京师，而京师事不托之子而托之君。张于京师消息，一切借君，有所考察，皆托之于君，书电络绎，盖为张第一亲厚之弟子，而举其经济特科，而君之旅费，亦张所供养也。"

《纸别裁》还考证：杨锐被捕第二天，也就是张之洞获悉消息后，立即密电京中的密探，询问事情缘由："急。京。立。叔峤奇灾骇绝，究因何故？尚有复文否？念甚。必已见明发，速摘要告。凡各处函电，务即付丙。即刻复。迂。佳。"查虞和平主编《近代史所藏清代名人稿本抄本》，张之洞接连发电十数通，试图营救杨锐。可惜，变法一节，兹事体大，老佛爷不高兴，张之计划不幸流产。事后，康有为还污说"张之洞本为新党，自恐不免，乃请杀谭、杨等六人"。

二十九日，伊藤博文和袁世凯分头到京。三十日，光绪命四章京商议破解变法难的困局。密诏曰："近来仰窥皇太后圣意，不愿将法尽变，并不欲将此辈荒谬昏庸之大臣罢黜，而登用通达英勇之人令其议政，以为恐失人心。虽经朕屡次降旨整饬，而并且有随时几谏之事，但圣意坚定，终恐无济于事。即如十九日之朱谕，皇太后已以为过重，故不得不徐图之，此近来之实在为难之情形也。朕岂不知中国积弱不振，至于阽危，皆由此辈所误。但必欲朕一旦痛切降旨，将旧法尽变，而尽黜此辈昏庸之人，则朕之权力实有未足。果使如此，则朕位不保，何况其他？今朕问汝：可有何良策，俾旧法可以全变，将老谬昏庸之大臣尽行罢黜，而登进通达英勇之人，令其议政，使中国转危为安，化弱为强，而又不致有拂圣意？尔其与林旭、刘光第、谭嗣同及诸同志妥速筹商，密缮封奏，由军机大臣代递，候朕熟思审处，再行办理。朕实不胜紧急翘盼之至。特谕。”

需要注意的是，其中并没有提及康、梁二人。根据毕永年日记，同日，康有为、康广仁、梁启超商议兵谏事宜：由袁世凯包围颐和园，抓捕并废掉慈禧。尽管其中有诸多插曲，诸如杨锐奏请光绪要听从慈禧意见，杨崇伊等奏请慈禧训政，这一切都无碍整个变法即将演变为政变。此时，光绪可能意识到了康有为留在北京对自己造成的威胁，密谕其离京。

康有为将密谕篡改，如下：“朕唯时局艰难，非变法不足以救中国，非去守旧衰谬之大臣而用通达英勇之士不能变法。而皇太后不以为然，朕屡次几谏，太后更怒，今朕位且不保，汝康有为、杨锐、林旭、谭嗣同、刘光第等可妥速密筹，设法相救。朕十分焦虑，不胜企盼之至。特谕。”这一篡改，不但康成为整个戊戌变法的主角，而且为康“兵谏”提供了足够的理由。

不过，幸好杨锐之子杨庆昶收藏了密诏原件，宣统年间，上交都察院，由摄政王载沣公布于众，才真相大白。

八月三日，谭嗣同在法华寺访袁世凯，以墨谕示之，请其先诛荣禄，再以兵围颐和园。八月四日，慈禧自颐和园还宫。八月五日，康有为逃离北京。此时，四章京或其中之人还在为变法或兵谏努力。当日，光绪第三次召见袁世凯，到底计议了什么，已不得而知。晚上，袁世凯回天津，面见荣禄。八月六日，政变，慈禧宣布训政，康广仁被捕。八月七日，光绪被囚禁于瀛台。八月八日，杨深秀被捕。八月九日，杨锐、林旭被捕。八月十日，谭嗣同、刘光第被捕。八月十三日，戊戌六君子被杀。八月十四日，张荫桓因“心巧诈，行踪诡秘，趋炎附势，反复无常”等罪名被发配新疆，当然，等待他的是一把悬了将近两年的刀。

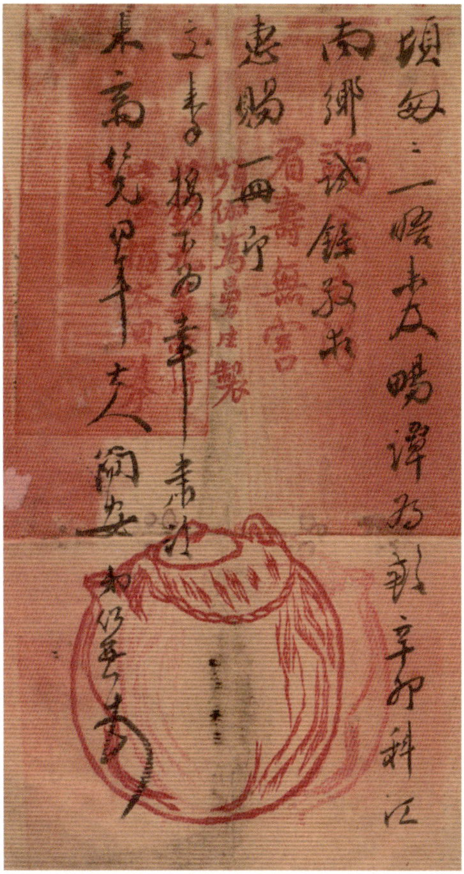

黄绍箕致李盛铎（木斋）函

光绪二十六年七月六日（1900年7月31日），因八国联军入侵，慈禧处死五大臣之前，先将时年六十四岁的张荫桓在戍所处死。颇具讽刺意味的是，在洋人干涉下，张荫桓才被慈禧平反，恢复官职。

康有为能够逃脱，有一个人居功至伟，此人就是黄绍箕。黄绍箕（1854—1908），字仲弢，号漫庵，浙江瑞安人，光绪年间中进士，曾与梁鼎芬等草拟强学会章程。政变前夕，其事先得到消息，通知康有为逃亡，并嘱他从山东水道赴日躲避。事后证明，出逃日本的计划着实高明。

政变不出几天，荣禄为军机大臣，裕禄为直隶总督，至于北洋诸军，仍归荣禄节制。而袁世凯由工部侍郎升山东巡抚，三年后，李鸿章病逝，袁世凯受命署理直隶总督兼北洋大臣，次年实授。不得不说，历史是由阴差阳错组成的。袁世凯赴任山东，其所练新军也都带了去，因而避免被义和团和洋鬼子冲击，进而成为后来推翻朝廷的核心主力。

这里，有必要补充一个花絮。刘学询（1855—1935），光绪年间进士。二十五年（1899），其人出使日本，试图引渡康、梁，甚至示意孙中山刺杀之。次年，李鸿章奉命挖康、梁祖坟，刘学询主其事。

历史长河中，从来不缺少野心家。

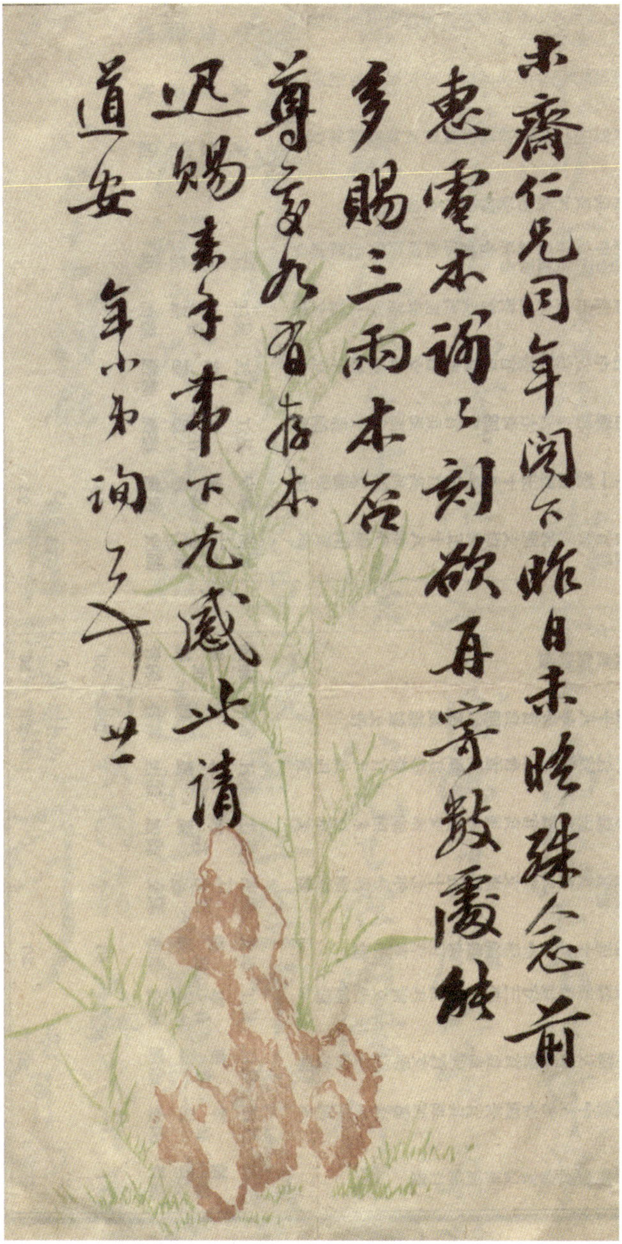

木齋仁兄同年閣下：昨日未晤，殊念。前惠覆本詞，詞刻欲再寄數處，能多賜三兩本否？尊處如有存本，迅賜來手帶下，尤感。此請道安。年小弟詢頓首 廿一

刘学询致李盛铎（木斋）函

第十四章

义和团，义和团

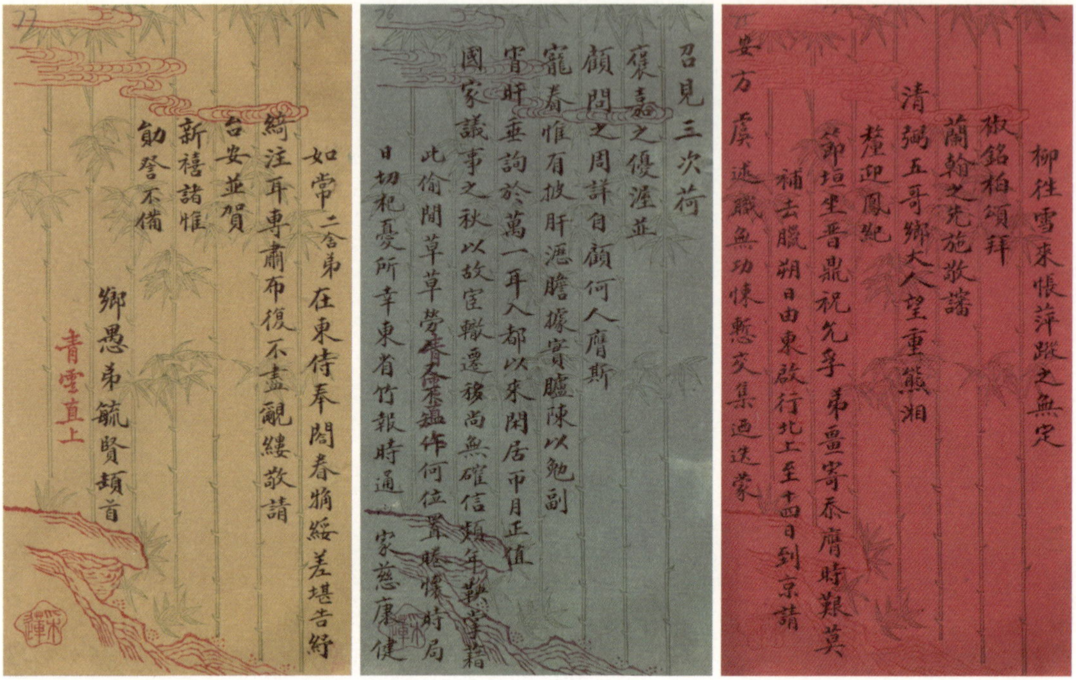

柳往雪來悵萍蹤之無定
敬銘栢頌拜
蘭翰之先施敬諳
清弼五哥鄉大人望重熊湘
蓬迎鳳紀
節垣坐晉鼎祝允孚 弟㽞寄泰膺時艱莫
補去臘朔日由東啟行北上至十四日到京請
安方 虔述職無功悚懟交集適送蒙
召見三次荷
褒嘉之優渥並
顧問之周詳自顧何人膺斯
寵眷惟有披肝瀝膽據實臚陳以勉副
宵旰垂詢於萬一年入都以來閒居兩月正值
國家議事之秋以故宦轍遷移尚無確信頻年鞅掌藉
此偷閒草草勞人竟作何位置暇隙時局
日切杞憂所幸東省竹報時通 家慈康健
如常二舍弟在東侍奉闔眷㣲綏差堪告紓
綺注耳專肅布復不盡覼縷敬請
台安並賀
新禧諸惟
勛鑒不備
鄉愚弟毓賢頓首
青雲直上

毓贤致锡良函

光绪二十七年（1901），兰州，营兵田拐子临时充任刽子手，他一刀砍断了毓贤的食管，毓贤尚在挣扎，仆从见其受罪，一刀扎入心窝，这才死亡。被杀前，毓贤将身上首饰赠给了田拐子。毓贤死后，一妻一妾主动殉葬，留下一妾扶棺回乡。

若单就此而言，毓贤一家还是颇为壮烈的。

不过，李鸿章临终前，曾痛骂毓贤误国。检视历史，毓贤是罪人，却不是奸人。临死前，他仍然认为自己是爱国的，赋联曰：“臣罪当诛，臣志无他，念小子生死光明，不似冤沉三字狱；君恩我负，君忧谁解，愿诸公老成谋国，切须早慰两宫心。”

毓贤（1842—1901），字佐臣，捐监生，纳赀为同知府，后任曹州知府、山东布政使、湖南布政使、江宁将军。因曹州教案，山东巡抚李秉衡免职，毓贤接任。

说起义和团，毓贤是一个绕不过去的人物。光绪二十三年（1897），山东冠县梨园屯村民与教堂发生土地纠纷，威县梅花拳师赵三多应村民阎书勤邀请助阵——正是赵三多将梅花拳改名为义和拳。毓贤前任山东巡抚是张汝

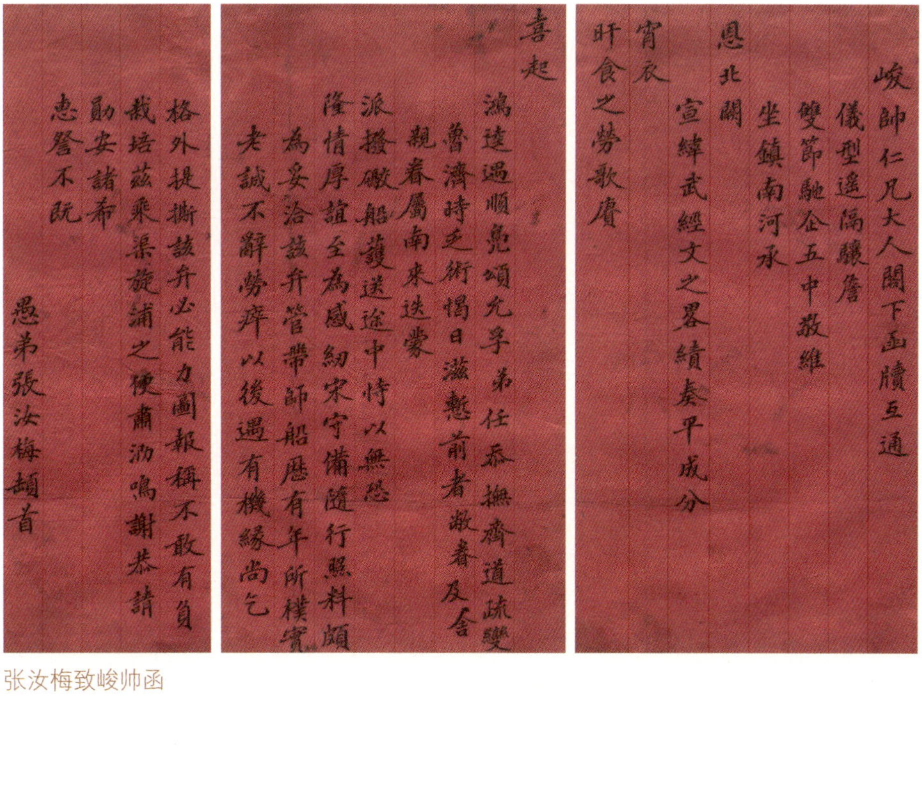
峻帥仁兄大人閣下函牘互通
儀型遥隔釀詹
雙節馳企五中敬維
坐鎮南河承
恩北闕
宣緯武經文之畧績奏平成分
宵衣
旰食之勞歌賡
喜起
鴻逵遇順鳧頌允孚弟任忝撫齊道疏變
魯濟時乏術惕日滋慙前者激者及舍
親眷屬南來送豢
派撥礮船護送途中恃以無恐
隆情厚誼至為感紉宋守備隨行照料頗
為妥洽茲弁管帶師船歷有年所樸實
老誠不辭勞瘁以後遇有機緣尚乞
格外提撕茲弁必能力圖報稱不敢有負
栽培茲乘渠旋浦之便肅泐鳴謝恭請
勛安諸希
惠詧不旣
愚弟張汝梅頓首

张汝梅致峻帅函

梅，他见民情可用，建议“改拳勇为民团”，并说“义和拳”就是“义和团”。毓贤本是镇压农民运动的刽子手，他接任山东巡抚后，一手剿，一手抚。

毓贤在山东任职廿年，除深忧农民运动之烈，亦患教会势力之大，其不知受谁教导，灵机一动，决定以“拳”治“夷”。这一举动，被洋人视为庚子之事的“祸首”，当然，最大的“祸首”慈禧是无法明正典刑的。在给朝廷的折子中，毓贤指出，教堂“鱼肉良懦，凌轹乡邻。睚眦之嫌，辄寻报复。又往往造谣倾陷”，而“东省民风素强，民俗尤厚。际此时艰日亟，当以团结民心为要图”，认为，“民可用，团应抚，匪必剿”，故而由“剿”变“抚”，剿抚并行，“化私会为公举，改拳勇为民团”，甚至允许义和拳旗帜可署“毓”字。这样，毓贤将义和团的斗争矛头通过官方准许的形式，引到教会乃至洋人身上。因洋人反对，毓贤被撤职，离职前，杀死朱红灯。所空职务，由袁世凯接任。

在张汝梅任内，赵三多等已变更“反清复明”口号，竖起“扶清灭洋”大旗，毓贤继任，义和团更是将这一口号唱遍山东境内。毓贤离职回京，奔走端王载漪、庄王载勋、大学士刚毅府邸间。因鼓吹拳民可用，经载漪等力荐，毓贤面见慈禧，光绪二十六年（1900），起用为山西巡抚。在山西，毓贤灭洋主张更甚于任职山东期间。

关于义和团，赵三多并非其鼻祖。据史料记载：

先是清代嘉庆末叶，直、鲁、豫各省承白莲教之后，复有所谓八卦教者，大抵以书符治病煽诱愚俗，趋者如骛……自耶教传入中国，地方莠民辄挂名教籍，倚外势横乡里。教士借口保护，以袒庇为招徕，动辄挺身干预。官吏但求省事，遇有民教讼案，往往屈民而右教，教民骄纵益甚。乡间良懦，十九受鱼肉，因之衔恨刺骨，则相率投入八卦教以与之相抗。因该教中稍有团体组织，冀以众为势，缓急可资援助也。逮声气渐广，名迹显露，其中黠者亦深虑官方干涉，率加以“不轨”二字，肆行剿刈，乃特创“扶清灭洋”四字口号，即悬是为彼教标帜，一以号召人民，一以抵塞官府，用自别于白莲、天门诸教。

官方眼中，义和团本为“匪”，何以成为可以倚靠的力量呢？推手虽是毓贤，但转折点在载漪身上。

载漪（1856—1922），满洲镶白旗人，道光孙，惇亲王奕誴子，过继瑞敏郡王奕誌为嗣，三十八岁袭封端郡王。载漪是慈禧侄女婿，就是靠着这层关系，让他成为未来的太上皇。戊戌变法后，慈禧欲废光绪，她的这一腹谋被朝野看得十分清楚。如两江总督刘坤一表示：“君臣之义已定，中外之口难防。”在野名士经元善提出：“请保护圣躬。”洋人也十分关注光绪的去留，不断通过使节和媒体介入此事。因光绪无子，经载漪、崇绮、徐桐、启秀、荣禄等人建议，决定通过立储这种合法方式取代光绪。

光绪二十五年十二月二十四日（1900 年 1 月 24 日），慈禧以光绪名义颁发朱谕，宣布“端郡王载漪之子溥儁承继穆宗毅皇帝为子”，将来承继“大统”，定于次年正月初一日举行立储典礼。朱谕一颁，中外哗然，尤其是洋人反应更为剧烈，各国驻京公使不仅表示反对，还表示拒不致贺立储典礼。

现在，最恨洋人的便是载漪。

恽毓鼎书法扇面（李瑾 藏）

袁世凯接任山东巡抚后，认为“义和拳实系匪类，以仇教为名而阴逞不轨”，采取各种办法，极力弹压。义和团在山东待不下去了，逐渐向北方蔓延，到达京津地区。如何对待义和团，慈禧“剿抚两难”。听信毓贤鼓动的载漪，则“力言义民起，国家之福”。

慈禧曾接连四次召开御前会议，讨论如何对待义和团。恽毓鼎《崇陵传信录》记载颇为详细，兹录如下：

（第一次御前会议）午刻忽传旨召王大臣、六部、九卿入见于仪鸾殿东室，约百余人，室中跪满，后至者乃跪于槛外。殿南向，上及太后背窗向北坐，枢臣礼亲王世铎、荣禄、王文韶、赵舒翘跪御案旁，自南而北，若雁行，诸臣皆面南。枢臣刚毅，则出京察看拳民未归。既跪行一叩礼，上首诘责诸臣不能弹压乱民，色甚厉。翰林院侍读学士刘永亨跪于后，与毓鼎相接，默语毓鼎："适在提督董福祥处，据董自任，可驱拳匪出城外。"毓鼎促其上闻。永亨膝行而前，奏云："臣顷见董福祥，欲请上旨，令其驱逐乱民。"语甫半，端王载漪伸大指，厉声呼曰："好！此即失人心第一法。"永亨慑，不能毕其词。太后默然。太常卿袁昶在槛外，高呼："臣袁昶有话上奏！"上谕之入，乃详言拳实乱民，万不可恃。就令有邪术，自古及今，断无仗此成事者。太后折之曰："法术不足恃，岂人心亦不足恃乎？今日中国积弱已极，所仗者人心耳。若并人心而失之，何以立国？"太后又曰："今京城扰乱，洋人有调兵之说，将何以处之？尔等有何见识，各摅所见，从速奏来！"群臣纷纷奏对，或言宜剿，或言宜抚，或言宜速止洋兵，或言宜调兵保护。遂面派侍郎那桐、许景澄出京，劝阻洋兵，一面安抚乱民，设法解散。遂麾群臣出。……

（第二次御前会议）二十一日未刻，复传急诏入见。申刻召对仪鸾殿。上先诘问总理事务衙门大臣、尚书徐用仪，用仪奏辩，语细不可闻，惟闻上厉声拍案曰："汝如此搪塞，便可了事耶？"太后遂宣谕："顷得洋人照会四条，一、指明一地，令中国皇帝居住；一、代收各省钱粮；一、代掌天下兵权。今日衅开自彼，国亡在目前。若竟拱手让之，我死无面目见列圣。等亡也，一战而亡，不犹愈乎？”群臣咸顿首曰：“臣等愿效死力！”有泣下者。惟既云照会有四条，而所述只得其三，退班后，询之荣相，其一勒令皇太后归政，太后讳言之也。其时载漪及侍郎溥良力主战，语尤激昂。太后复高声谕曰：“今日之事，诸大臣均闻之矣。我为江山社稷，不得已而宣战。顾事未可知，有如战之后，江山社稷仍不保，诸公今日皆在此，当知我苦心，勿归咎予一人，谓皇太后送祖宗三百年天下。”群臣复叩首曰：“臣等同心报国！”玉音一则曰诸大臣，再则曰诸公，群臣咸震动。于是命徐用仪、立山、联元往使馆，谕以利害，若必欲开衅者，可即下旗归国。立山以非总理衙门辞，上曰：“去岁各国使臣瞻仰颐和园，非汝为之接待乎？今日事亟，乃畏难乎？”太后怒曰：“汝敢往，固当往；不敢往，亦当往！”三臣先出，即谕荣禄以武卫军备战守，复谕曰：“徐用仪等深入险地，可派兵遥护之。”群臣既退，集瀛秀门外，以各国照会事质之译署诸公，皆相顾不知所自来。或疑北洋督臣裕禄实传之，亦无之。嗣乃知二十夜三鼓，江苏粮道罗某遣其子扣荣相门云：“有机密事告急！”既见，以四条进。荣相绕屋行，彷徨终夜，黎明遽进御。太后悲且愤，遂开战端。

在决定借助义和团灭洋前，慈禧曾派赵舒翘考察义和团内情。义和团“扶清灭洋”，朝廷采取的措施已趋于观望。义和团到达天津地区，五月七日，荣禄得谕旨：“近畿一带拳民，虽属良莠不齐，究系朝廷赤子，总宜设法弹压解散，不宜孟浪行事，率行派队剿办，激成变端。”这道谕旨，明怕“激成变端”，其中所含“朝廷赤子”一词，已暗示有用义和团之心。果然，五月九日、十日，就分别派赵舒翘、刚毅前往涿州、保定宣抚义和团。

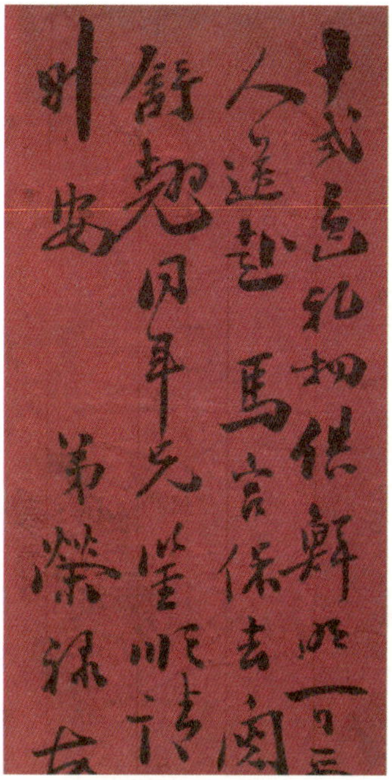

荣禄致赵舒翘函

赵舒翘（1847—1901），字展如，号琴舫，陕西长安（今西安）人。同治十三年（1874）进士，授刑部主事。光绪二十五年（1899），任总理各国事务衙门大臣，继任军机大臣，兼顺天府府尹。

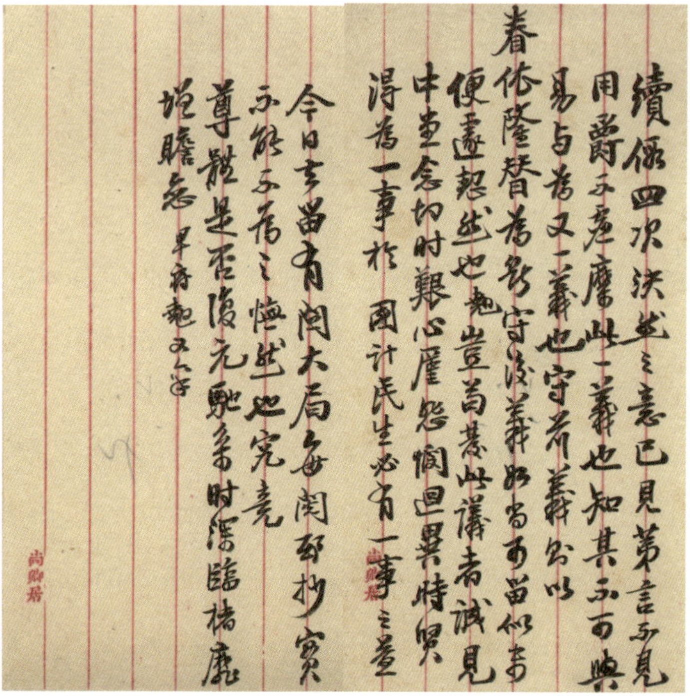

赵舒翘致阎敬铭函

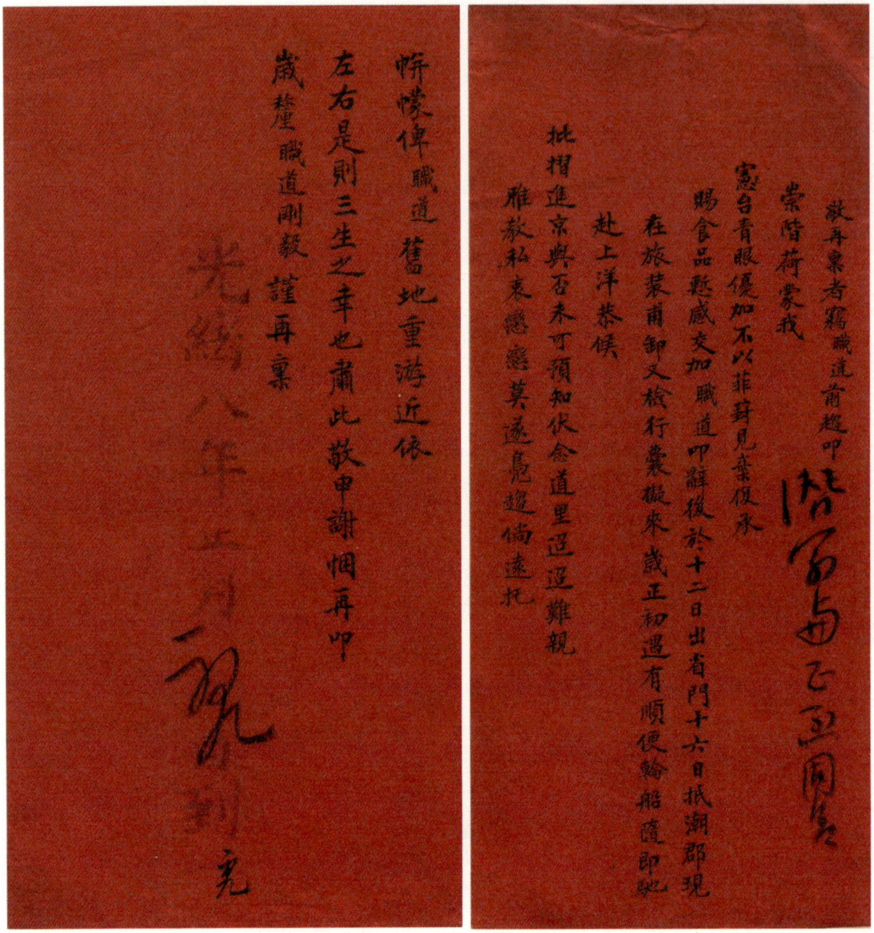
敬再稟者竊職道前趨叩
崇階荷蒙我
憲台青眼優加不以菲葑見棄復承
賜食品懸感交加職道叩辭後於十二日出省門十六日抵潮郡現
在旅裝甫卸又檢行囊擬來歲正初遇有順便輪船隨即馳
赴上洋恭候
批揩進京與否未可預知伏念道里迢迢難親
雅教私衷戀戀莫遂鳧趨倘遠抵
幈幪俾職道舊地重游近依
左右是則三生之幸也肅此敬申謝悃再叩
歲釐職道剛毅謹再稟

刚毅致张树声函

五月十一日，赵舒翘抵达涿州，会见义和团头目，义和团给他表演了各种神功。五月十二日，刚毅也到了涿州。刚毅一到，赵舒翘的生命进入了倒计时。

刚毅（1837—1900），字子良，满族镶黄旗人，笔帖式出身，凭平反杨乃武与小白菜案颇受嘉奖。甲午战争时，附和主战论，授军机大臣，补吏部侍郎。因力主废光绪，受慈禧宠信。其奉慈禧之命，出京刺探义和团虚实。赵舒翘本是直臣，刚名满天下，认为“拳匪不可恃”，不知为何，在涿州竟

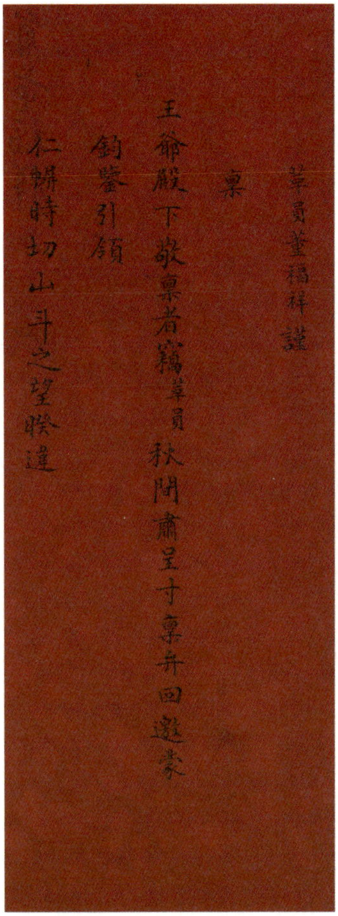

革員董福祥謹
稟
王爺殿下敬稟者竊革員秋間肅呈寸稟并回邀蒙
鈞鑒引領
仁輝時切山斗之望睽違

董福祥禀荣禄（王爷殿下）文

然受了刚毅的蛊惑。五月十三日，赵舒翘回京。此一回，整个中国也踏上了万劫不复之路。

赵舒翘汇报说，可将义和团“抚而用之，统以得帅，编入行伍”，以便“因势利导”，慈禧听从了赵舒翘的建议，并在载漪等人鼓动下，决定招抚义和团，同时，命董福祥率甘军入京。

董福祥一来，北京即将成为战场。

五月十四日，八国联军在西摩尔率领下，自天津抵达杨村。慈禧发布命令，以载漪为总理各国事务衙门大臣，这意味着，载漪将主导整个国家的对外政策。五月十五日，董福祥甘军在永定门杀死日本公使馆书记杉山彬，而八国联军抵达廊坊，和义和团杀在了一起。

此时，义和团在整个北京地区已经开始焚掠。

五月二十二日，慈禧召开第三次御前会议，同时，命载漪、徐桐、崇绮等会商军务。次日，召开第四次御前会议，宣布决战。据《崇陵传信录》：

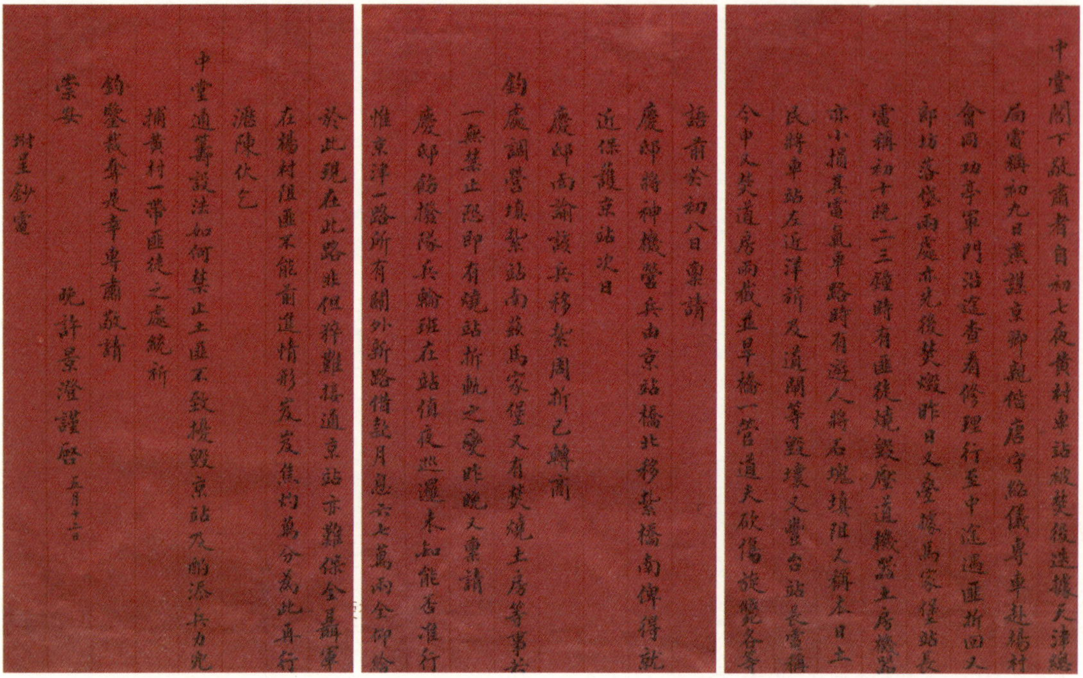

中堂閣下敬肅者自初七夜黃村車站被焚後迭據天津總
局電稱初九日燕謀京卿親偕唐守紹儀專車赴楊村
會同聶軍門沿途查看修理行至中途遇匪拆四五
郎坊落垡兩處亦先後焚燬昨日又查據馬家堡站長
電稱初十晚二三鐘時有匪徒燒燬廊道機器土房機器
亦小損其電氣車路時有遊人將石塊填阻又稱本日上
民將車站左近洋行及道閘等毀壞又豐台站長電稱
今中又焚道房兩截並旱橋一座道夫砍傷旋毆各等
語前於初八日稟請
慶邸將神機營兵由京站橋北移紮橋南俾得就
近保護京站次日
慶邸函諭該兵移紮周折已轉商
鈞處調營填紮站南茲馬家堡又有焚燒土房等事若
一無禁止恐即有燒站拆軌之變昨晚又稟請
慶邸飭撥隊兵輪班在站值夜巡邏未知能否准行
惟京津一路所有關外新路借款月息六七萬兩全仰給
於此現在此路非但難接通京站亦難保全聶軍
在楊村阻匪不能前進情形岌岌焦灼萬分為此再行
瀝陳伏乞
中堂通籌設法如何禁止土匪不致拆毀京站及酌添兵力兜
捕黃村一帶匪徒之處統祈
鈞鑒裁奪是幸專肅敬請
崇安
晚許景澄謹啓 五月十二
附呈鈔電

许景澄致荣禄（中堂）函

二十三日未刻，再召见于仪鸾殿，太后决定宣战，命许景澄等往告各国使臣，限二十四点内出京，派兵护行。上雅不愿轻开衅，搴景澄手曰：“更妥商量。”太后斥曰：“皇帝放手，毋误事！”侍郎联元谏曰：“法兰西为传教国，衅亦启自法。即战，只能仇法，断无结怨十一国之理。果若是，国危矣！”言且泣，额汗如珠。闻有与辩论者，即派载润等加意捍卫宫墙，备不虞。

二十五日，清廷向列强宣战。

为表决心，慈禧先诛杀了反战的五大臣许景澄、袁昶、立山、联元、徐用仪。

许景澄（1845—1900），字竹筠，浙江嘉兴人，同治时中进士，曾任驻法、德、奥、荷四国公使。光绪二十三年（1897），任总理各国事务衙门大臣兼礼部左侍郎。在第一次御前会议时，提出“攻杀使臣，中外皆无成案”，遂后和袁昶联名上《请速谋保护使馆，维护大局疏》。七月初四日，和袁昶被杀。

袁昶（1846—1900），字爽秋，号浙西村人，浙江桐庐人，光绪初年进士，官至太常寺卿。御前会议时，袁昶反战，许景澄、徐用仪、联元都支持其意见。五月二十二日，袁昶上《急救目前危局折》。清廷宣战后，袁昶奏称奸民不可纵，使臣不宜杀。随后又和许景澄写《请惩祸首以遏乱源而救危局》，未上，即被赵舒翘下狱。二人被处死的理由是：“太常卿袁昶、礼部侍郎许景澄，

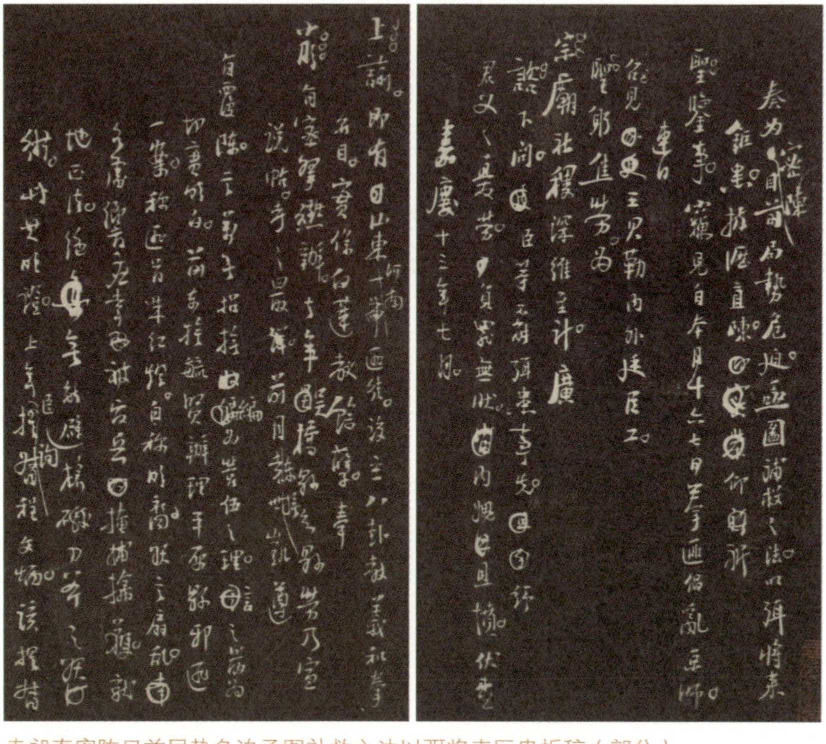

袁昶奏密陈目前局势危迫亟图补救之法以弭将来巨患折稿（部分）

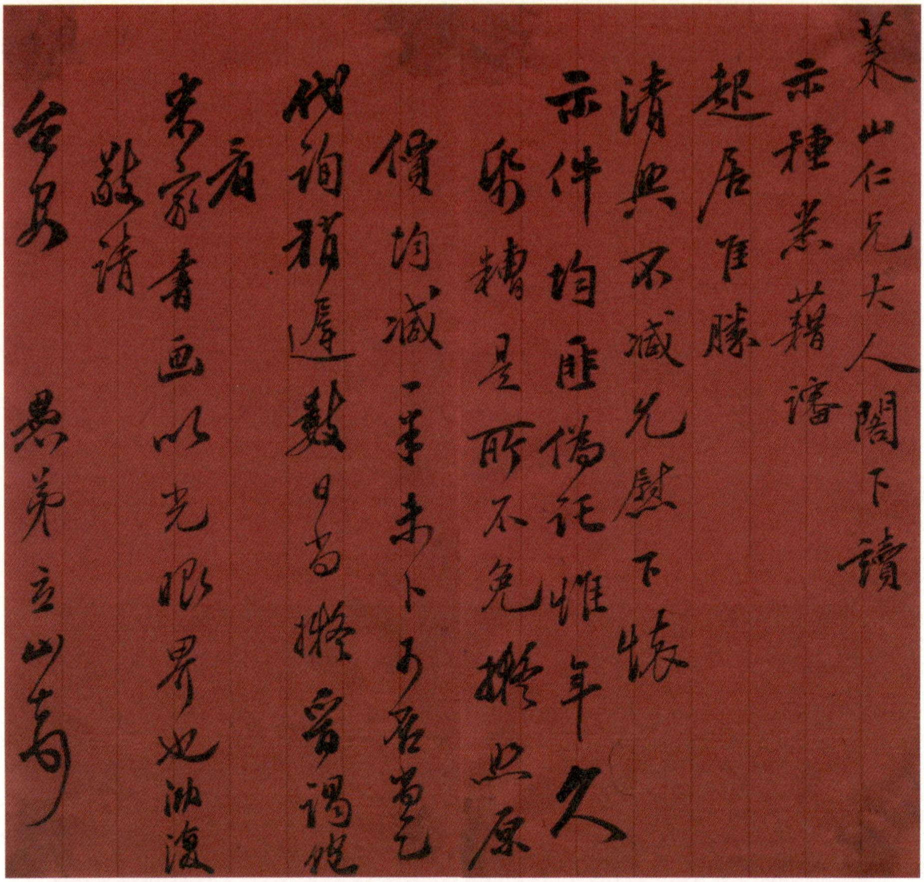

立山致孙毓汶（莱山）函

屡次被人参奏，声名恶劣。平日办理洋务，各存私心，每遇召见，任意妄奏，莠言乱政，且多语离间，有不忍言者，实属大不敬，若不严行惩办，何以整肃群僚，袁昶、许景澄均著即行正法，以昭炯戒。”

第二批被杀的是杨立山、联元、徐用仪。杨立山，字豫甫，笔帖式而至户部尚书职。本是慈禧红人，因御前会议说“臣主和”，被载漪视为眼中钉。徐用仪，字吉甫，号筱云，浙江海盐人，以举人升兵部尚书，因提倡议和，也被载漪视为肉中刺。许、袁被杀十余天后（七月十七日），三人被处死。

宣战后，列强增兵，朝廷诸战皆不利。七月九日，聂士成在天津首先阵亡，需要说明的是，聂虽死于洋人炮火，实被义和团出卖。七月十七日，担任巡阅长江水师大臣并请兵出战的李秉衡，因在杨村（今天津武清区）兵溃，退至通州服毒自杀。直隶总督裕禄因聂士成阵亡，和马玉昆溃往北仓，天津陷落，逃至杨村，裕禄服毒自杀。七月十八日，八国联军攻占通州。十九日，八国联军攻占北京东便门。二十日，八国联军进入北京。二十一日，慈禧带光绪西狩，临行前，太监崔玉贵不顾珍妃哭求，将其投入井中。

珍妃是瑾妃的妹妹，同为户部右侍郎长叙之女，满洲镶红旗人，本是光绪最心爱的妃子，据《国闻备乘》：“惟珍妃生性乖巧、讨人欢喜，工翰墨，善棋，日侍皇帝左右，与帝共食饮乐，德宗尤宠爱之。”姐妹二人同日嫁给光绪，但结局天壤之别。两宫还京，慈禧才将珍妃打捞出来，并名之“贞烈殉节”，以弥不是。直至瑾妃为太妃，才给自己的妹妹平反。

珍妃平反，还要感谢载沣，是他把崔玉贵溺亡珍妃事件昭告世人。

八国联军占领北京后，徐桐自杀。徐桐（1820—1900），字豫如，号荫轩，道光年间中进士。其人反对新学，厌恶洋人，被慈禧命为溥儁师傅。八国联军入京，自缢身亡。

据史料：

方太后议废帝，立端王载漪子溥儁为“大阿哥”，桐主之甚力，实皆豫师本谋也。既而桐被命照料，益亲载漪。各国不慊载漪等所为，漪恚甚，图报复。二十六年，义和拳起衅仇外，载漪大喜，导之入都。桐谓：“中国当自此强矣！”至且亲迓之。然及其乱时，仍被劫掠。袁昶、许景澄之死，举国称冤，而桐则曰：“是死且有余辜！”时其子承煜监刑，扬扬颇自得……已，联军入，桐仓皇失措，承煜请曰：“父庇拳匪，外人至，必不免，失大臣体。盍殉国？儿当从侍地下耳！”桐乃投缳死，年八十有二矣。而承煜遂亡走，为日军所拘，置之顺天府尹署，与启秀俱明年正月正法。

颇具讽刺意味的是，慈禧命与洋人和谈，除签署《辛丑条约》，列强开出的条件之一是，为许景澄等平反，惩治载漪等。不得已，慈禧命杀赵舒翘、毓贤等主战派，而载漪父子只短暂做了下皇帝梦，被发配新疆。

承示敝□忠米票二形藉便束□望

贊心弼段弟當静矣　有容堂

未期專領阮省守羅之黄五省往返之頓

时勝感幸統俟面陳此請

蓮舫二兄大人台安　弟徐桐拜

莊莊偺

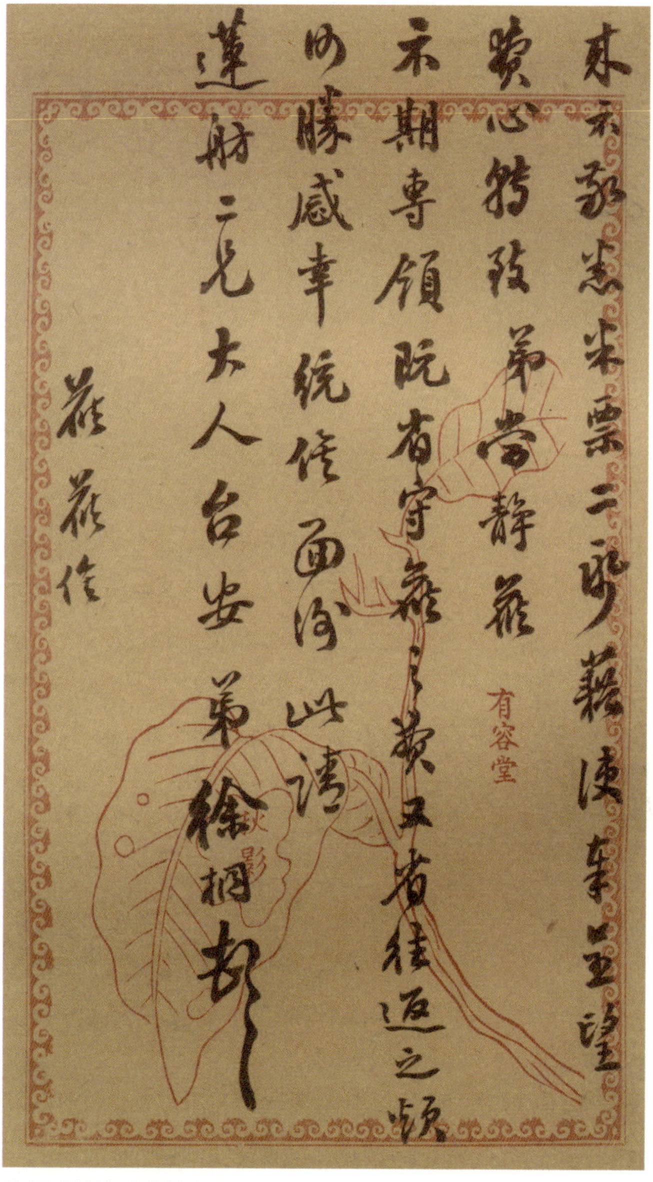

徐桐致桂清（莲舫）函

第十五章

庚子西狩

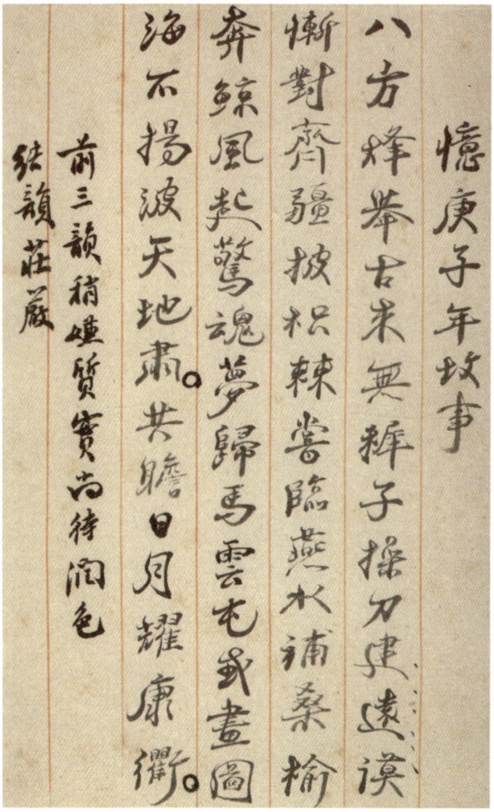

憶庚子年故事

八方烽舉古來無，穉子操刀建遠謨。
嶄對齊疆拔枳棘，嘗臨燕水補桑榆。
奔鯨風起驚魂夢，歸馬雲屯武畫圖。
海不揚波天地肅。共瞻日月耀康衢。

前三韻稍嫌質實尚待潤色
後韻莊嚴

袁世凯撰《忆庚子年故事》诗稿

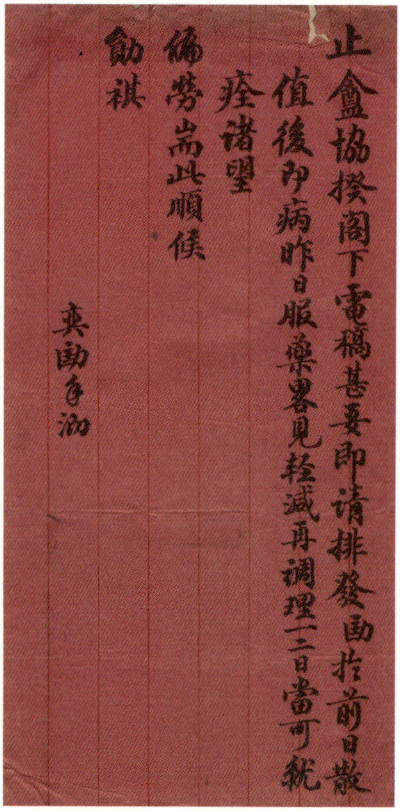

止盦協揆閣下：電稿甚妥，即請排發。劻於前日散值後即病，昨日服藥畧見輕減，再調理一二日當可就痊。諸望
偏勞。耑此順候
勛祺
奕劻手泐

奕劻致瞿鸿禨（止盦）函

光绪二十六年七月二十一日（1900 年 8 月 15 日），慈禧开始了第二次逃亡之路，作为一个泱泱大国的最高领导人，一辈子逃离首都两次的，也就这个女人了。和咸丰十年（1860）以“木兰秋狝”为名自圆明园仓皇逃亡热河一样，这次取道居庸关，经大同、太原逃亡西安之路也有一个美好的名字——庚子西狩。

二十五日，慈禧发布两道上谕，一道让军机大臣荣禄、大学士徐桐和户部尚书崇绮向洋人求和，一道让李鸿章自上海北上，和庆亲王奕劻主持议和。

但是，第一道上谕扑空了。荣禄跑到了保定，徐桐和崇绮自杀了。不过，荣禄并不是真正逃跑，而是担心八国联军追击慈禧，自己伪装成皇驾乘舆，奔保定，吸引注意力。

崇绮（1829—1900），字文山，阿鲁特氏，清代唯一一位旗人状元，大学士、军机大臣赛尚阿之子，郑亲王端华女婿，一妹一女均为同治后妃，和徐桐同为溥儁师傅。八国联军攻入北京，随荣禄跑到保定。崇绮之妻瓜尔佳氏在京，本欲让仆人活埋全家，仆人不敢应命，其子葆初点火，

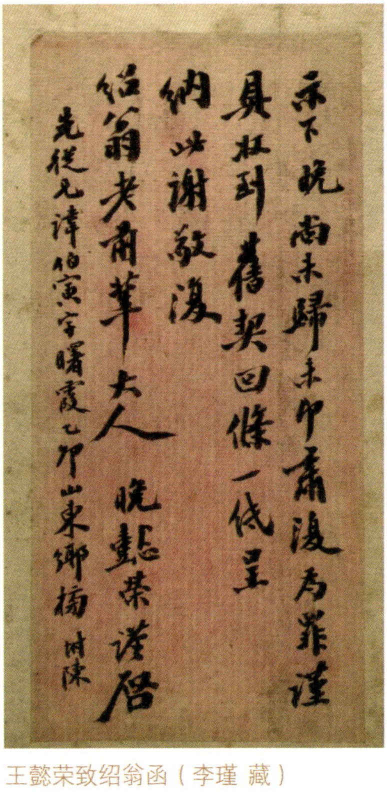

王懿荣致绍翁函（李瑾 藏）

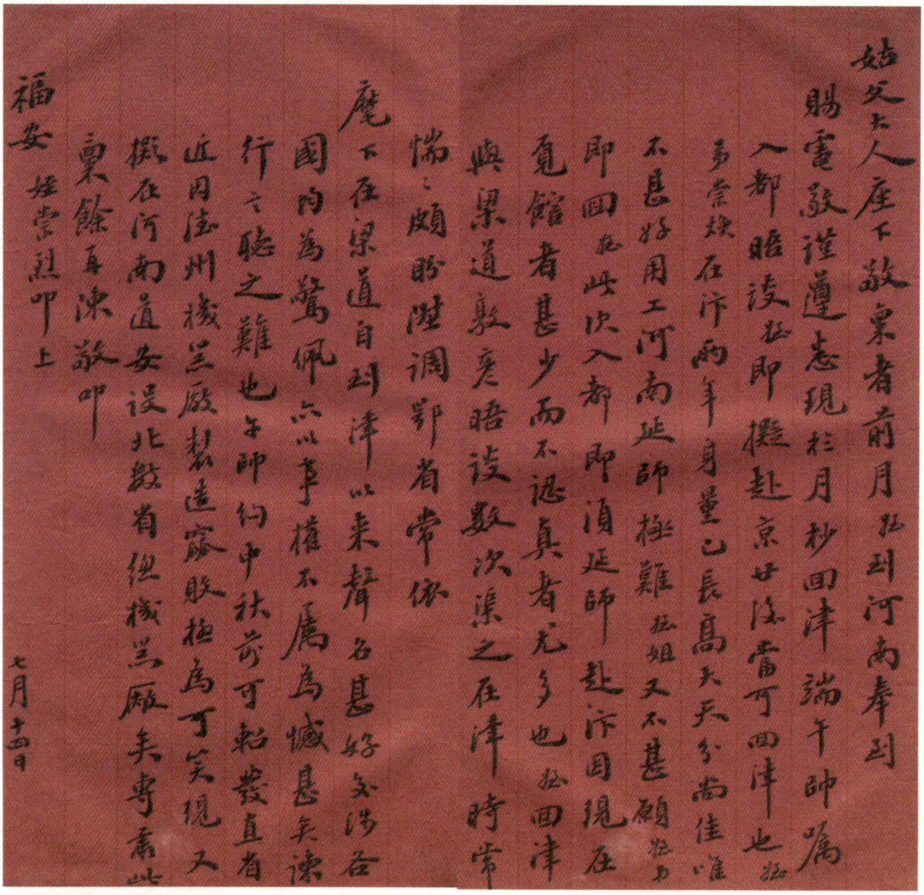
姑父大人座下敬稟者前月姪到河南奉到
賜電敬謹遵志現於月杪回津端午節隔
入都晤談姪即擬赴京無須當可回津也姪
多崇煥在汴兩年身量已長高大天分尚佳惟
不甚好用工河南延師極難姪姐又不甚願姪力
即回把此次入都即須延師赴汴同現在
覓館者甚少而不[illegible]真者尤多也姪回津
與渠道敘彥晤談數次渠之在津時常
惴惴頗盼陞調即省常依
麾下在渠道自到津以來聲名甚好[illegible]
國內為驚佩亦以事權不屬為憾甚矣諫
行之聽之難也午帥約中秋前可起程直省
近因法州機器廠甚遠[illegible]敗極為可笑現又
擬在河南道安設北數有個機器廠矣[illegible]
稟餘再陳敬叩
福安 姪崇烈叩上
七月十四日

王懿荣子王崇烈致张之洞函

全家自焚。崇绮闻讯，在莲池书院自缢，留遗言曰：“圣驾西幸，未敢即死，恢复无力，以身殉之。”

其时，以身殉国的，还有著名的甲骨文专家王懿荣。王懿荣（1845—1900），字正儒，山东福山人。光绪六年（1880）进士，授编修。八国联军入侵北京，王氏任京师团练大臣，城破，留遗言：“主忧臣辱，主辱臣死。于止知其所止，此为近之。”和继室谢夫人、儿媳张夫人（王崇烈之嫂），投井殉国。

二十七日，光绪发布《罪己诏》，全文如下：

本年夏间，拳匪构乱，开衅友邦，朕奉慈驾西巡，京师云扰，迭命庆亲王奕劻、大学士李鸿章作为全权大臣，便宜行事，与各国使臣止兵议款。昨据奕劻等电呈各国和议十二款大纲，业已照允，仍电饬该全权大臣，将详细节目，悉心酌核，量中华之物力，结与国之欢心。既有悔祸之机，宜颁自责之诏，朝廷一切委曲难言之苦衷，不得不为尔天下臣民明谕之。

此次拳教之祸，不知者咸疑国家纵庇匪徒，激成大变，殊不知五六月间屡诏剿拳保教，而乱民悍族迫人于无可如何，既苦禁谕之俱穷，复愤存亡之莫保。迨至七月二十一日之变，朕与皇太后誓欲同殉社稷，上卫九庙之灵。乃当哀痛昏瞀之际，经王大臣等数人，勉强扶掖而出，于枪林炮雨中，仓黄西狩。是慈躬惊险，宗社阽危，阛阓成墟，衣冠填壑，莫非拳匪所致，朝廷其尚护庇耶？

夫拳匪之乱，与信拳匪者之作乱，均非无因而起。各国在中国传教，由来已久，民教争讼，地方官时有所偏。畏事者袒教虐民，沽名者庇民伤教，官无持平办法，民教之怨，愈结愈深，拳匪乘机，浸成大衅。由平日办理不善，以致一朝骤发，不可遏抑，是则地方官之咎也。涞涿拳匪既焚堂毁路，急派直隶练军弹压。乃练军所至，漫无纪律，戕虐良民，而拳匪专持仇教之说，不扰乡里，以致百姓皆畏兵而爱匪，匪势由此大炽，匪党亦愈聚愈多，此则将领之咎也。该匪妖言煽乱愚民，王公大臣中，或少年任性，或迂谬无知，平时嫉外洋之强，而不知自量，惑于妖妄，诧为神奇。于是各邸习拳矣，各街市习拳矣。或资拳以粮，或赠拳以械，三数人倡之于上，千万人和之于下。

朕与皇太后方力持严拿首要解散胁从之议，特命刚毅前往谕禁，乃竟不能解散，而数万乱民，胆敢红巾露刃，充斥都城，焚掠教堂，围攻使馆。我皇太后垂帘训政，将及四十年，朕躬仰承慈诲，夙昔睦邻保教，何等怀柔，而况天下断无杀人放火之义民，国家岂有倚匪败盟之政体。当此之时，首祸诸人，叫嚣隳突，匪党纷扰，患在肘腋。朕奉慈圣，既有法不及众之忧，浸成尾大不掉之势，兴言及此，流涕何追？此则首祸王大臣之罪也。然当使馆被围之际，屡次谕令总理衙门大臣，前往禁止攻击，并至各馆会晤慰问。乃因枪炮互施，竟至无人敢往，纷纭扰攘，莫可究诘。设使火轰水灌，岂能一律保全，所以致竟成巨祸者，实由朝廷极力维持。是以酒果冰瓜，联翩致送，无非仰体慈怀，惟我与国应谅此衷。今兹议约，不侵我主权，不割我土地，念列邦之见谅，疾愚暴之无知，事后追思，惭愤交集。

惟各国既定和局，自不至强人所难，著奕劻、李鸿章，于细订约章时，婉商力辨，持以理而感以情。各大国信义为重，当视我力之所能集，以期其议之必可行，此该全权大臣所当竭忠尽知者也。当京师扰攘之时，曾谕令各疆臣，固守封圻，不令同时开衅。东南各省之所以相订约章极力保护者，悉由遵奉谕旨不欲失和之意。故列邦商务得以保全，而东南疆臣亦借以自固。惟各省平时无不以自强为辞，究之临事张皇，一无可恃，又不悉朝廷事处万难，但执一偏之词，责难君父。试思乘舆出走，风鹤惊心，昌平宣化间，朕侍皇太后，素衣将敝，豆粥难求，困苦饥寒，不如氓庶。不知为人臣者亦尝念及此忧辱之义否？总之，臣民有罪，罪在朕躬，朕为此言，并非追已往之愆尤，实欲儆将来之玩泄。

近二十年来，每有一次衅端，必申一番诰诫。卧薪尝胆，徒托空言；理财自强，几成习套。事过以后，徇情面如故，用私人如故，敷衍公事如故，欺饰朝廷如故。大小臣工清夜自思，即无拳匪之变，我中国能自强耶？夫无事且难支持，今又搏此奇变，益贫益弱，不待智者而知。尔诸臣受国厚恩，当于屯险之中，竭其忠贞之力。综核财赋，固宜亟偿洋款，仍当深恤民艰。保荐人才，不尚专取才华，而尚内观心术，其大要无过去私心、破积习两言。大臣不存私心，则用人必公；破除积习，则办事著实。惟公与实，乃理财治兵之根本，亦即天心国脉之转机。应即遵照初十日谕旨，妥速议奏，实力举行，此则中外各大臣所当国尔忘家正己率属者也。

朕蒙皇太后劬劳训养，垂三十年，一旦颠危至此。仰思宗庙之震惊，北望京师之残毁，士大夫之流离者数千家，兵民之死伤者数十万。自责不暇，何忍责人？所以谆谆诰谕者，则以振作之与因循，为兴衰所由判；切实之与敷衍，即强弱所由分。固邦交，保疆土，举贤才，开言路，已屡次剀切申谕。中外各大臣其各懔遵训诰，激发忠忱，深念殷忧启圣之言，勿忘尽瘁鞠躬之谊。朕与皇太后有厚望焉。

将此通谕知之。钦此。

因个别国家对李鸿章的身份有争议，李鸿章遂奏请添派庆亲王奕劻、直隶总督荣禄、两江总督刘坤一、湖广总督张之洞为全权议和大臣。

八月初，慈禧发布上谕，剿灭义和团，这意味着，义和团正式成为“非法组织”。慈禧在太原二十天，做了几件事，一是再次敦促李鸿章北上谈判；

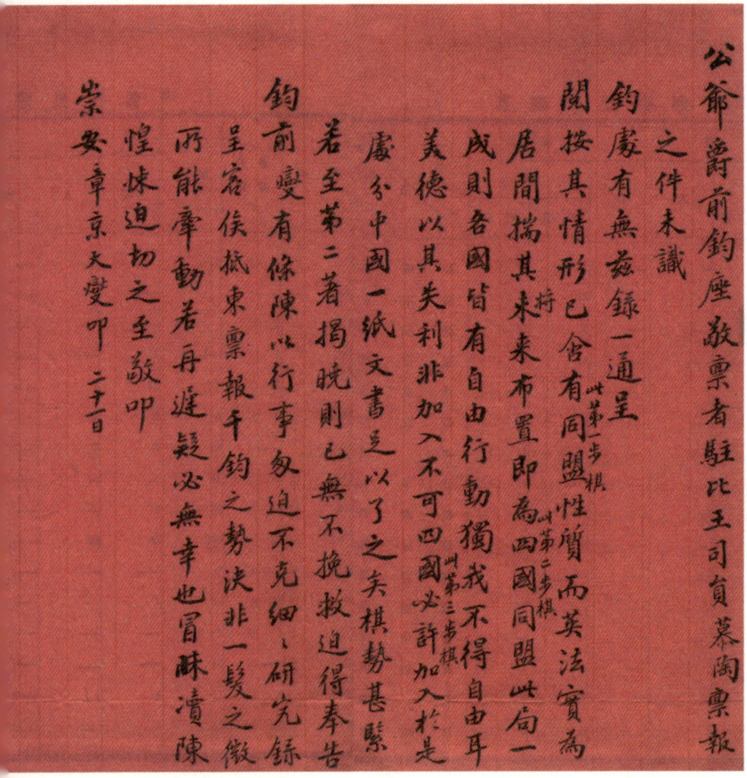
公爺爵前鈞座敬稟者駐比王司員慕陶稟報
之件未識
鈞處有無抄錄一通呈（此第一步棋）
閱按其情形已含有同盟性質而英法實為
居間揣其來持布置即為四國同盟此局一（此第二步棋）
成則各國皆有自由行動獨我不得自由耳
美德以其失利非加入不可四國必許加入於是（此第三步棋）
處分中國一紙文書足以了之矣棋勢甚緊
若至第二著揭曉則已無不挽救迫得奉告
鈞前變有條陳以行事急迫不克細細研究錄
呈容俟抵東稟報千鈞之勢決非一髮之微
所能牽動若再遲疑必無幸也冒昧瀆陳
惶悚迫切之至敬叩
崇安章京大燮叩 二十日

汪大燮致公爷函

二是再次强调剿灭义和团；三是应李鸿章等所请宣布惩处载漪一众主战者；四是将山西巡抚毓贤革职。期间，洋人提出条件，先答应惩治祸首，并且两宫回銮，再议和。慈禧不应，因其本人便是祸首。不久，因俄国有监理东北三省之传闻，加之李鸿章身体极度虚弱，几次病倒，洋人才决定放弃此二条件，开始谈判。

这里值得一提的是汪大燮。汪大燮（1860—1929），字伯唐，安徽黟县人，光绪十五年（1889）中举，援例为内阁中书，升侍读、户部郎中。辛丑谈判时，沙俄妄图染指山东，逼迫朝廷签订专约。汪大燮上书陈述专约危害，被采纳。

李鸿章等认为，惩治战犯，才能平复洋人之怒，故上折奏请：“欲求救急了事之法，惟有仰恳圣明立断，先将统帅拳匪之庄亲王载勋、协办大学士刚毅、右翼总兵英年，及庇拳纵匪之端郡王载漪、查办不实之刑部尚书赵舒翘等，先行分别革职撤差，听候惩办。明降谕旨，归罪于该王大臣等，以谢天下。”

不得已，慈禧在西安宣布撤军机大臣、端郡王载漪一切差使，议处军机大臣刚毅、赵舒翘。同时，任命北上勤王的前江苏巡抚鹿传霖入军机处学习行走。刘坤一、张之洞等奏请荣禄赴行在任职。由荣禄、王文韶、鹿传霖顶替载漪、刚毅、赵舒翘。

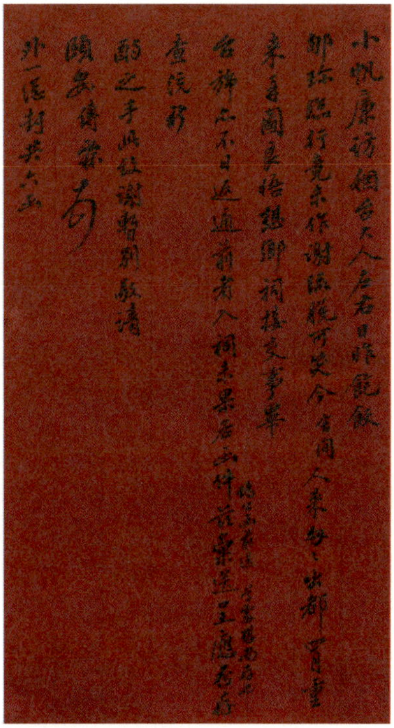

鹿传霖致张曾敭（小帆）函

鹿传霖（1836—1910），字润万，号迂叟。直隶（今河北）定兴人，同治元年（1862）进士。光绪二十一年（1895）任四川总督，因为得罪恭亲王奕訢去官。光绪二十四年（1898）戊戌政变后任广东巡抚，次年任江苏巡抚，兼署两江总督。八国联军攻占北京后，鹿传霖募兵三营赴山西随护两宫，授两广总督，旋升军机大臣。

谈判中，惩治战犯是第一位的。故《辛丑条约》第二款就涉及这一内容：惩办伤害诸国国家及人民之首祸诸臣。将西历本年二月十三、二十一等日即中历上年十二月二十五日、本年正月初三等日，先后降旨，所定罪名，开列于后（附件四、五、六）。端郡王载漪、辅国公载澜，均定斩监候罪名，又

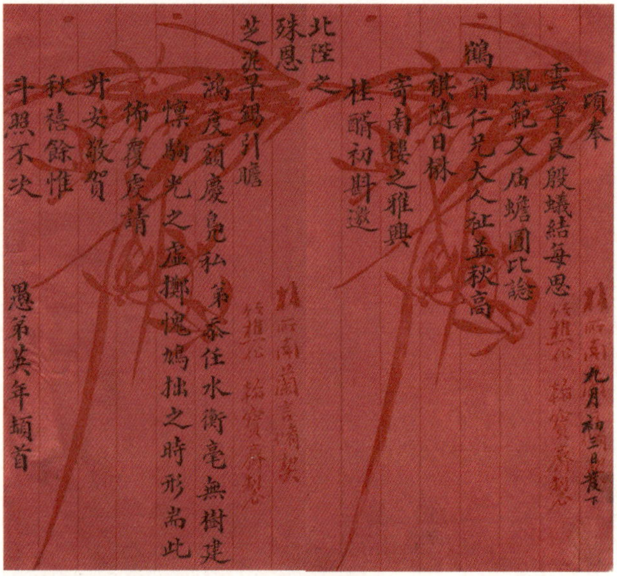

頌奉
雲章良殷蟻結每思
風範又屆蟾圓比諗
鶴翁仁兄大人祉益秋高
祺隨日楙
寄南樓之雅興
桂醑初斟遂
北陛之
殊恩
芝泥早錫引瞻
鴻度彌慶兔私弟忝任水衡毫無樹建
懷駒光之虛擲愧鳩拙之時形尚此
佈復虔請
升安敬賀
秋禧餘惟
丹照不次
愚弟英年頓首
九月初三日發下

英年致长顺（鹤翁仁兄大人）函

约定如皇上以为应加恩贷其一死，即发往新疆永远监禁，永不减免；庄亲王载勋、都察院左都御史英年、刑部尚书赵舒翘，均定为赐令自尽；山西巡抚毓贤、礼部尚书启秀、刑部左侍郎徐承煜，均定为即行正法；协办大学士吏部尚书刚毅、大学士徐桐、前四川总督李秉衡，均已身死，追夺原官，即行革职。又兵部尚书徐用仪、户部尚书立山、吏部左侍郎许景澄、内阁学士兼礼部侍郎衔联元、太常寺卿袁昶，因上年力驳殊悖诸国义法极恶之罪被害，于西历本年二月十三日即中历上年十二月二十五日奉上谕开复原官，以示昭雪（附件七）。庄亲王载勋已于西历本年二月二十一日即中历正月初三日，英年、赵舒翘已于二十四日即六日均自尽。毓贤已于廿二日即初四日、启秀和徐承煜已于廿六日即初八日均正法。又西历本年二月十三日即中历上年十二月廿五日上谕将甘肃提督董福祥革职，俟应得罪名，定谳惩办。西历本年四月廿九、六月初三、八月十九等日即中历三月十一、四月十七、七月初六等日先后降旨，将上年夏间凶惨案内所有承认获咎之各外省官员，分别惩办。

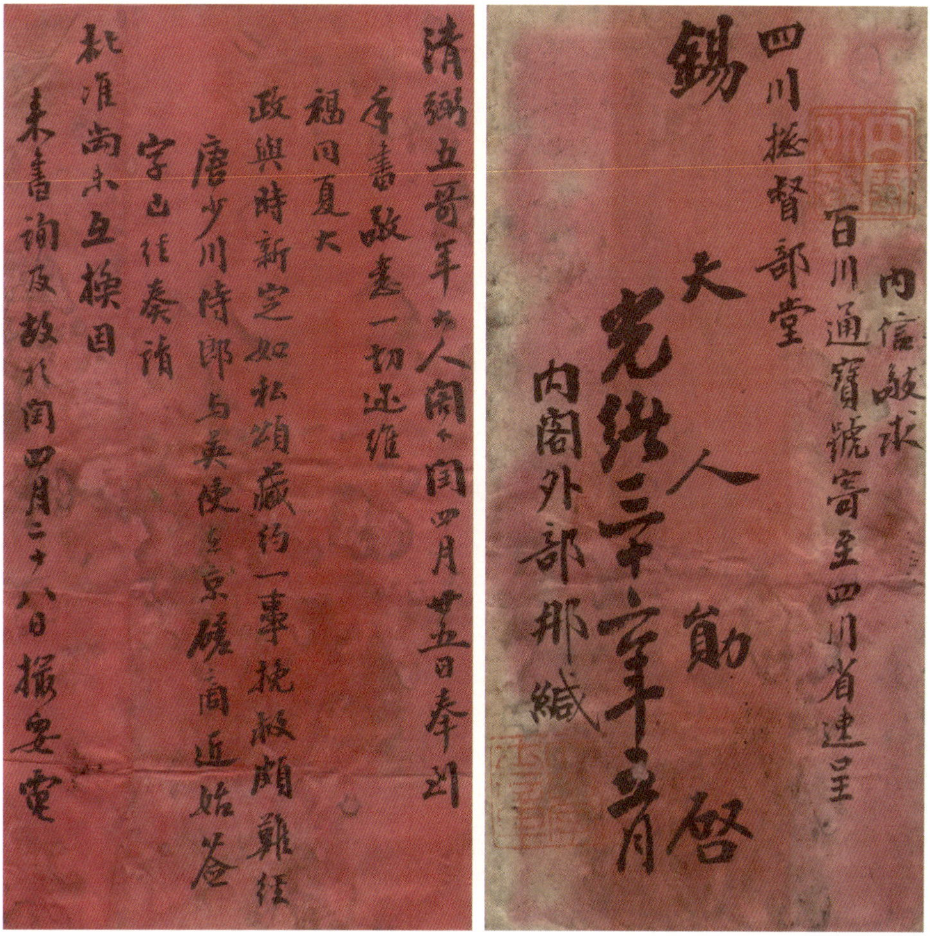

那桐致锡良函（局部）

光绪二十七年（1901）七月二十五日，奕劻、李鸿章代表清政府，与英、美、俄、法、德、意、日、奥、西、比、荷等十一国签订《辛丑条约》。八月二十四日，两宫启程回銮，十一月廿八日抵京。回京后，慈禧接见各国公使夫人，光绪接见外国公使，以示友好。

《辛丑条约》第三款规定，“因大日本国使馆书记生杉山彬被害，大清

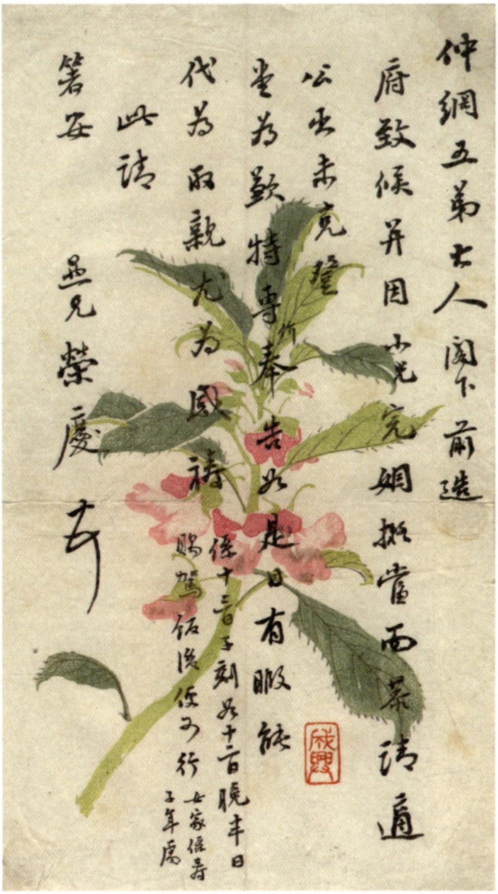

仲網五弟大人閣下 前送
府致候并因 小兒完姻擬嘗西茶請
公正未克趕
臺為歉特專奉告如是日有暇能
代為兩親尤為感禱
此請
箸安
愚兄榮慶頓首

荣庆致端绪（仲纲）函

国大皇帝从优荣之典，已于西历本年六月十八日即中历五月初三日降旨简派户部侍郎那桐为专使大臣，赴大日本国大皇帝前，代表大清国大皇帝及国家惋惜之意”。那桐（1856—1925），字琴轩，叶赫那拉氏，满洲镶黄旗人，八国联军入京，那桐充任留京办事大臣，随奕劻、李鸿章与联军议和。条约成，任专使到日本道歉。

条约签订后，由政务处提调荣庆办理相关事宜。荣庆（1859—1917），字华卿，号实夫，鄂卓尔氏，蒙古正黄旗人，庚子西狩，荣庆协助奕劻抚局。

历时一年四个月的“庚子西狩”划上了句号。

“庚子西狩”之名，得自吴永。吴永（1865—1936），字渔川，浙江吴兴人，知河北怀来县时，因尽心接待，又随驾西行，深受慈禧宠信。民国改元，

刘治襄闻吴永口述此经历，得《庚子西狩丛谈》。此处录一段，可观慈禧西逃之狼狈：

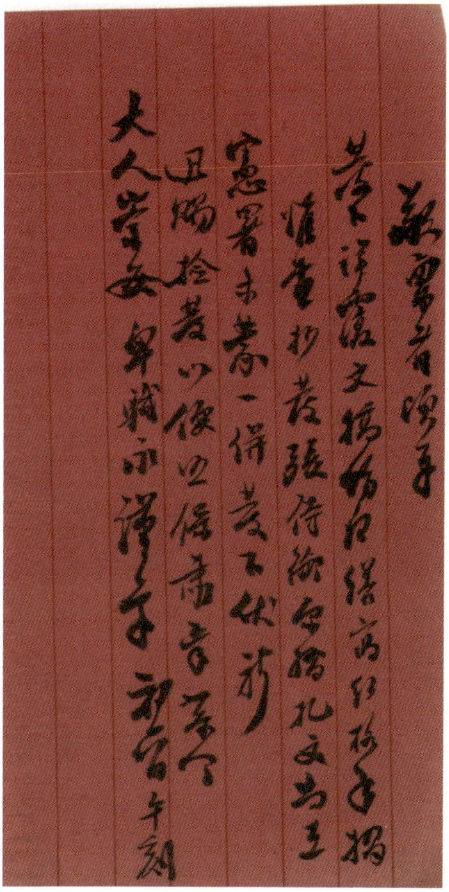

吴永禀文（李瑾 藏）

其室为两明一暗，正中设方案，左右列二椅，太后布衣椎髻，坐右椅上。予即跪报履历，并免冠叩头。太后先问姓名，予如问奏答。又问：“旗人汉人？”予奏言：“汉人。”问：“何省？”曰：“浙江。”又问：“尔名是何永字？”予仓卒更不记他语，因信口作答曰：“长乐永康之永。”曰：“哦，是水字加二点耶？”予应声称是。复问：“是何班次，何时到任？”予一一陈奏。曰：“到任几年？”曰：“三年矣。”问：“县城离此多远？”予答谓二十五里。曰：“一切供应有无预备？”予谨奏曰：“已敬谨预备，惟昨晚方始得信，实不及周至，无任惶恐。”曰：“好，有预备即得。”言至此，忽放声大哭，曰：“予与皇帝连日历行数百里，竟不见一百姓，官吏更绝迹无睹。今至尔怀来县，尔尚衣冠来此迎驾，可称我之忠臣。我不料大局坏到如此。我今见尔，犹不失地方官礼数，难道本朝江山尚获安全无恙耶？”声甚哀恻，予亦不觉随之痛哭。太后哭罢，复自诉沿途苦况，谓连日奔走，又不得饮食，即冷且饿。途中口渴，命太监取水，有井矣而无汲器，或井内浮有人头，不得已，采秫秸秆与皇帝共嚼，略得浆汁，即以解渴。“昨夜我与皇帝仅得一板凳，相与贴背共坐，仰望达旦。晓间寒气凛冽，森森入毛发，殊不可耐。尔试看我已完全成一乡姥姥，即皇帝亦甚辛苦。今至此已两日不得食，腹馁殊甚，此间曾否备有食物？”予曰：“本已谨备肴席，但为溃兵所掠；尚煮有小米绿豆粥三锅，预备随从尖点，亦为彼等掠食其二。今只余一锅，恐粗粝不敢上进。”曰：“有小米粥，甚好甚好，可速进。患难之中得此已足，宁复较量美恶？”忽曰：“尔当叩见皇帝。”因顾李监曰：“莲英，尔速引之见皇帝。”

时皇上方立于近左空椅之旁，身穿半旧元色细行湖绉绵袍，宽襟大袖，上无外褂，腰无束带，发长至逾寸，蓬首垢面，憔悴已极。予随依式跪叩，皇上无语，乃仍还跪太后前。复问数语，曰：“予今已累，尔亦可下去休息。”予却退出至西厢房，随将小米粥送入。内监复出索箸，仓卒竟不可得。幸随身佩带小刀牙筷，遂取箸拂拭呈进。顾余人不能遍及，太后命折秫秸使为之。俄闻内中争饮豆粥，唼喋有声，似得之甚甘者。少顷，李莲英出，就予语，词色甚和缓，翘拇指示予曰：“尔甚好，老佛爷甚欢喜，尔用心伺候，必有好处。”复谓：“老佛爷甚想食鸡卵，能否取办？”予曰：“此间已久无居人，安所得此？然姑且求之。”李曰：“好好，尔用心承应，能讨老佛爷喜欢，必不吃亏。”予乃出至市中，入一空肆，亲自寻觅，最后抽一橱屉，内竟有五卵，得之乃如拱璧。顾从人皆已四散照料。苦无法可熟，不得已，即于西厢自行吹火勺水，得一空釜煮之。继更觅得一粗碗，佐以食盐一撮，捧交内监呈进。俄而李监复出，曰：“老佛爷很受用，适所进五卵，竟食其三；余二枚，赏与万岁爷，诸人皆不得沾及。此好消息也。但适间老佛爷甚想水烟，尚能觅得纸吹否？”予思此又一枯窘题，忽忆及身边尚藏有粗纸数帖，勉强可用，乃就西厢上自行搓卷。辗转良久，止得完好纸吹五支，随以上供。不数分钟，太后已搴帘出廊下，手携水烟袋，自点自吸；已得饱食后，神态似觉稍闲整。顾予在右厢廊间，复令就近与语。予不得已即于院内泥泞中跪听。先絮絮问琐事，因言：“此行匆促，竟未携带衣服，颇感寒冷，能否设法预备？”予奏谓：“臣妻已故，奁具箱箧均存寄京寓，署中无女眷，惟臣母尚有遗衣数袭，现在任所，恐粗陋不足用。”曰：“能暖体即可。但皇帝衣亦单薄，格格们皆只随身一衣，能为多备几件尤佳。”予奏答：“臣回署当检点呈进。”曰：“尔可先回去料理，予与皇帝即将后行矣。”予奏：“臣候叩送圣驾即行。”太后曰：“我乘延庆州轿子，舆夫已疲劳，此处能换夫否？”予奏曰：“臣已预备齐楚。”太后曰：“延庆轿夫倒甚好，所换之夫，不知能否胜任如前？”曰：“皆系官夫，向来伺应往来差事，当不至于贻误。”李监从旁接语曰：“人家伺候大人们不知多少，岂有不会抬轿之理。”语毕，予即退出。太后顾诸左右曰：“吴永他是汉人，却甚知道礼数。”李监又搀言曰：“人家做官多少年，难道此区区礼数都不懂得，还配办事么？”

如果不是吴永，我们怎么会知道，一个堂堂的帝国最高领导人，居然到处找鸡蛋吃！

第十六章

东南互保

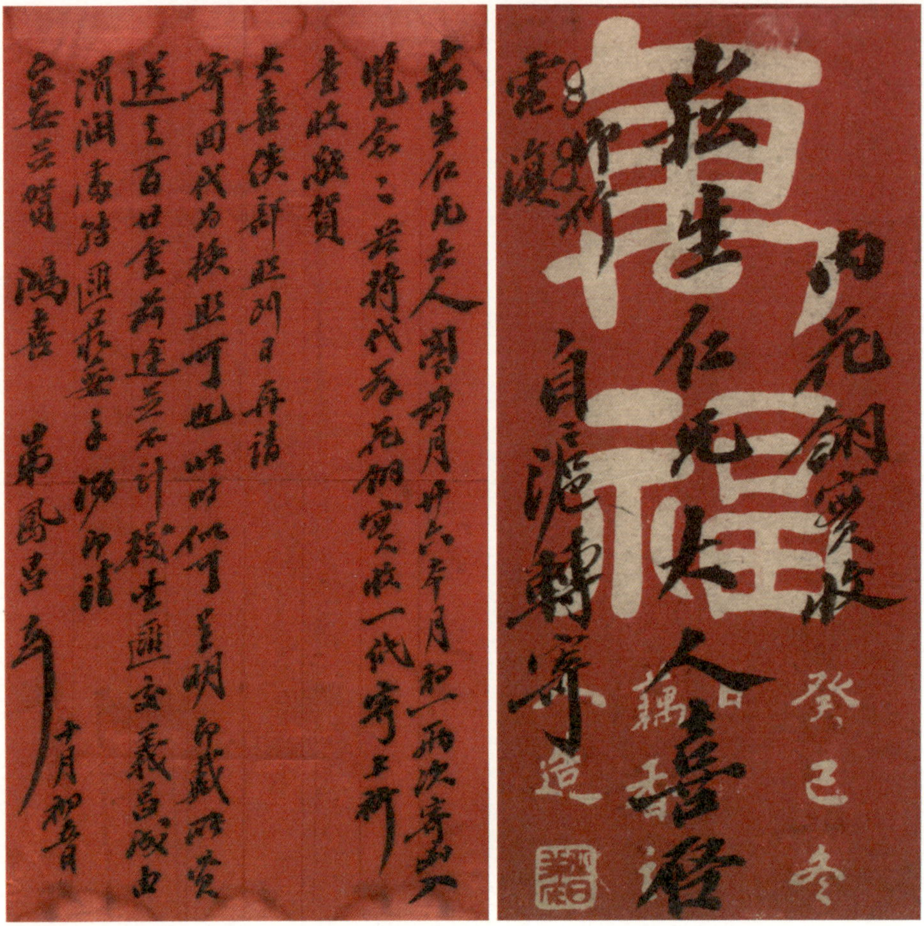

赵凤昌致梁敦彦（崧生）函

坊间传说，是赵凤昌“矫诏”制造了东南互保。赵凤昌（1856—1938），字竹君，常州武进人，一位传奇式人物。初受两广总督张之洞赏识而为文案，既而受邀随任湖广总督。其人足智多谋，素有“湖广总督张之洞，一品夫人赵凤昌”之说。“矫诏”虽系坊间流言，但在赵凤昌《庚子拳祸东南互保之纪实》中言之凿凿：

七月二十一夜，外兵陷京域，天甫明，两宫仓卒出幸，不知所之，大抵西行。全国惶惶，势将纷乱，予姑拟一电致鄂督曰：洋电两宫西幸，有旨饬各督抚力保疆土，援庚申例令庆邸（庆亲王奕劻——引者注）留京与各国会议云。意欲鄂得此电，可宣布文武官僚、地方士庶，借以安长江一带人心耳。讵鄂督（张之洞——引者注）复电，询电从何来，即确复。电本自拟，殊难置答，即持往来电文商之盛杏生，由彼照发同样之电与各督抚，以示其确有此电。杏生又拘忌，谓旨岂有捏造？予解说捏旨亡国则不可，捏旨救国则何碍？且既称洋电，即西人之电，吾辈得闻，即为传达而已。各督抚凭此电以安各省人心，为益匪细，否则两宫消息杳然，督抚即无地位，何以对人民？始允照发通电。俟其发出，予再复鄂督电云：盛亦得洋电，已通电各省，望即宣布，以安地方而免意外。其时七月二十二也。

鄂督系张之洞，杏生系盛宣怀。这段记载，只能说明赵凤昌促成了东南互保，但不能说明是其首倡。

同文中，赵凤昌还说：

其时各省无一建言者，予意欲与西摩商，各国兵舰勿入长江内地，在各省各埠之侨商教士，由各省督抚联合立约，负责保护。上海租界保护，外人任之，华界保护，华官任之；总以租界内无一华兵，租界外无一外兵，力杜冲突。虽各担责任，而仍互相保护，东南各省一律合订中外互保之约。梅生极许可，惟须有任枢纽之人，盛杏生地位最宜，谓即往言之，并云此公必须有外人先与言，更易取信。当约一美国人同去。旋杏生约予往晤，尚虑端、刚（端王载漪与刚毅——引者注）用事，已无中枢，今特与外人定此约，何以为继？予谓次层亦有办法，可由各省督抚派候补道员来沪，随沪道径与各国驻沪领事订约签字，公（盛宣怀——引者注）不过暂为枢纽，非负责之人，身已凌空，后来自免关系。即定议由其分电沿江海各督抚，最要在刘、张两督（两江总督刘坤一、湖广总督张之洞——引者注）。刘电去未复，予为约沈爱沧（沈瑜庆，字爱沧，沈葆桢子——引者注）赴宁，再为陈说。旋得各省复电派员来沪，盛即拟约八条，予为酌改，并加汉口租界及各口岸两条，共成十条，并迅定中外会议签约之日。其会议之所，即在新建会审公廨。

赵凤昌这一说辞，似乎坐实了自己首倡东南互保一事，但并不是所有的人都相信。李希圣《庚子国变记》记载说：“坤一、之洞之初得诏也，意犹豫，不知所为。李鸿章首倡不奉诏之议，坤一、之洞和之，遂遣沈瑜庆、陶森甲至上海，与各国领事议互保长江，各不相犯，立约而返。”《清史稿·刘坤一传》记载：“拳匪乱起，坤一偕李鸿章、张之洞创议，会东南疆吏与各国领事订约，互为保护，人心始定。”光绪二十六年六月六日《申报》云：

“武昌访事友来函，云自北省拳匪滋事，警报迭传，中外商民咸怀疑惧。湖广总督张香涛制军思患预防，电商两江总督刘岘庄制军，筹定保护长江之策。制军遂于某日电饬苏松太兵备道余晋珊观察与各国驻沪领事订立章程……东南半壁何幸而得此长城也。”

这些记载，分别将首倡之功记在李鸿章、张之洞、刘坤一身上。

不过，影响最大的说法莫过于盛宣怀说。《清史稿》：“二十六年，拳祸作，各国兵舰纷集江海各口。宣怀倡互保议，电粤、江、鄂、闽诸疆吏，获同意，遂与各领事订定办法九条，世所称东南保护约款是也。”事后两年，盛宣怀在奏折中说：“其时两江总督刘坤一、湖广总督张之洞与臣往返电商，并邀同驻沪各领事，倡成东南互保之约。中外协力，上下同心，坚持数月，幸得无事。”晚年，其回忆说：“生平但知埋头做事，功不铺张，过不辨白，吃亏在此。即如保护东南，非我策划，难免生灵涂炭。”

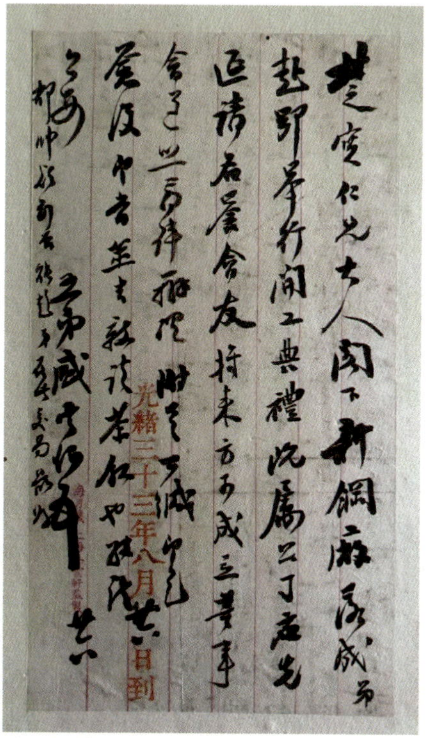

盛宣怀信札（庄剑锋 藏）

盛宣怀（1844—1916），字杏荪、杏生，号止叟，江苏武进人。盛宣怀乃开创一代新风之人物，尤以实业家和福利事业家闻名。义和团事起，盛宣怀任太常寺少卿、大理寺少卿。因谋划东南互保，加太子太保。但这种奖励，在赵凤昌口中，却有另外一番意思。

据《庚子拳祸东南互保之纪实》：

东南中外互保，事后酬庸，乃赫德与盛同旨加宫保衔，外臣向系另旨，又以汉臣列外臣之次，可知于互保，尚有意见。盛得此后，与予相见，即谓予君未获奖甚歉，予答以我本无此想也。

都在“争抢”首创权，证明兹事体大。

义和团运动风起云涌之际，刘坤一、张之洞、李秉衡等即电请剿匪，指出：“从来邪术不能御敌，乱民不能保国。”而朝廷受载漪和刚毅左右，以为可用，遂于五月二十五日，向十一国宣战：“朕今涕泣以告先庙，慷慨以誓师

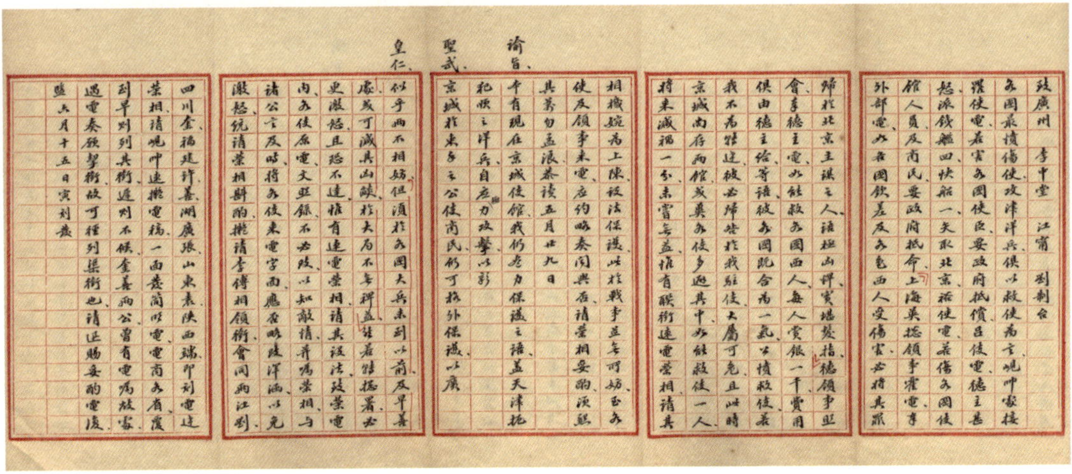
致廣州 李中堂 江甯 劉制台
各國最憤悔使，攻津洋兵，俱以救使為言。昨甲密接羅使電：若害各國使臣，要政府抵償；臣使電：德主甚怒，派鐵艦四、快船一，先取北京；旂使電：若傷各國使館人員及商民，要政府抵命；上海英總領事霍電，奉外部電：如各國欽差及各色西人受傷害，必將其罪歸於北京主謀之人，語極凶悍，實堪焦指。德領事并會李德主電：如能救各國西人，每人賞銀一千，費用俱由德主給等語。彼各國既合為一氣，以憤救使來我，不為誰近，彼必歸咎於我，駐使大局可危。且此時京城內存兩館，或英各使多避其中，如能救使一人，將來減禍一分，未嘗無益。擬有聯銜速電榮相，請其相機婉為上陳，設法保護，此於戰事並無可妨。至各使及領事來電，應約略奏聞與否，請榮相妥酌。須照其第[illegible]孟浪，恭讀五月廿九日
諭旨，中有現在京城使館，我仍應力保護之語，並天津拒犯順之洋兵，自應力攻擊，以彰
聖武，京城非來多之公使商民，仍可格外保護，以廣
皇仁，似乎兩不相妨。但須於各國大兵未到以前及早善處，或可減其凶焰，於大局不無裨益。若能稍[illegible]着，必更激怒，且恐不速。惟有速電榮相，請其設法致榮電內，各使原電文照錄，不必改，以知敵情，并鳴榮相與諸公言及時，將各使來電字面應否略改，洋涵以免激怒，統請榮相斟酌。擬請李傅相領銜，會同兩江劉、四川奎、福建許、善、湖廣張、山東袁、陝西端，即刻電達榮相，請晚中速擬電稿，一面發簡明電，電商各省，覆到早則列其銜，遲則不候。奎、善兩公曾有電，為彼客遇電奏願挈銜，故可徑列銜也。請[illegible]賜妥酌電復。
鹽 六月十五日寅刻發

张之洞致广州李中堂（李鸿章）江宁刘制台（刘坤一）商东南互保电

徒，与其苟且图存，贻羞万古，孰若大张挞伐，一决雌雄……苟其自外生成，临阵退缩，甘心从逆，竟作汉奸，朕即刻严诛，决无宽贷。尔普天臣庶，其各怀忠义之心，共泄神人之愤。朕实有厚望焉！钦此。”

对于宣战，疆臣持有异议。刘坤一、张之洞会衔电奏：“北事已决裂至此，东南各省若再遭蹂躏”，“全局瓦解，不可收拾矣”。李鸿章则直接怀疑诏书的真实性，“二十五诏粤断不奉，所谓矫诏也”。他这个说法和昔日幕僚盛宣怀如出一辙。盛氏曾致电李鸿章、刘坤一、张之洞：“初十以后，朝政

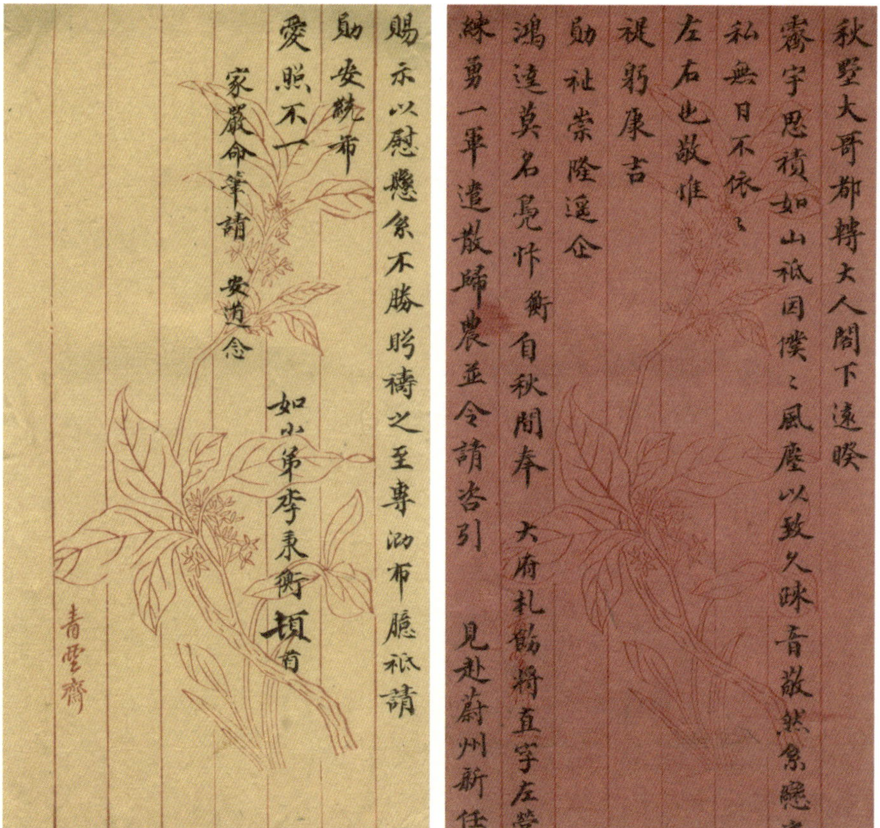
秋墅大哥都轉大人閣下遠睽
霽宇思積如山祇因僕僕風塵以致久疏音敬然系戀之
私無日不依依
左右也敬惟
褆躬康吉
勛祉崇隆逸企
鴻途莫名凫忭衡自秋間奉 大府札飭將直字左營
練勇一軍遣散歸農并令請咨引 見赴蔚州新任
賜示以慰懸系不勝盼禱之至專泐布臆祇請
勛安敬希
愛照不一
家嚴命筆請 安道念
如小弟李秉衡頓首
青墅齋

李秉衡致秋墅函（局部）

皆为拳党把持，文告恐有非两宫所出自者。”

疆臣中，李鸿章的态度最为激烈。李鸿章说：“此乱命也，粤不奉诏。”其幕僚刘学询甚至还致电孙文：“傅相（李鸿章——引者注）因北方拳乱，欲以粤省独立，思得足下为助，请速来粤协同进行。”

独立一事虽系子虚乌有，却也可以得见时人态度。

所谓东南互保，若今天来看，是疆臣为避免义和团运动南下，引来列强侵略，而实施的一种区域自治主义。最初，经赵凤昌、盛宣怀等牵头，上海道余联沅出面，与各国驻沪领事商定《东南互保约款》和《保护上海租界城厢内外章程》，规定上海租界归各国共同保护，长江及苏杭内地均归各省督抚保护。朝廷宣战后，两江总督刘坤一、湖广总督张之洞、两广总督李鸿章、闽浙总督许应骙、四川总督奎俊、山东巡抚袁世凯，等等，纷纷附和。

按盛宣怀《愚斋存稿》，《东南互保约款》共九条：

一、上海租界归各国共同保护，长江及苏杭内地均归各督抚保护，两不相扰，以保全中外商民人命产业为主。二、上海租界共同保护章程，已另立条款。三、长江及苏杭内地各国商民教士产业，均归南洋大臣刘、两湖总督张，允认切实保护，并移知各省督抚及严饬各该文武官员一体认真保证。现已出示禁止谣言，严拿匪徒。四、长江内地，中国兵力已足使地方安静，各口岸已

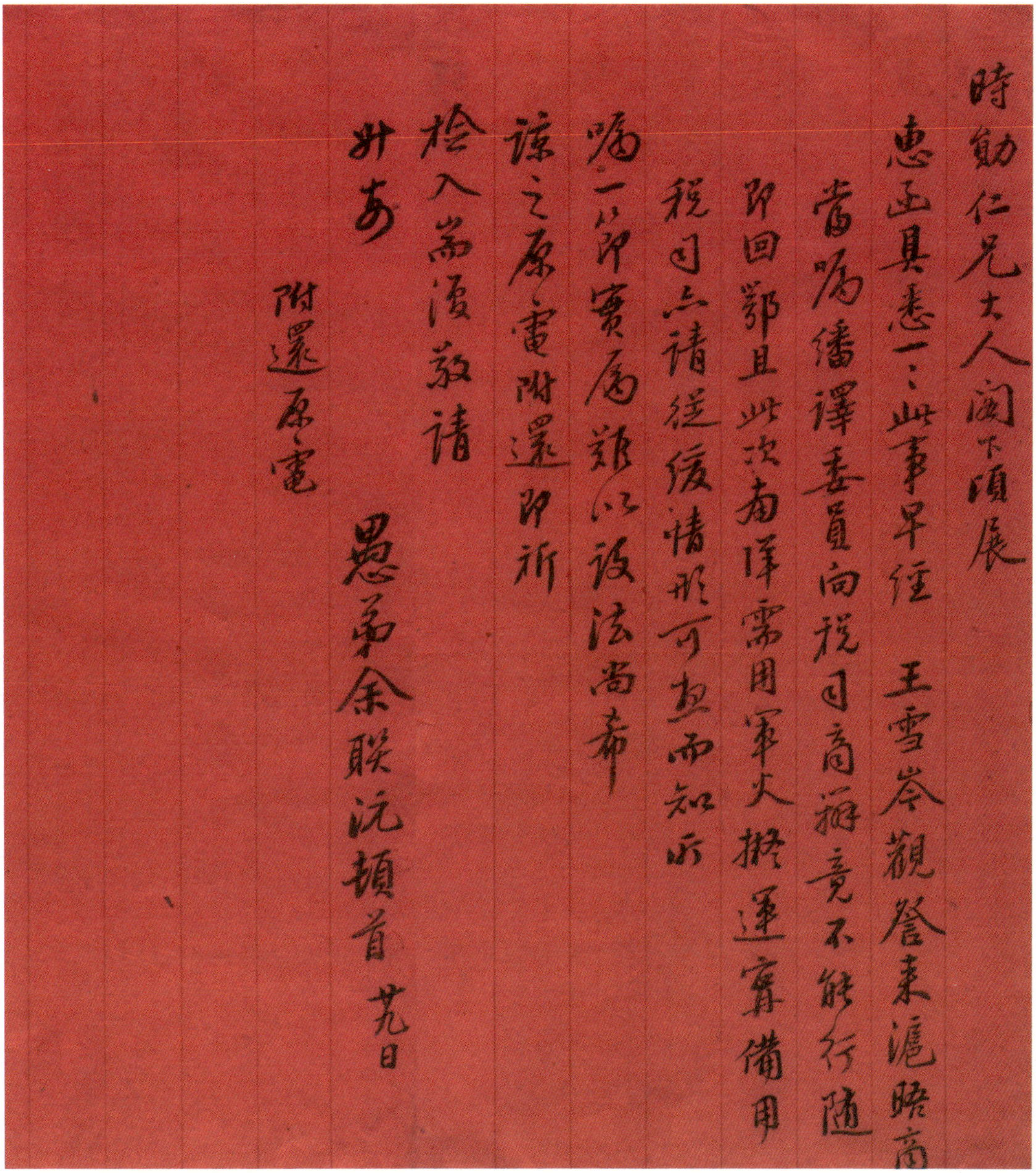

時勋仁兄大人閣下頃展
惠函具悉一一。此事早經　王雪岑觀察來滬時商
當囑儒譯委員向稅司商辦竟不能行隨
即回鄂且此次南洋需用軍火採運齊備用
稅司亦請從緩情形可想而知所
囑一節實屬難以設法尚希
諒之原電附還即祈
檢入爲荷敬請
升安
附還原電
愚弟余聯沅頓首　廿九日

余联沅致樊时勋函

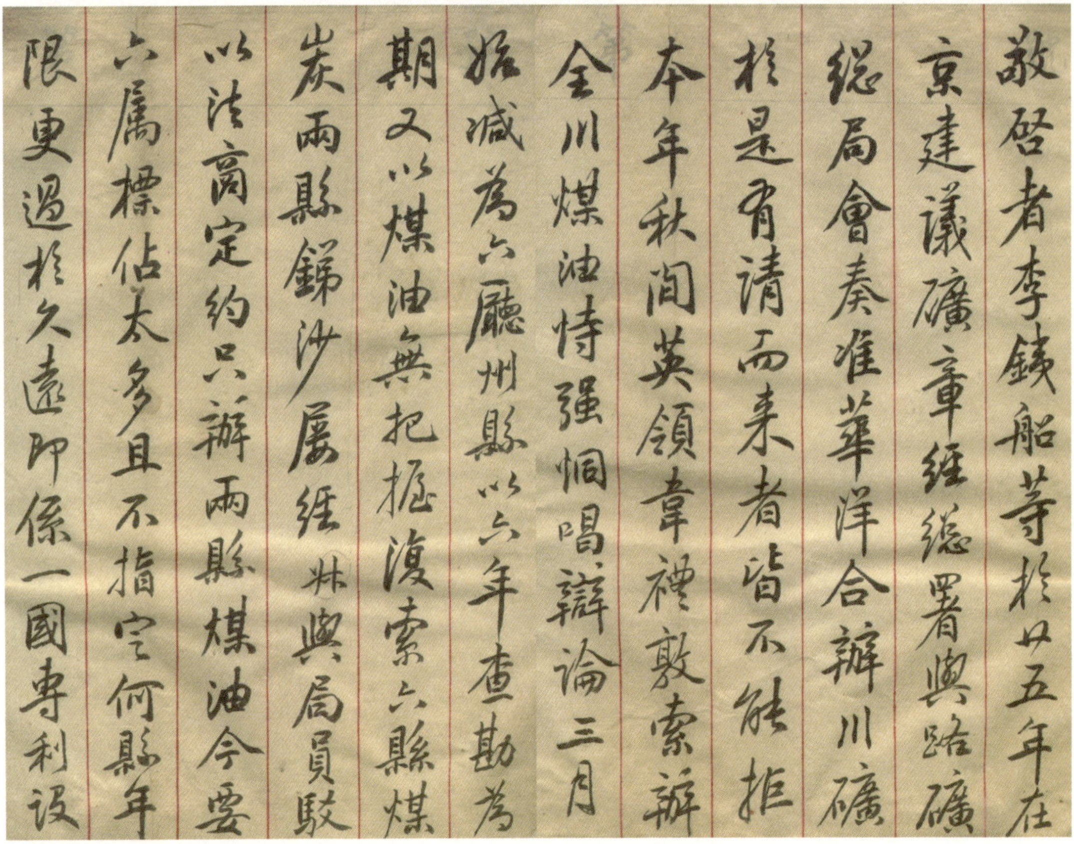
敬啓者李錢船等於廿五年在
京建議礦章經總署與路礦
總局會奏准華洋合辦川礦
於是有請而來者皆不能拒
本年秋間英領事禮敦索辦
全川煤油恃强恫喝辯論三月
始減為六廳州縣以六年查勘為
期又以煤油無把握復索六縣煤
炭兩縣鎢沙屢經卅與局員駁
以該商定約只辦兩縣煤油今要
六屬標佔太多且不指定何縣年
限更過於久遠即係一國專利設

奎俊致荣禄函（局部）

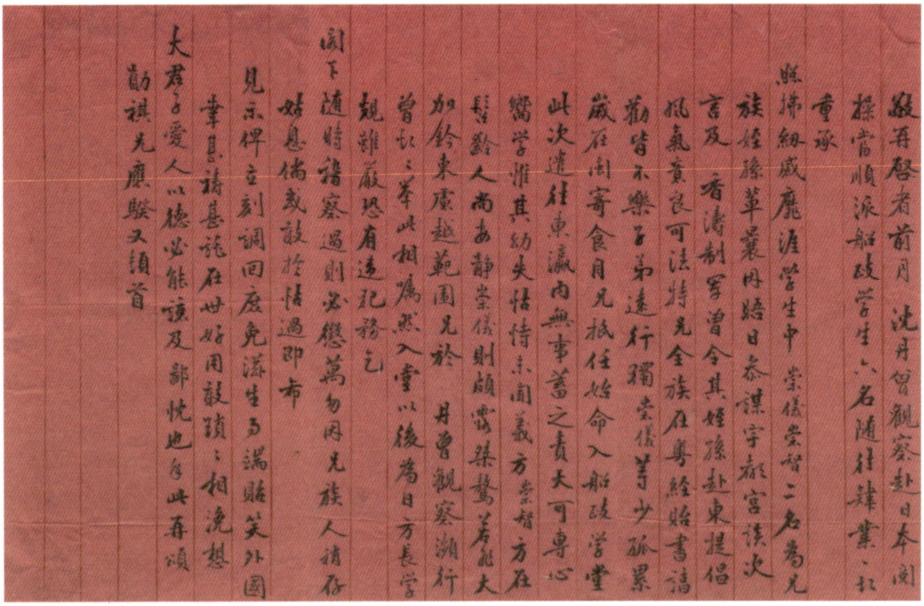

许应骙致李盛铎函

有外国兵轮者，仍照常停泊，惟须约束水手人等，不可登岸。五、各国以后如不待中国督抚商允，竟至多派兵轮驶入长江等处，以致百姓怀疑，借端启衅，毁坏洋商教士人命产业，事后中国不认赔偿。六、吴淞及长江各炮台，各国兵轮切不可近台停泊及紧对炮台之处，兵轮水手亦不可在炮台附近地方练操，彼此免致误犯。七、上海制造局、火药局一带，各国允兵轮勿往游弋驻泊及派洋兵巡捕前往，以期各不相扰。此局军火专为防剿长江内地土匪，保护中外商民之用，设有督抚提用，各国毋庸惊疑。八、内地如有各国洋教士及游历各洋人，遇偏僻未经设防地方，切勿冒险前往。九、凡租界内一切设法防护之事，均须安静办理，切勿张皇，以摇人心云。

据赵凤昌言，此章程由中外相关人员签署：

旋得各省复电派员来沪，盛即拟约八条，予为酌改，并加汉口租界及各口岸两条，共成十条，并迅定中外会议签约之日。其会议之所，即在新建会审公廨。盛既不在签约之列，对外即不便发言，又虑沪道余联沅向拙于应对，即为定中外会议座次，外人以领袖领事在前，以次各领事，中则以沪道在前，盛以太常寺卿为绅士居次，与余道坐近，再次各省派来道员。先与余约，倘领事有问，难于置答者，即自与盛商后再答之，庶有转圜之地。议时领袖系美国古纳总领事，果因五月二十五日上谕，饬全国与外人启衅，开口即云："今日各督抚派员与各国订互保之约，倘贵国大皇帝又有旨来杀洋人，遵办否？"此语颇难答，遵办则此约不须订；不遵办，即系逆命，逆命即无外交，焉能订约？余道即转向盛踟躇，盛告余，即答以今日订约，系"奏明办理"。此四字本公牍恒言，古领向亦解之，意谓已荷俞允，即诺诺而两方签约散会。盛回来深服予之先见，预与余道有约，幸渡危境，予亦极称其迅答四字之圆妙。自此互保签约后，西摩及各外舰停止入江，内地免生外衅，不致全国糜烂，难乎收拾，亦云幸矣。予即每日到盛宝源祥宅中，渠定一室为办事处，此室只五人准入，盛及何梅生、顾缉庭、杨彝卿与予五人，负责接收京津各省电报消息，有关系者，勿稍泄漏，共筹应付，此即创议东南互保成立之事实也。余有可记者，亦分条书之。

但据戴海斌研究，此次会面，属外交报告性质。余联沅在会上表示："目前南北消息断绝，朝廷意旨未明，刘、张总督不论北方情势如何，力任保护长江一带外人生命财产，为防止中外间相互误会，特派我等与各国领事会议，协商保护章程。如此章程获各国政府同意后，由各领事调印生效，两总督在任之期，不论朝旨如何变化，必恪守章程，极力维护地方和平之局。”戴海斌的说法是，对于章程条文，各领事的态度则有相当大的保留，多数意见认为条款设置于己不利，不愿接受这样一个带有“自我约束”性质的协议。虽不存在签约说，但无论如何，至少在理念上和列强达成了东南互保的共识。

在关注东南互保问题上，不能忽视一个人的作用——荣禄。某种意义上，荣禄也是义和团运动特别是朝廷政争的“受害者”。其时，荣禄位居中枢，任直隶总督、北洋大臣，掌管军队，负责京师安危。朝廷宣战前，盛宣怀就致电称：“中堂位兼将相，处此危急存亡之秋，若犹存明哲保身之意，隐忍不言，或言之不切，恐不旋踵而奇祸临矣。”盛氏说法，并非空穴来风。其时，拳民声称，要杀“一龙二虎”，龙为光绪，二虎为荣禄、李鸿章。

载漪能否顺利当上太上皇，荣禄、李鸿章等疆臣的支持是关键。载漪内心就是想借助义和团，除去各种绊脚石。资料显示，荣禄亲信、武卫中军营务处副都统庆恒也难保自身：“将该都统掳去，系以巨练，曳诸通衢，道路之人，无不惊骇。继乃拥至庄亲王载勋府内，凌辱百端，旋即致死。而该副都统之母及妻女等六口，向居德胜门外白盐庄地方，已先为该匪所杀，断胫析脰，阖室陈尸，无敢过问者。”

这种情况下，荣禄与李、张、刘、袁等互通音信，他的暗中支持，是东南互保得以实现的关键。东南互保两年后，即光绪二十八年（1902），易顺鼎致函荣禄，仍旧对其功绩称赞不已：

嗟夫！以吾师之伟烈精忠，而尚不免于群疑众谤。非两宫圣哲，孰能知其甘苦，为之表明？周公金縢之誓，乐羊中山之书，无以逾此。受业恭读之余，盖不禁喜跃而继之以感泣也。自康、梁余党散布海内，数年以来，天下几无真是非。即如此次拳匪之乱，斡旋补救，皆全仗吾师一人。而上海报馆犹复肆口诋祺，盖康党欲借此以图报复，汉奸欲借此以媚外人耳。试问使馆之保护，谁保护之？非吾师设法缓攻，不用大炮，而又暗中接济，则使馆何能瓦全也。试问东南大局之保全，谁保全之？虽刘、张两帅保全之，而非有吾师之密电、密信不能也。试问中原一带之保障，谁保障之？虽袁帅保障之，而袁帅固吾师之及门高足，亲传衣钵者也。试问俄约之力阻，谁力阻之？虽刘、张两帅力阻之，而非吾师之赞助主持不能也。

客观而言，东南互保虽保护半壁江山免于涂炭，但事后对朝廷权力集中是致命的。自此，各省对中央的拥护只是名义上的，间接上则成为辛亥革命各省独立自治的肇始。

廉翁五兄親家大人閣下：昨奉

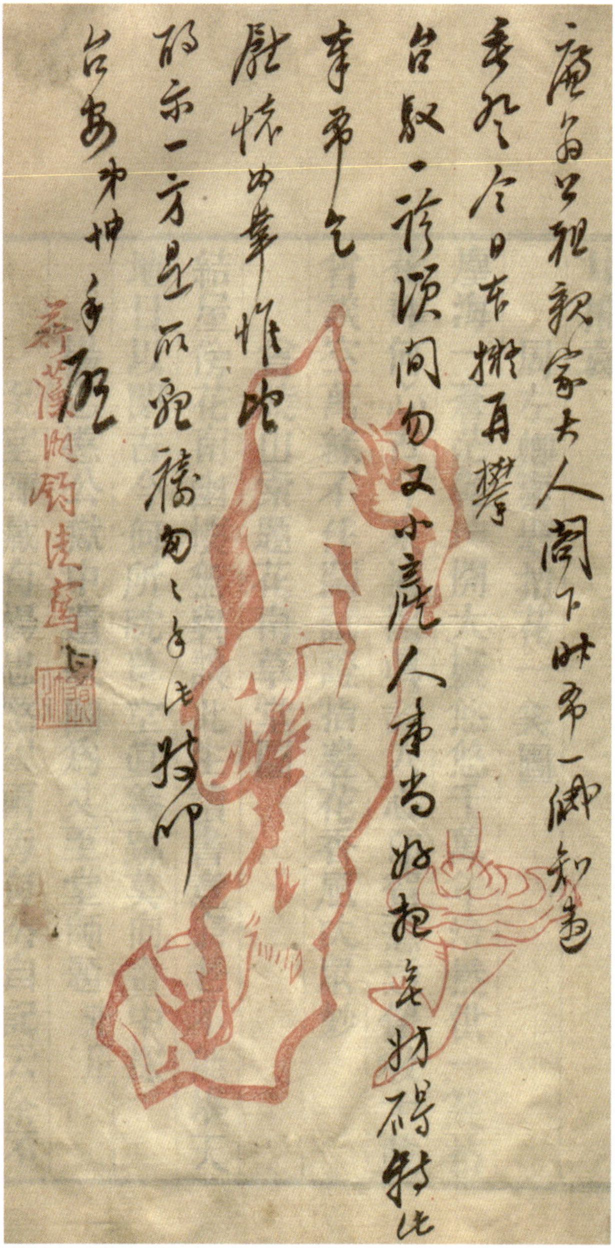

刘坤一致何栻（廉翁）函

第十七章

出洋风波

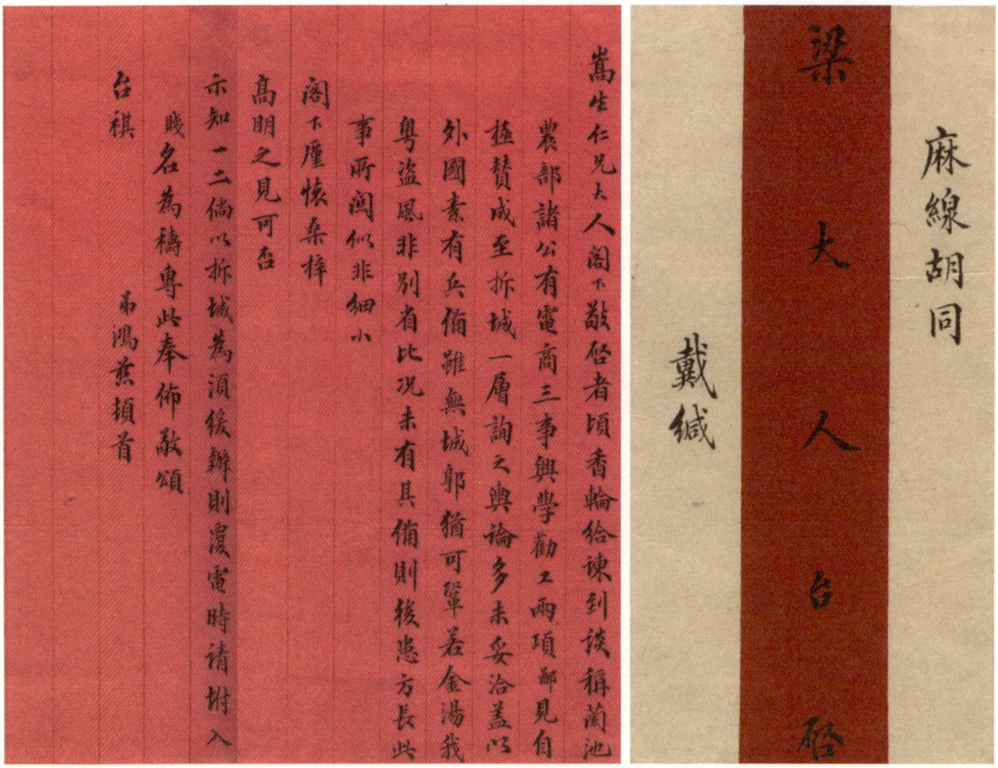

嵩生仁兄大人閣下敬啓者頃香輪給諫到談稱蘭池
農部諸公有電商三事興學勸工兩項鄙見自
極贊成至拆城一層詢之輿論多未妥洽蓋以
外國素有兵備雖無城郭猶可鞏若金湯我
粵盜風非別省比況未有其備則後患方長此
事所關似非細小
閣下廑懷桑梓
高明之見可否
示知一二倘以拆城為須緩辦則覆電時請附入
賤名為禱專此奉佈敬頌
台祺　弟鴻慈頓首

麻線胡同
梁大人台啓
戴緘

戴鸿慈致梁敦彦（嵩生）函

光绪三十一年八月廿六日（1905年9月24日），一声爆炸，让国人为之一惊。据当事人戴鸿慈日记记载：

辰初拜祖，亲友踵宅送行甚众。十时，肩舆至正阳门车站，冠盖纷纭，设席少叙。十一时，相约登车。泽公先行，余踵至。两花车相连，泽、徐、绍三大臣在前车，余与午桥中丞在后车。午帅稍后来，坐未定，方与送行者作别，忽闻轰炸之声发于前车。人声喧扰，不知所为。仆人仓皇请余等下车，始知有人发炸弹于泽公车上。旋面泽公，眉际破损，余有小伤。绍大臣受伤五处，较重，幸非要害。徐大臣亦略受火灼，均幸安全。

此事甫发，除了极少数革命党，中外舆论一致谴责，认为此次考察，事关立宪，“当此更宜考求各国政治，实行变法立宪，不可为之阻止”，复旦、南洋等几十所学校都致电慰问。

事后根据照片查明，这次爆炸是一个叫吴樾的革命党人制造的——自此以后，刺杀成为对付政敌的一个常用手段。资料显示，日后思想界风云人物蔡元培，就是进士中唯一的刺客，其时，已加入暗杀组织，企图谋刺慈禧。

关于出洋考察直接起因，侯宜杰认为，“策动地方和中央权要赞成立宪，派遣大臣出国考察政治，主角为江浙的立宪派人士”；而沙培德则指出：“许多官员曾经详细阅读过梁的著作，很明显，梁启超与具有领军地位的改革派官员端方有密切的接触，这并不令人吃惊……梁启超数量众多的著作不仅仅代表着其本人独一无二的地位，更代表了初露端倪的精英意识……1900至1905年间，梁启超致力于建设中国为宪政帝国的努力，1905至1906年，清政府基本上接受了他的主张。”

不过，出洋考察，莫若说是一种社会合力的结果。庚子之变后，承继戊戌余风，实施变法，更改制度，已成共识。变法的一个重要举措就是出洋考察，学习西方，采纳先进。光绪二十七年（1901），张之洞、刘坤一曾上《江楚会奏变法三折》，提请派王公大臣出洋，“亲贵归国，所任皆重要职事，所识皆在朝之达官，故其传述启发，尤为得力”。其后，派人跨出国门渐成涓流。而将中国打得落花流水的近邻日本，则是考察尤其是留学的首选。特别是日俄战争后，日本更成为一时之样板，朝野舆论汹汹，纷纷要求仿效日本及欧美政治，实行君主立宪。朝廷发布圣旨，决定先考察，再议论：“方今时局艰难，百端待理。朝廷屡下明诏，力图变法，锐意振兴。数年以来，规模虽具，而实效未彰。总因承办人员，向无讲求，未能洞悉原委。似此因循敷衍，何由起衰弱而救颠危。兹特简派载泽、戴鸿慈、徐世昌、端方等随带人员，分赴东西洋各国，考求一切政治，以期择善而从。”

随后，朝廷选派载泽、戴鸿慈、徐世昌、端方带随行人员出洋，领队者，满汉各二，不久，又增加了商部右丞绍英。载泽（1868—1929），字荫坪，满洲正黄旗人，康熙六世孙，光绪三年（1877）袭封辅国公，光绪二十年（1894）晋镇国公。戴鸿慈（1853—1910），字光孺，号少怀，广东南海人，光绪二年（1876）进士，时任户部右侍郎，以后，戴鸿慈成为中国

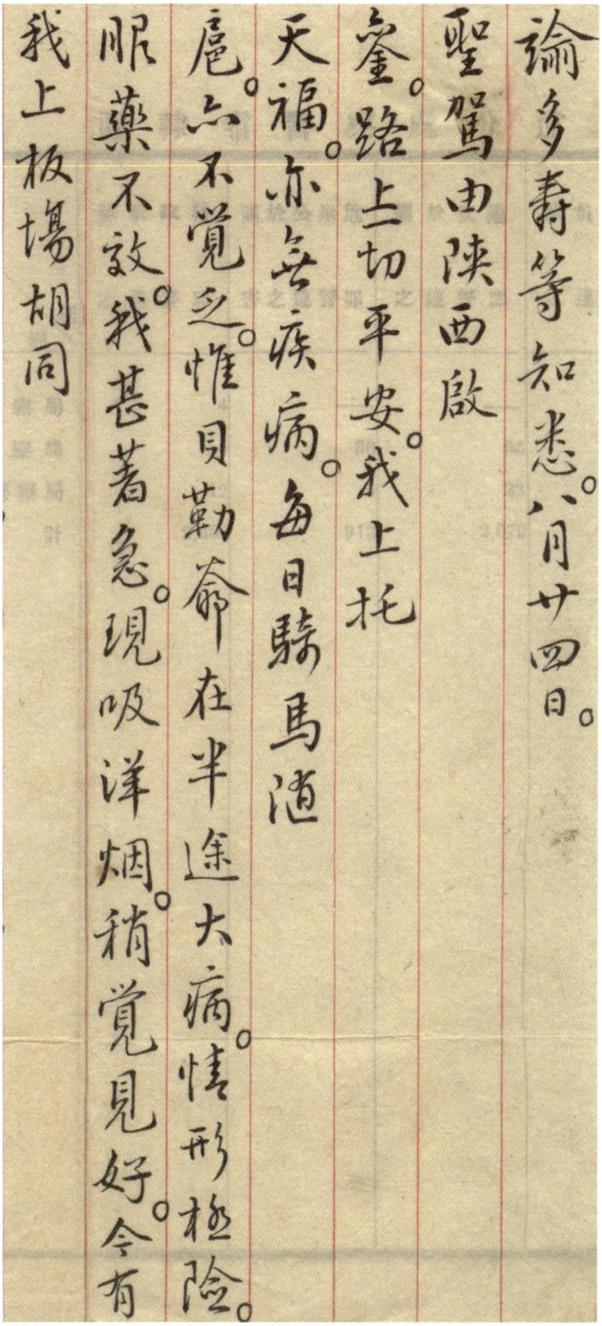
諭多壽等知悉。八月廿四日。
聖駕由陝西啟
鑾。路上一切平安。我上托
天福。亦無疾病。每日騎馬隨
扈。亦不覺乏。惟貝勒爺在半途大病。情形極險。
服藥不效。我甚著急。現吸洋烟。稍覺見好。今有
我上板塲胡同

载泽（春轩主人）信札（局部）

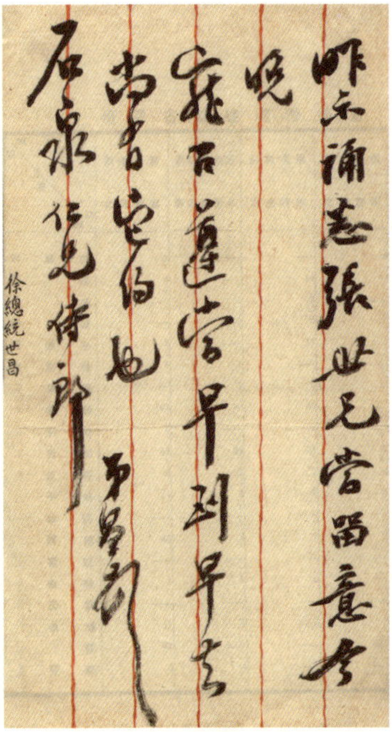

徐世昌致石泉仁兄函

近代史上第一位司法部长。徐世昌（1855—1939），字卜五，号菊人，直隶（今河北）天津人，进士出身，时任军机大臣，署理兵部尚书。日后，徐世昌将就任中华民国总统。端方，时任湖南巡抚。此人留待后议，本章不表。绍英（1861—1925），字越千，满洲镶黄旗人，时任户部右侍郎。

经吴樾刺杀，绍英重伤，徐世昌轻伤，朝廷不得不另派李盛铎、尚其亨接替二人。这次变故，对朝廷特别是慈禧触动很大，据戴鸿慈日记：“八时，蒙召见……余与徐、端两大臣各据所见奏对。皇太后垂廑听纳，复慨然于办事之难，凄然泪下。”

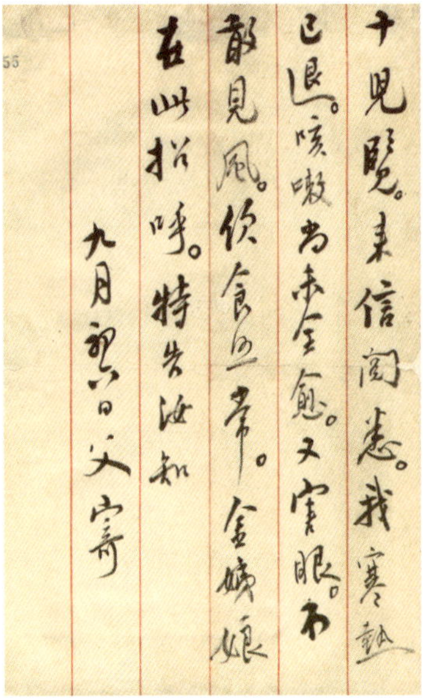

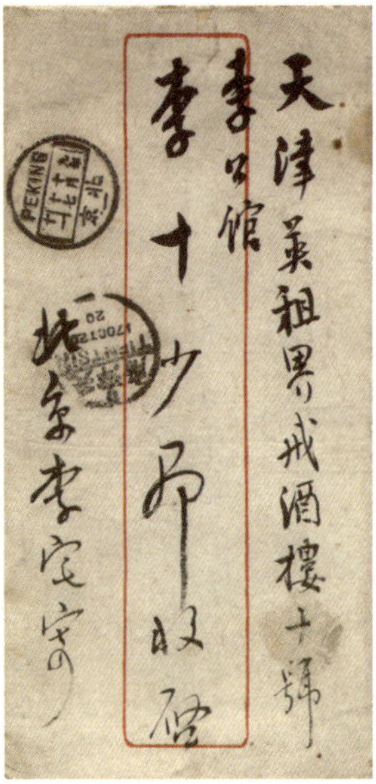

李盛铎致十儿函

李盛铎(1859—1934），字义樵，号木斋，江西德化（今九江）人，时任顺天府府丞，考察期间，出使比利时。尚其亨（1859—1920），字惠丞，号会臣，尚可喜之后，光绪十八年（1892）进士，时任山东布政使。

选派人员，皆是朝廷所倚重的亲信。第二批名单中，载泽深受慈禧器重，出国前为盛京守陵大臣，回国后任御前大臣、度支部尚书；戴鸿慈、端方因庚子西狩护驾有功，出国前就分别提任礼部尚书、闽浙总督，回国后，端方任两江总督兼南洋大臣；尚其亨是慈禧远亲；李盛铎是荣禄心腹。

年底，考察团分为两队，戴鸿慈、端方由北京经天津至秦皇岛往上海赴欧美，他们考察的对象，主要是美、德、奥、俄、意等国；载泽、李盛铎、尚其亨由北京去上海经日本转欧洲，他们考察的对象，主要是日、英、法、

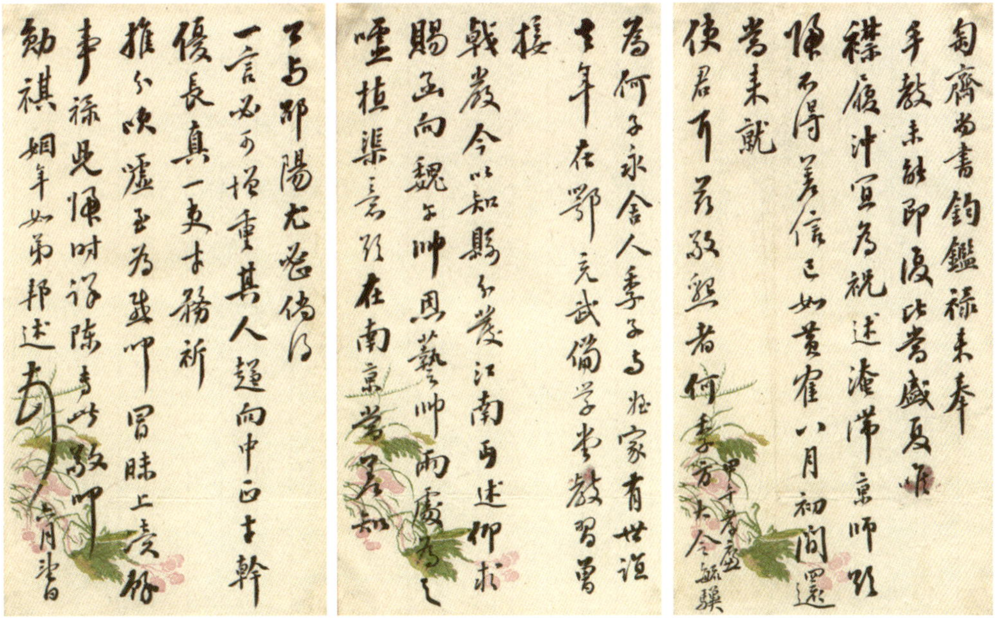

邓邦述致端方（匋斋）函

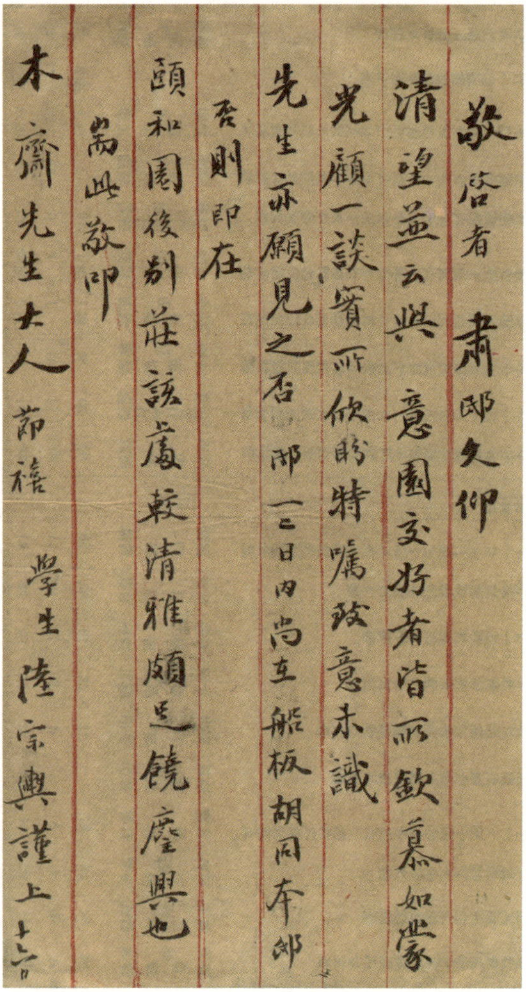

敬啓者 肅邸久仰
清望 並云與 意園交好者皆所欽慕如蒙
光顧一談實所欣盼特囑致意未識
先生亦願見之否 邸一二日內尚在船板胡同本邸
否則即在
頤和園後別莊該處較清雅頗足饒麈興也
專此敬叩
木齋先生大人節禧 學生陸宗輿謹上 十二日

陆宗舆致李盛铎（木斋）函

比等国。

考察团中，尚有两名随从值得一提。邓邦述（1868—1939），字正闇，号孝先，江宁（今南京）人，光绪二十五年（1899）进士，授翰林，时为端方幕僚，后助端方收购丁氏“八千卷楼”藏书，参与筹办江南图书馆。

陆宗舆（1876—1941），字润生，浙江海宁盐官人，其幼从张謇学习，后自费赴日本留学，时任巡警部主事，此次出洋，专门辅助载泽。

袁世凯长子袁克定及熊希龄、章宗祥、施肇基等一时才俊，亦在队列之中。

考察诸事有载泽《政治考察日记》，亦可参看戴鸿慈《出使九国日记》，不再赘述。

次年秋夏之交，考察团回国。据史料显示，考察团呈现的考察宪政报告，是在梁启超和杨度等人草稿基础上修改的。考察团编辑书籍六十七种一百四十六册呈请御览，另将四百余种外文书籍交考察政治馆参考。考察团还根据相关宪政资料，编著《欧美政治要义》。值得一提的是载泽，其在考察的基础上，分别上《出使各国考察政治大臣载泽等奏请以五年为期改行立宪政体折》和《出使各国考察政治大臣载泽奏请宣布立宪密折》。在第一折中，载泽指出：

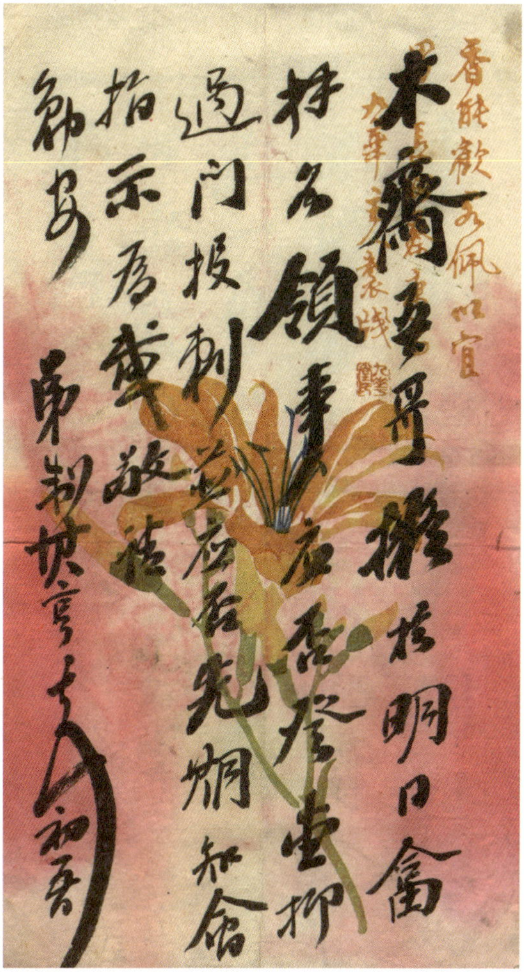

尚其亨致李盛铎（木斋）函

窃维宪法者，所以安宇内，御外侮，固邦基，而保人民者也。滥觞于英伦，踵行于法、美，近百年间，环球诸君主国，无不次第举行。窃迹前事，大抵弱小之国，立宪恒先，瑞典处北海，逼强俄，则先立，葡萄牙见迫于西，则次之，比利时、荷兰，壤地褊小，介居两大国，则次之，日本僻在东瀛，通市之初，外患内讧，国脉如缕，则次之。而俄罗斯跨欧亚也，处贫嵎之势，兵力素强，得以安常习故，不与风向为转移，乃近以辽沈战事，水陆交困，国中有识之士，聚众请求，今亦立布宪法矣。

最强之国，所以立宪最后者，其受外来之震撼轻，故其动本国之感情缓。而强大如俄，犹激动于东方战败，计无复之，不得不出于立宪，以冀挽回国势。观于今日，国无强弱，无大小，先后一揆，全出宪法一途，天下大计，居可知矣。且夫立宪政体，利于君，利于民，而独不便于庶官者也。考各国宪法，皆有君位尊严无对，君统万世不易，君权神圣不可侵犯诸条，而凡安乐尊荣之典，君得独享其成，艰巨疑难之事，君不必独肩其责。民间之利，则租税得平均也，讼狱得控诉也，下情得上达也，身命财产得保护也，地方政事得参预补救也。此之数者，皆公共之利权，而受治于法律范围之下。至臣工则自首揆以至乡官，或特简，或公推，无不有一定之责成，听上下之监督，其贪墨疲冗、败常溺职者，上得而罢斥之，下得而攻退之。东西诸国，大军大政，更易内阁，解散国会，习为常事。而指视所集，从未及于国君。此宪法利君利民不便庶官之说也。而诸国臣工，方以致君泽民，视为义务，未闻以一己之私，阻挠至计者。

我国东邻强日，北界强俄，欧美诸邦，环伺逼处，岌岌然不可终日。言外交，则民气不可为后援；言内政，则官常不足资治理；方练兵，则少敌忾同仇之志；言理财，则有剜肉补疮之虞。循是以往，再阅五年，日本之元气已复，俄国之宪政已成，法国之铁道已通，英国之藏情已熟，美国之属岛已治，德国之海力已充。棼然交集，有触即发，安危机关，岂待蓍蔡。臣等反复衡量，百忧交集，窃以为环球大势如彼，宪法可行如此，保邦致治，非此莫由。惟是大律大法，必须预示指归，而后趋向有准。

开风气之先，肃纲纪之始。有万不可缓，宜先举行者三事：一曰宣示宗旨。

日本初行新政，祭天誓诰，内外肃然，宜略仿其意，将朝廷立宪大纲，列为条款，誊黄刊贴，使全国臣民奉公治事，一以宪法意义为宗，不得稍有违悖。二曰布地方自治之制。今州县辖境，大逾千里，小亦数百里，以异省之人，任牧民之职，庶务丛集，更调频仍，欲臻上理，戛乎其难。各国郡邑辖境，以户口计，其大者亦仅当小县之半。乡官恒数十人，必由郡邑会议公举，如周官乡大夫之制。庶官任其责，议会董其成，有休戚相关之情，无扞格不入之苦，是以事无不举，民安其业。宜取各国地方自治制度，择其尤便者，酌订专书，著为令典，克日颁发，各省督抚分别照行，限期蒇事。三曰定集会、言论、出版之律。集会、言论、出版三者，诸国所许民间之自由，而民间亦以得自由为幸福。然集会受警察之稽察，报章听官吏之检视，实有种种防维之法，非若我国空悬禁令，转得法外之自由。与其漫无限制，益生厉阶，何如勒以章程，咸纳轨物？宜采取英、德、日本诸君主国现行条例，编为集会律、言论律、出版律，迅即颁行，以一趋向而定民志。以上三者，实宪政之津髓，而富强之纲纽。

臣等待罪海外，见闻较切，受恩深重，缄默难安，用敢不避斧诛，合词吁恳，伏愿我皇太后、皇上宸衷独断，特降纶音，期以五年改行立宪政体。一面饬下考察政治大臣，与英、德、日本诸君主国宪政名家，详询博访，斟酌至当，合拟稿本，进呈御览。并请特简通达时事、公忠体国之亲贤大臣，开馆编辑大清帝国宪法，颁行天下。一面将臣等所陈三端，预为施行，以树基础。从此南针有定，歧路不迷。我圣清国祚，垂于无穷，皇太后、皇上鸿名施于万世，群黎益行忠爱，外人立息觊觎，宗社幸甚，天下幸甚。臣等不胜屏营战栗之至。

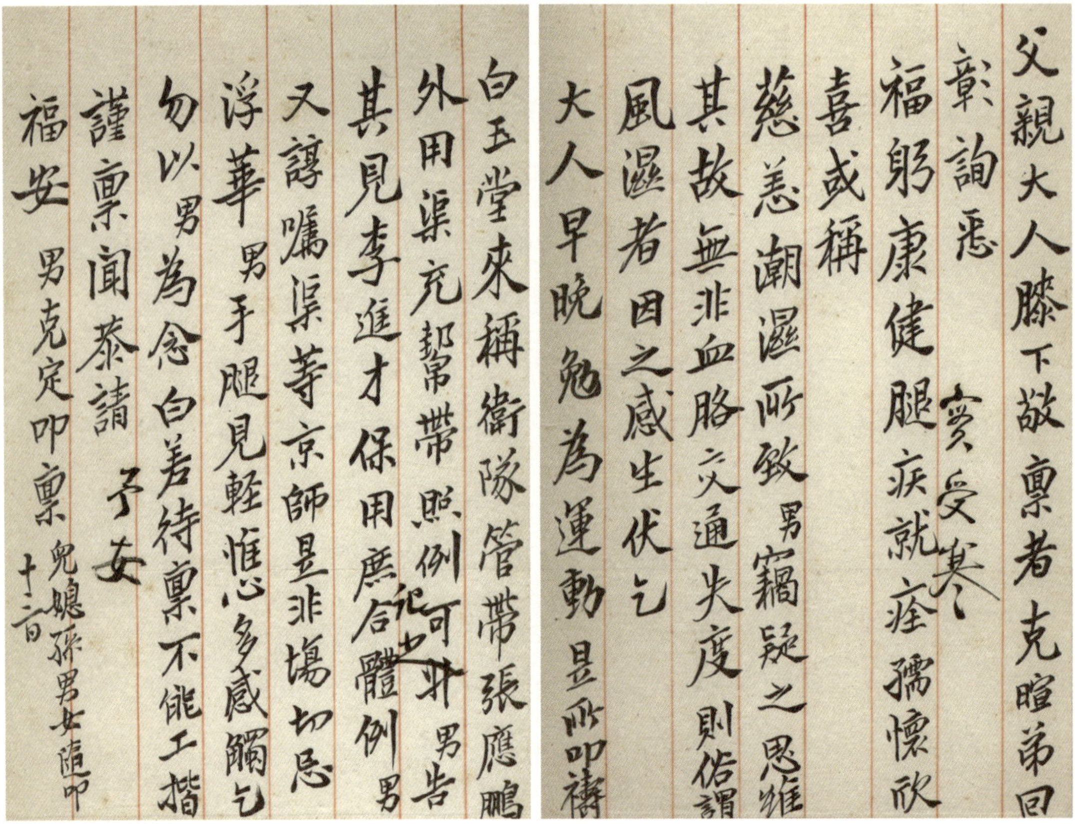
父親大人膝下敬禀者克瑄弟回
彰詢悉實受寒
福躬康健腿疾就痊孺懷欣
喜或稱
慈恙潮溼所致男竊疑之思維
其故無非血脈之欠通失度則俗謂
風溼者因之感生伏乞
大人早晚勉為運動是所叩禱
白玉堂來稱衛隊管帶張應鵬
外用渠充幫帶照例他也可升男告
其見李進才保用應合體例男
又謗囑渠等京師是非塲切忌
浮華男手腿見輕惟心多感觸乞
勿以男為念白若待禀不能工楷
謹禀聞恭請　金安
福安　男克定叩禀　兒媳孫男女隨叩　十三日

袁克定致袁世凯函

在第二折中，载泽指出：

窃奴才前次回京，曾据一折，吁恳改行立宪政体，以定人心而维国势。仰蒙两次召见，垂询本末，并谕以朝廷原无成见，至诚择善，大知用中，奴才不胜欣感。旬日以来，夙夜筹虑，以为宪法之行，利于国，利于民，而最不利于官。若非公忠谋国之臣，化私心，破成见，则必有多为之说以荧惑圣听者。盖宪法既立，在外各督抚，在内诸大臣，其权必不如往日之重，其利必不如往日之优，于是设为疑似之词，故作异同之论，以阻挠于无形。彼其心非有所爱于朝廷也。保一己之私权而已，护一己之私利而已。顾其立言，则必曰防损主权。不知君主立宪，大意在于尊崇国体，巩固君权，并无损之可言。以日本宪法考之，证以伊藤侯爵之所指陈，穗积博士之所讲说，君主统治大权，凡十七条：

一曰，裁可法律、公布法律、执行法律由君主。一曰，召集议会、开会、闭会、停会及解散议会由君主。一曰，以紧急敕令代法律由君主。一曰，发布命令由君主。一曰，任官免官由君主。一曰，统帅海陆军由君主。一曰，编制海陆军常备兵额由君主。一曰，宣战、讲和、缔约由君主。一曰，宣告戒严由君主。一曰，授予爵位勋章及其他荣典由君主。一曰，大赦、特赦、减刑及复权由君主。一曰，战时及国家事变非常施行由君主。一曰，贵族院组织由君主。一曰，议会展期由君主。一曰，议会临时召集由君主。一曰，财政上必要紧急处分由君主。一曰，宪法改正发议由君主。

以此言之，凡国之内政外交，军备财政，赏罚黜陟，生杀予夺以及操纵议会，君主皆有权以统治之。论其君权之完全严密，而无有丝毫下移，盖有过于中国者矣。以今日之时势言之，立宪之利有最重要者三端：

一曰，皇位永固。立宪之国，君主神圣不可侵犯，故于行政不负责任，由大臣代负之；即偶有行政失宜，或议会与之反对，或经议院弹劾，不过政府各大臣辞职，别立一新政府而已。故相位旦夕可迁，君位万世不改，大利一。一曰，外患渐轻。今日外人之侮我，虽由我国势之弱，亦由我政体之殊，故谓为专制，谓为半开化，而不以同等之国相待。一旦改行宪政，则鄙我者转而敬我，将变其侵略之政策，为平和之邦交，大利二。一曰，内乱可弭。海滨洋界，会党纵横，甚者倡为革命之说。顾其所以煽惑人心者，则曰政体专务压制，官皆民贼，吏尽贪人，民为鱼肉，无以聊生，故从之者众。今改行宪政，则世界所称公平之正理，文明之极轨，彼虽欲造言而无词可籍，欲倡乱而人不肯从，无事缉捕搜拿，自然冰消瓦解，大利三。

立宪之利如此，及时行之，何嫌何疑？而或有谓程度不足者。不知今日宣布立宪，不过明示宗旨为立宪之预备。至于实行之期，原可宽立年限。日本于明治十四年宣布宪政，二十二年始开国会，已然之效，可仿而行也。且中国必待有完全之程度，而后颁布立宪明诏，窃恐于预备期内，其知识未完者固待陶熔，其知识已启者先生觖望，至激成异端邪说、紊乱法纪。盖人民之进于高尚，其涨率不能同时一致，惟先宣布立宪明文，树之风声，庶心思可以定一，耳目或无他歧，既有以维系望治之人心，即所以养成受治之人格。是今日宣布立宪明诏，不可以程度不到为之阻挠也。又或有为满、汉之说者，以为宪政既行，于满人利益有损耳。奴才至愚，以为今日之情形，与国初入关时有异。当时官缺分立满、汉，各省置设驻防者，以中原时有反侧，故驾驭亦用微权。今寰宇涵濡圣泽近三百年，从前粤、捻、回之乱，戡定之功，将帅兵卒皆汉人居多，更无界限之可言。皇太后、皇上迭布纶音，谕满、汉联姻，裁海关，裁织造，副都统并用汉人，普天之下，歌颂同声，在圣德如地如天，安有私覆私载？方今列强逼迫，合中国全体之力，尚不足以御之，岂有四海一家，自分畛域之理？至于计较满、汉之差缺，竞争权力之多寡，则所见甚卑，不知大体者也。夫择贤而任，择能而使，古今中外，此理大同。使满人果贤，何患推选之不至，登进之无门？如其不肖，则亦宜在摒弃之列。且官无幸进，正可激励人才，使之向上，获益更多。此举为盛衰兴废所关，若守一隅之见，为拘挛之语，不为国家建万年久长之祚，而为满人谋一身一家之私，则亦不权轻重，不审大小之甚矣。在忠于谋国者，决不出此。

出国考察虽成果丰硕，端方在《请定国是以安大计折》中认为，“东西洋各国之所以日趋强盛者，实以采用立宪政体之故”，“中国欲国富兵强，除采取立宪政体而外，盖无他术矣！”但时人认为，这不过是一场敷衍。赵凤昌偷偷对端方说：“欲预闻日俄和议未成，而改派考查，朝廷于立宪，仍为敷衍延宕之计，革命终不能免，可以早回，得南洋一席。”

赵凤昌果有慧眼，端方回国，升任南洋大臣。

慈禧很重视出国考察事宜。五大臣回国后，纷纷获得召见。其中，召见载泽、戴鸿慈各两次，端方三次，尚其亨一次。其时，革命派认为，慈禧派员出访考察，是虚伪的。这种评论并不公允，任何一种政治改革，都以不彻底改变现有利益集团的现状为底线，除非采用革命手段。

对出洋考察的评价，还是今人较为平正。张晋藩指出：

> 五大臣考察欧美诸国政治，不单纯是走马观花，他们也下马看花，进行了实际考察，并从考察中看清了世界发展的大趋势，以及在激烈的国际斗争环境，中国所处的劣势……他们在奏折中提出的结论性意见，可以说拟定了晚清预备立宪的基本原则、框架和实施步骤，他们是晚清立宪的促进派，起着直接的积极的影响。可以说晚清的预备立宪，是从五大臣考察宪政正式拉开序幕的，使得中国这个古老的帝国，靠近了世界近代法制文明的历史轨道。特别值得提出的是，在五大臣出洋考察的随员中，有一些是既年轻又思想开放的学人，他们经过西方民主政治的洗礼之后，不仅成为晚清预备立宪的支持者、鼓吹者，而且成为民国时期法制的创建人。

只是国家之道德使命和利益原则，岂是一次出洋所能建设？

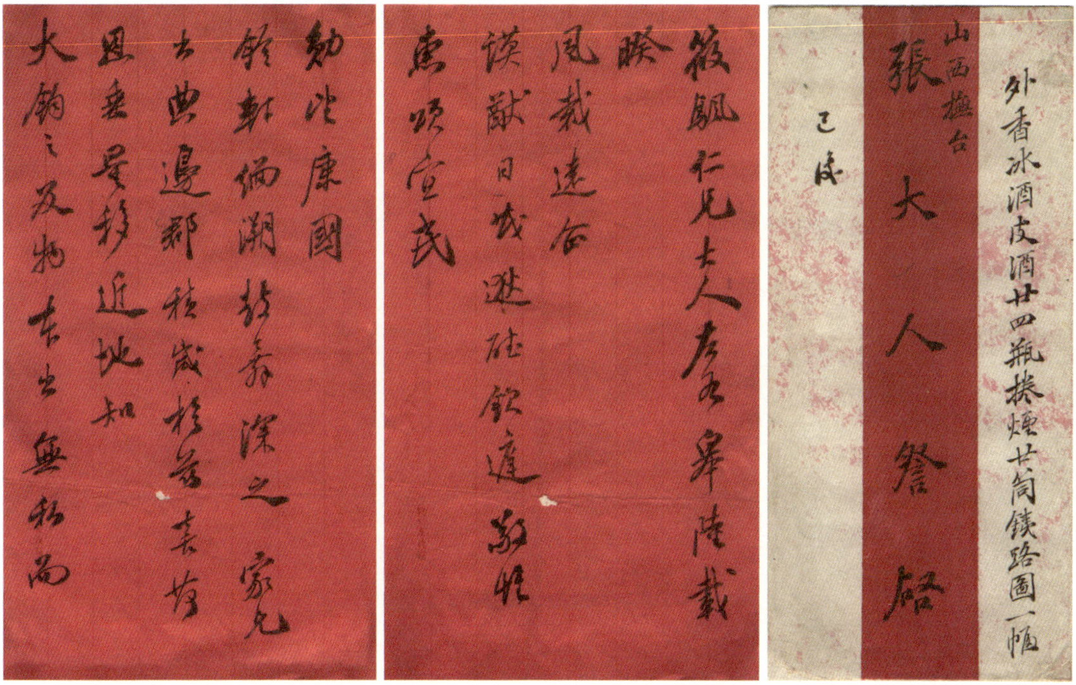

端方致张曾敭（筱驪）函（局部）

第十八章

丁未政潮

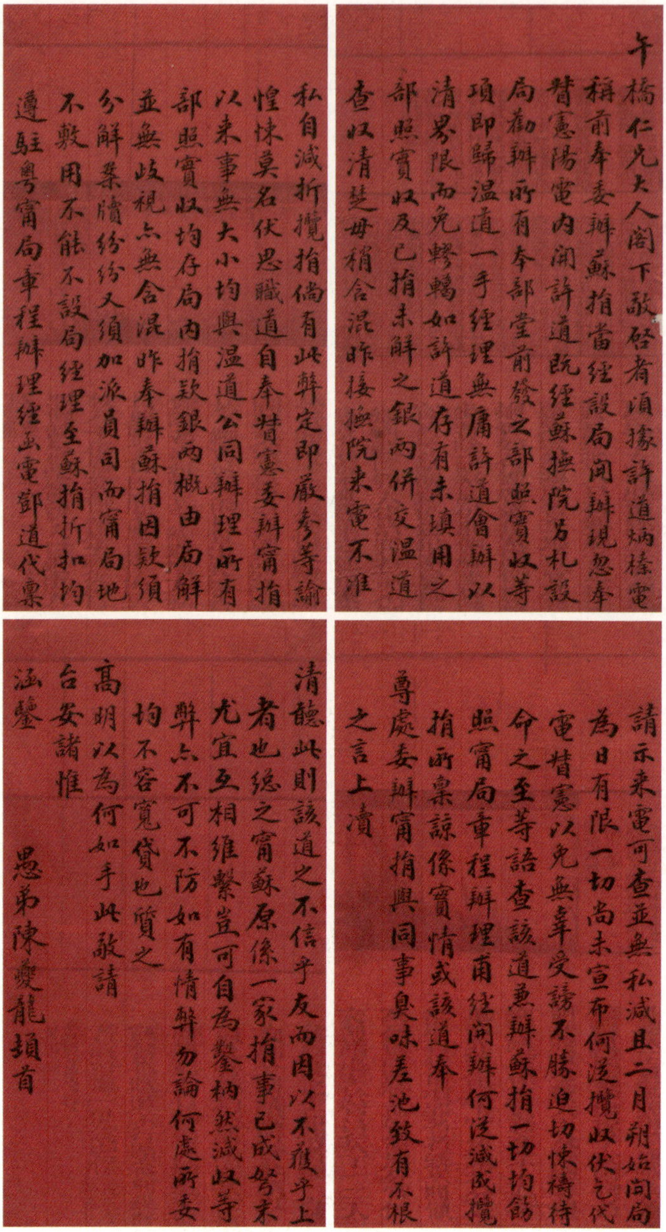

午
橋仁兄大人閣下敬啓者頃據許道炳榛電
稱前奉委辦蘇捐當經設局開辦現忽奉
督憲陽電內開許道既經蘇撫院另札設
局勸辦所有本部堂前發之部照實收等
項即歸温道一手經理無庸許道會辦以
清界限而免轇轕如許道存有未填用之
部照實收及已捐未解之銀兩併交温道
查收清楚毋稍含混昨接撫院來電不准
私自減折攬捐倘有此弊定即嚴參等諭
惶悚莫名伏思職道自奉督憲委辦甯捐
以來事無大小均與温道公同辦理所有
部照實收均存局內捐款銀兩概由局解
並無歧視亦無含混昨奉辦蘇捐因款須
分解案牘紛紛又須加派員司而甯局地
不敷用不能不設局經理至蘇捐折扣均
遵駐粵甯局章程辦理經函電鄧道代稟
請示來電可查並無私減且二月朔始開局
為日有限一切尚未宣布何從攬收伏乞代
電督憲以免無辜受謗不勝迫切悚禱待
命之至等語查該道兼辦蘇捐一切均飭
照甯局章程辦理甫經開辦何從減成攬
捐所稟諒係實情或該道奉
尊處委辦甯捐與同事臭味差池致有不根
之言上瀆
清聽此則該道之不信乎友而因以不獲乎上
者也總之甯蘇原係一家捐事已成弩末
尤宜互相維繫豈可自為鑿枘然減收等
弊亦不可不防如有情弊勿論何處所委
均不容寬貸也質之
高明以為何如手此敬請
台安諸惟
涵鑒
愚弟陳夔龍頓首

陈夔龙致端方（午桥）函

1907年，按干支纪年，岁在丁未。是年，朝中北洋派奕劻、袁世凯和清流派瞿鸿禨、岑春煊内斗，两方“捉对儿厮杀”，被称为“丁未政潮”。通常认为，这“表面上是北洋派获胜，实际上却是慈禧扶植满洲亲贵势力来牵制北洋派，最终导致了宣统年间亲贵集权的局面”。平心而论，此论断有些偏颇。不争的事实是，袁世凯借政争稳固了和皇室的关系以及个人地位，为时代转换，埋下伏笔。

陈夔龙《梦蕉亭杂记》对此事记载，虽简略粗疏，但线索明朗，不妨一观。

陈氏字筱石，号庸庵，贵州贵筑（今贵阳）人，光绪十二年（1886）进士，授兵部主事，其人历任顺天府尹、河南布政使、河南巡抚、江苏巡抚、四川总督、直隶总督兼北洋大臣，思想保守，以“祖宗成法”为圭臬，视革命为“大逆不道”。其书云：

辛丑公约签字后，两宫回銮。维时李文忠公积劳病逝。项城继任北洋。荣文忠居首辅，项城夙蒙恩遇，尚受节制。迨文忠逝世，遂以疆吏遥执政权。一意结纳近侍，津署电话房可直达京师大内总管太监处，凡宫中一言一动，顷刻传于津沽。朝廷之喜怒威福，悉为所揣测迎合，流弊不可胜言。癸卯，张文襄内召，两宫拟令入辅，卒为项城所挤，竟以私交某协揆代之。文襄郁郁，仍回鄂督任。继复推举某某入直枢廷，辇下号称三君，均为其所亲昵。厥后议改官制，北洋所练大镇，应归陆军部直辖，不得已拨出第一、第三、第五、

第六四镇归部。以直隶地方紧要，暂留二、四两镇自为督率。朝廷姑允之。以粮饷处赢余关系，与某尚书意见相违，竟尔凶终隙末。荣文忠殁后，善化主持枢政。项城初颇结纳之，嗣因商定中日和约，善化以外务部大臣资格先与日使交际一次，项城不悦，凡事阳推让，而阴把持，善化几无发言权。迨和约告成，两方遂成水火。善化得君最专，一意孤行。适内阁官制成，力排项城援引之某某等，一律退出军机；嗣以枢廷乏人，复召桂抚林赞虞（绍年）中丞为助。项城暨某某等闻之哗然，思有以报复。善化恃慈眷优隆，复拟将首辅庆邸一并排去。两宫意尚游移，讵讹言已传到英国，伦敦官报公然载中国政变、某邸被黜之说。适值慈圣宴各国公使夫人于颐和园，某使夫人突以相询，慈圣愕然。嗣以此事仅于善化独对曾经说过，并无他人得知，何以载在伦敦新闻纸中？必系善化有意漏泄。天颜震怒。项城探知原委，利嗾言官奏劾。善化薄有清名，言路不屑为北洋作鹰犬，一概谢绝。重贿讲官某，上疏指参。善化竟不安其位而去。枢府乏人主笔，特旨召张文襄入辅，项城亦夤缘同时奉诏。时庆邸年老多病，屡经请假，复诏令醇邸在军机大臣上学习行走。然事无巨细，均由慈圣主持，诸臣但唯唯承旨而已。昊天不吊，两宫龙驭先后上升，今上入承大统，醇邸以摄政王监国。项城因事获咎，几遭严谴，赖文襄多方调旋，得保首领以归。文襄亦以国事日非，亲贵用事，屡谏不听，赍志以殁。辛亥八月，武昌发难，沿江各行省纷纷独立，复特旨起用项城，冀以支撑危局。讵项城甫出，清祚即因之而告终。辛亥以后之事，余不忍言，实亦无可言之价值也。

陈夔龙笔下，已然指出丁未政潮起于袁世凯主导北洋，事事排挤异己而至。北洋派与清流派的争斗，光绪末年，络绎不息。如1904—1905年间，就发生奕劻和袁世凯构陷岑春煊军费报销案、御史蒋式瑆弹劾奕劻汇丰巨款案、岑春煊弹劾粤海关道周荣曜贿赂奕劻案、御史张元奇弹勒奕劻长子载振狎妓案、瞿鸿禨弹劾袁世凯印花税案，等等。

光绪三十二年（1906），朝廷宣布预备立宪，北洋派和清流派均想牵引此事。两广总督岑春煊在上海成立中国第一个立宪社团——预备立宪公会，推郑孝胥担任会长。

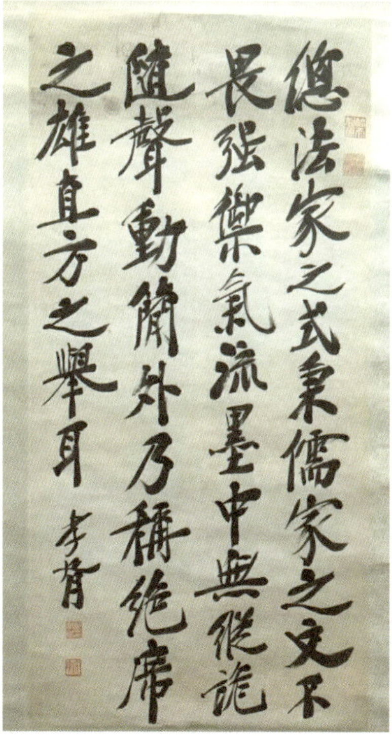

郑孝胥书法立轴（李瑾 藏）

郑孝胥（1860—1938），字苏戡，号海藏，福建闽侯人，光绪八年（1882）中举，后为李鸿章幕僚。光绪十七年（1891），驻日从事外交活动。甲午后，任张之洞自强军监司。后历任总理各国事务衙门章京，京汉铁路南段总办兼汉口铁路学堂校长，广西边防大臣，安徽、广东按察使等，其有变法思想，亦支持立宪。

袁世凯也不甘落后，频频和立宪派交游，称“官可不做，宪法不能不立”。

岑春煊因庚子护驾之功，备受慈禧恩宠。他身在两广总督任上，朝中勾连的同人便是瞿鸿禨。岑氏为官清正，被称为“官屠”，两广任内四年，参罢文武官员一千四百余人，让人闻之色变。而袁世凯在直隶任上，朝中同盟则是奕劻。两拨政争，在是否裁撤军机处上，达到顶峰。

预备立宪的第一步是改革官制。其时，袁世凯“深与接纳，为其（奕劻——引者注）谋主，于是北洋遥执朝政”，在袁世凯的推动下，拟裁撤军机处，建责任内阁，“冀以内阁代君主，可总揽大权”，由奕劻主事，自己背后遥控。这一如意算盘，瞿鸿禨、岑春煊洞若观火。因朝廷谕令几省派员参议，岑春煊让亲信于式枚进京。于氏将岑春煊密电号码本交与瞿鸿禨，以便密切联络。瞿鸿禨上折称军机处“立法精密，实为千古所无”，而“今中国官民程度

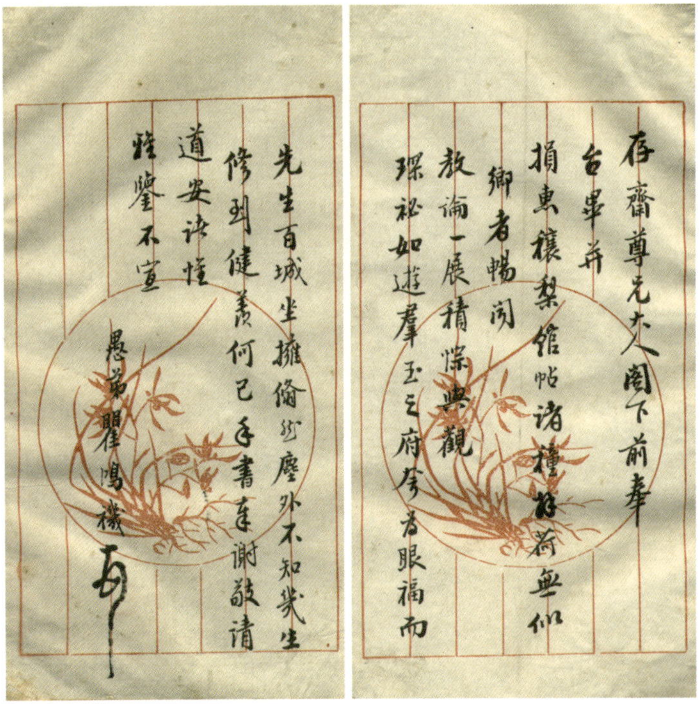

存齋尊兄大人閣下前奉
台畢并
損惠穰梨館帖諸種拜荷無似
鄉者暢閲
教論一展精深典觀
璪祕如遊羣玉之府飫看眼福而
先生百城坐擁倘徉塵外不知幾生
修到健羨何已手書奉謝敬請
道安諸惟
雅鑒不宣
愚弟瞿鴻禨再

瞿鸿禨致存斋函

俱有未及，议院未能遽立，地方未能自治，而先行立宪之官制，其势必多扞格”，慈禧深以为然，遂否决裁撤之议。不仅如此，军机处只保留奕劻、瞿鸿禨，吏部尚书鹿传霖、陆军部尚书铁良、民政部尚书徐世昌、学部尚书荣庆都被逐出，随后，又补大学士世续、广西巡抚林绍年在军机行走。同时，著袁世凯辞去八项兼差，并将北洋六镇只留两镇，其余归陆军部管辖。

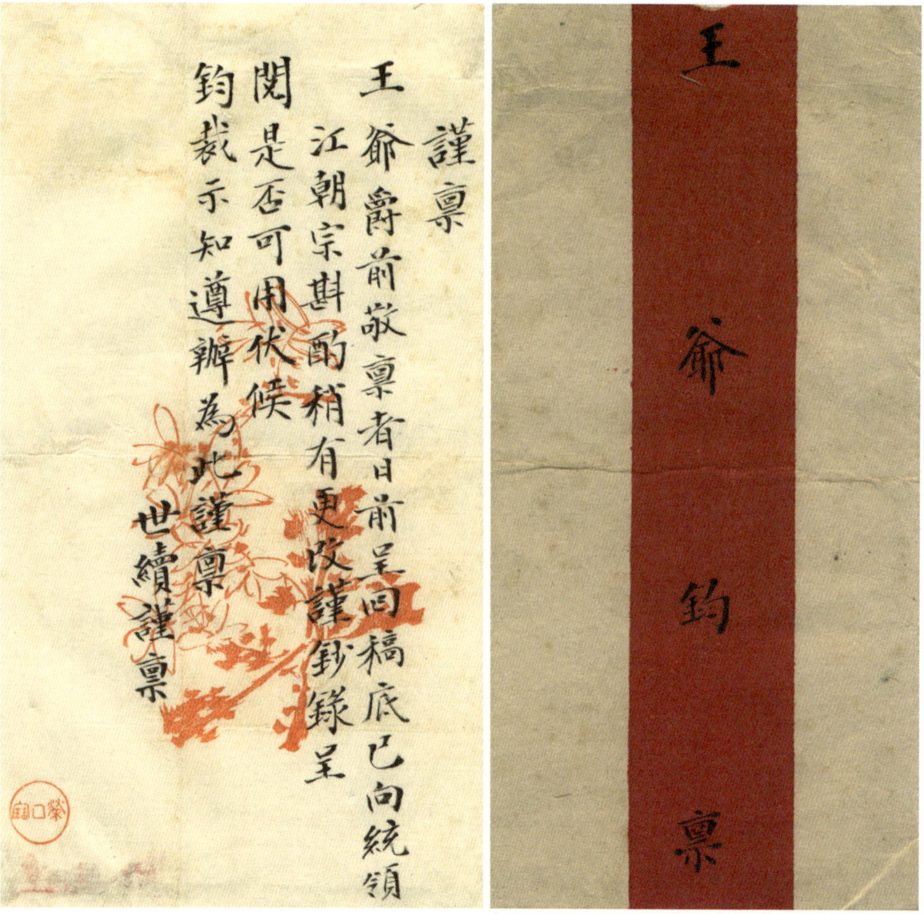
謹稟
王爺爵前敬稟者日前呈閱稿底已向統領
江朝宗斟酌稍有更改謹鈔錄呈
閱是否可用伏候
鈞裁示知遵辦為此謹稟
世續謹稟

王爺鈞稟

世续禀奕譞（王爷）文

世续（1852—1921），字伯轩，索勒豁金氏，满洲正黄旗，光绪元年（1875）举人，三十二年（1906）任军机大臣。事后证明，世续入军机，将有利于奕劻和袁世凯。特别是岑春煊倒奕劻时，世续上书说岑氏和奕劻“素有嫌怨”，将公仇切换为私怨，使“慈意稍为之解”。补充一句，辛亥革命兴起，第一个赞成宣统逊位的，就是此人。

不过，在这次政争中，时人认为，瞿鸿禨虽占尽上风，但“公得独留枢垣，势已孤危”。

此语极具洞识。

北洋派虽裁撤军机处之议未成，但因奕劻主事，实惠也颇多。一是北洋旧人徐世昌、唐绍仪、朱家宝、段芝贵分别出任东三省总督、奉天巡抚、署吉林巡抚、署黑龙江巡抚。二是将岑春煊调任云贵总督，由袁世凯亲家周馥接任两广总督。岑春煊知是圈套，托病不就，后又被改四川总督，且不准上京请训，北洋派试图将他边缘化。

岑春煊对奕劻之举内心愤愤，决定借慈禧的宠信，直接进京倒之。

岑春煊借口赴川，自上海到武汉，上折请觐见，不待批准，乘车北上，由御史赵启霖在保定接站，前去面圣。慈禧连续四天接见岑春煊，因邮传部

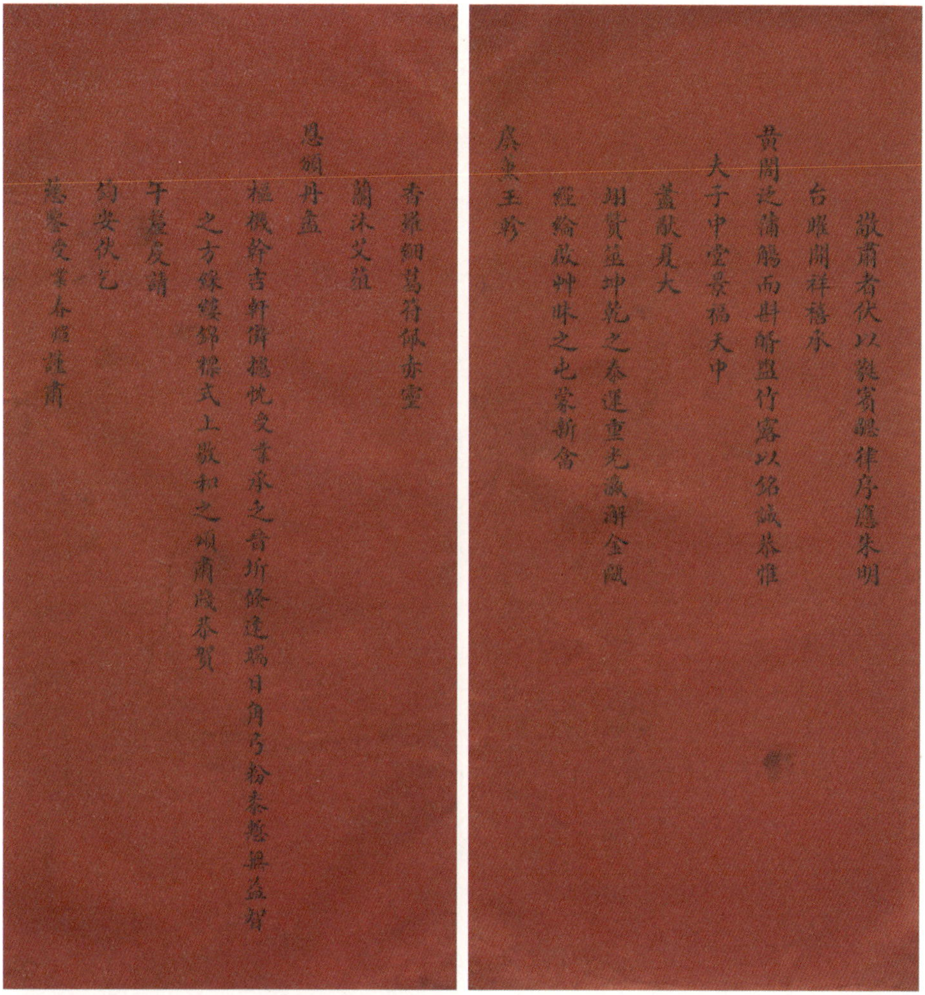

岑春煊禀荣禄（夫子中堂）文

尚书张百熙病故，著岑氏接任。岑春煊一上任，就参倒袁世凯亲信、邮传部侍郎朱宝贵，时人云：“犹赖岑帅之突至，以霹雳手段为政府当头棒喝，岂不使人可爱，岂不使人可敬？岑尚书乃一活炸弹也，无端天外飞来，遂使政界为之变动，百僚为之荡恐，过吴樾怀中所藏者远矣。”

与此同时，瞿鸿禨让御史赵炳麟、江春霖、赵启霖，以杨翠喜案，清理奕劻和袁世凯党羽。弹劾的矛头直指袁世凯亲信段芝贵，赵启霖折称其巡抚之职乃贿赂所得：一、段芝贵买歌妓杨翠喜，献给载振；二、借天津商会王竹林钱献奕劻寿。慈禧大怒，下令将段芝贵撤职，同时让醇亲王载沣和大学士孙家鼐查办。因袁世凯买通杨翠喜和王竹林，查无实据，赵启霖以污蔑罪被革职。

此时，奕劻和袁世凯开始反攻，一是请两广总督周馥、闽浙总督松寿上奏，言两广匪患不平；二是奕劻亲自出马，面见慈禧，陈说匪事。岑春煊仅任邮传部尚书二十五天，就被迫回任两广，前去剿匪。因岑春煊担任两广总督，仍是实力派，且受宠幸，若留下必是心腹大患，遂由两江总督端方出马，请袁世凯亲信、上海道蔡乃煌合成岑春煊、康有为、梁启超、麦孟华等人合影，送呈慈禧。慈禧不辨真伪，斥罢岑春煊。岑春煊离京，瞿鸿禨孤掌难鸣，亦被参倒。其后，清流派林绍年被排挤，出抚河南。

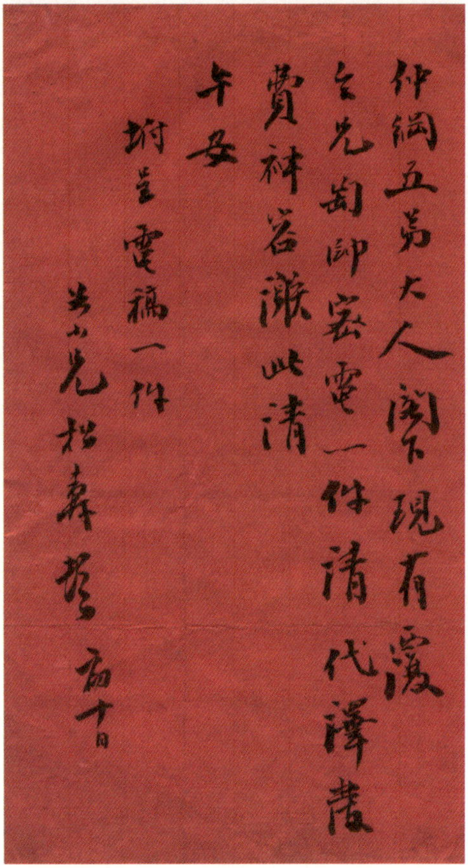

松寿致端绪（仲纲）函

丁未政潮以清流派失败而告终。

在政争中，一个关键人物是恽毓鼎。其人最早跟在清流派屁股后摇旗呐喊。赵启霖去职，其曾上折称“言官不当反坐”，为其鸣不平。不久，因赴天津谈京津铁路事，被袁世凯一万八千金收买，遂出手攻击瞿鸿禨和岑春煊。一是由其代呈农工商部右侍郎杨士琦所拟奏折，称瞿鸿禨“四大罪”。据谕旨：“光绪卅三年五月丁酉，谕内阁：恽毓鼎奏参枢臣怀私挟诈，请予罢斥一折，据称协办大学士外务部尚书、军机大臣瞿鸿禨，暗通报馆，授意言官，阴结外援，分布党羽……瞿鸿禨久任枢垣，应如何竭忠报称。频年屡被参劾，朝廷曲予宽容，犹复不知戒慎。所称窃权结党，保守禄位各节，姑免深究……瞿鸿禨著开缺回籍，以示薄惩。”由是，瞿鸿禨被罢。二是弹劾岑春煊滞留上海，内结康、梁，外“借日本以倾朝局”，慈禧震惊而大怒，岑也被罢。

这样，一个被收买的御史，一出手，扳倒了两个重臣。

瞿鸿禨开缺后，醇亲王载沣入军机，袁世凯任军机大臣兼外务部尚书且去直隶总督兼北洋大臣，湖广总督张之洞入军机。

时人曾云：“瞿、岑戊戌前，皆尝与康有为、梁启超款曲。”也就是说，勾结康、梁，才是两人被罢的真相——朝廷始终害怕的是试图变法、革命“夺权”的异己分子。可谁又能料到，对朝廷忠心耿耿的清官岑春煊，因被构陷，走到了朝廷的对立面。辛亥革命期间，岑春煊写出了《致清贵族公电》，要求

午橋吾哥大人祖同年閣下麾甶
令第送到
賜寄山茶集一匣皆
俠節砥礪行李館儲之際猶蒙
料簡及此遠道相將感莪
感情非言可謄
下車伊始必有條教頒行
士民固於溫烦剶別久矣惟
好省以嚴戢之地桂禍日亟湘陷可
雲長江伏莽憂其嘯聚倜儻
鎮安三吳冇北

以英屬地平因兵事需才孔亟疏举
劉兩三方伯牽蒙
采纳此心沈深吉謀篝括士卒
朝廷商顧之憂都下暑雨恒多
三日夜不止家更淋漓盡致農田亚玦
旻傷时事艱難照年穀誉參褚
芻人忘家弲崇子憂囻歷年豐
虛丹器森直州闖曹樹堪到省
布蒙唐條甲午者瘫與金舟同年
其人諫敏練率一椤枊
善視之潯暑默祝
興彦萬福履綏
任喜不莊　弟鯀森　寿
賓菇

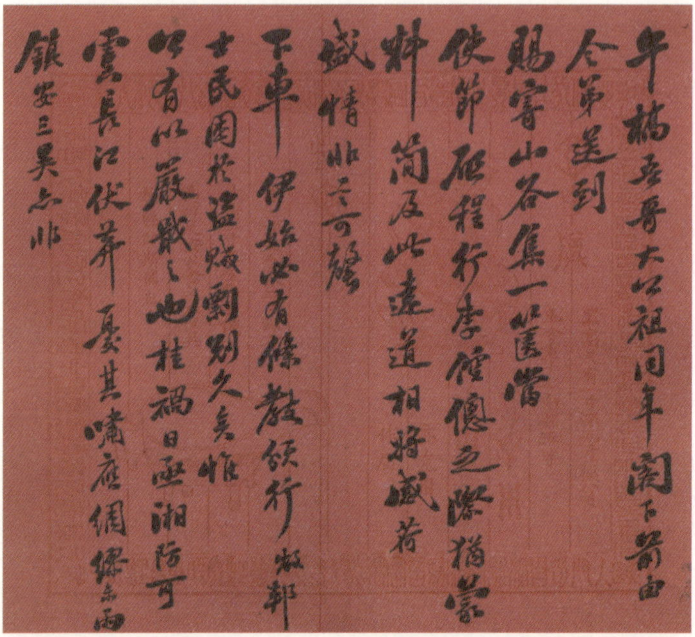

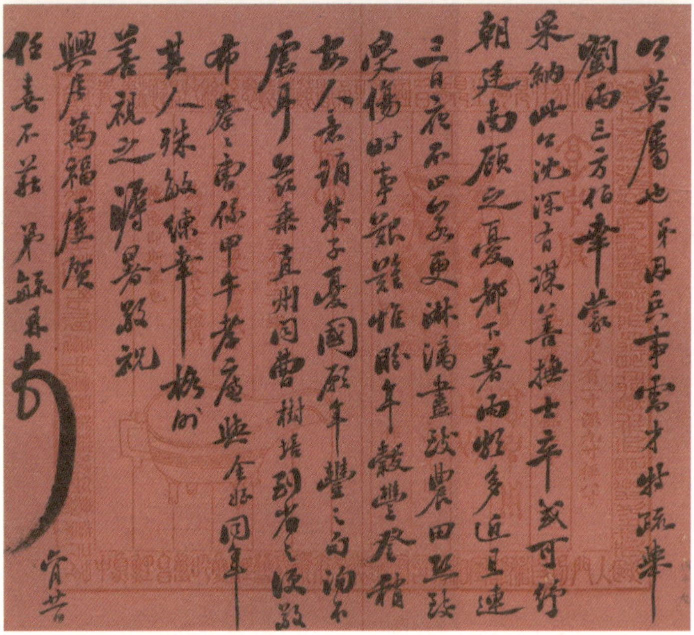

恽毓鼎致端方（午桥）函

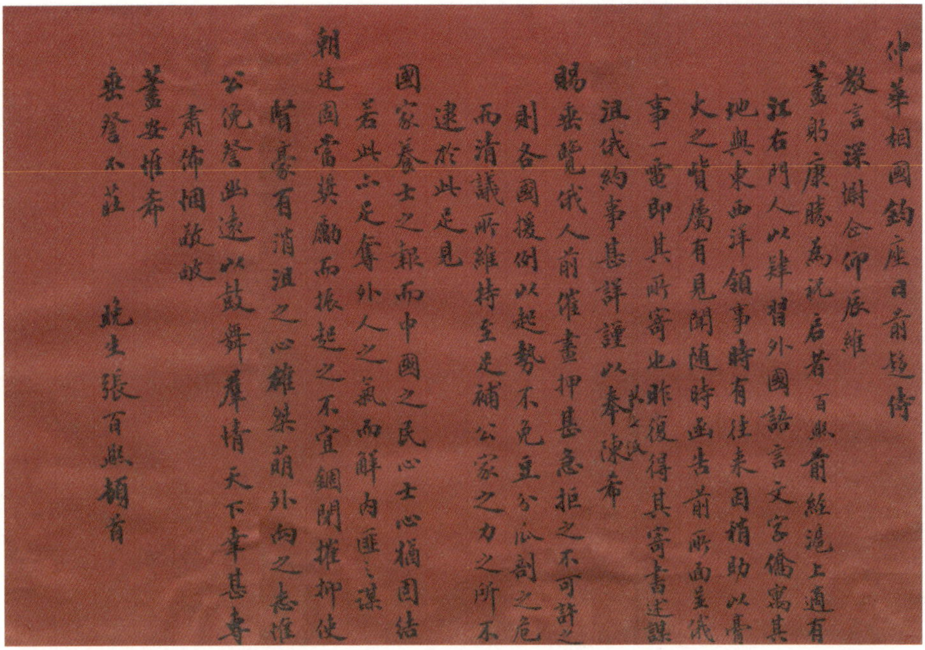
仲華相國鈞座日前趨侍
教言深謝企仰辰維
蓋躬康勝爲祝啓者百熙前經滬上適有
江右門人以肄習外國語言文字僑寓其
地與東西洋領事時有往來因請助以[illegible]
大之責屬有見聞隨時函告前所面呈俄
事一電即其所寄也昨復得其寄書述謀
沮俄約事甚詳謹以奉陳希
賜垂覽俄人前催畫押甚急拒之不可許之
則各國援例以起勢不免豆分瓜剖之危
而清議所維持至是補公家之力之所不
逮於此足見
國家養士之報而中國之民心士心猶固結
若此亦足奪外人之氣而解內匪之謀
朝廷因當獎勵而振起之不宜錮閉摧抑使
賢豪有消沮之心離叛萌外向之志惟
公洞鑒幽遠以鼓舞羣情天下幸甚專
肅佈悃敬啟
蓋安惟希
垂鑒不莊　晚生張百熙頓首

张百熙致荣禄（仲华相国钧座）函

朝廷“径降明谕，宣示中外”，让“国民组织共和政治”。

陈夔龙《梦蕉亭杂记》记载云：

文慎（瞿鸿禨——引者注）遂入直军机，公推主笔，夹辅七年，恩遇独渥。嗣因议改官制，与同直诸君意见不合。北洋某制府复遥执政权，横加干预，文慎遂不安其位而去。时文达（张百熙——引者注）业经物故，不读逊位诏书，尚系全福。国变后，文慎不克家居，避兵海上。余适由北洋谢病来沪。乱后相见，偶话先朝遗事，几如白头闲坐，同说开元。文慎骑箕，忽已七载，思之黯然。余亦老病颓唐，非复数年前之意兴矣。

世事变易，匆匆难明，怎一句“白头闲坐，同说开元”了得。

第十九章

辛亥革命

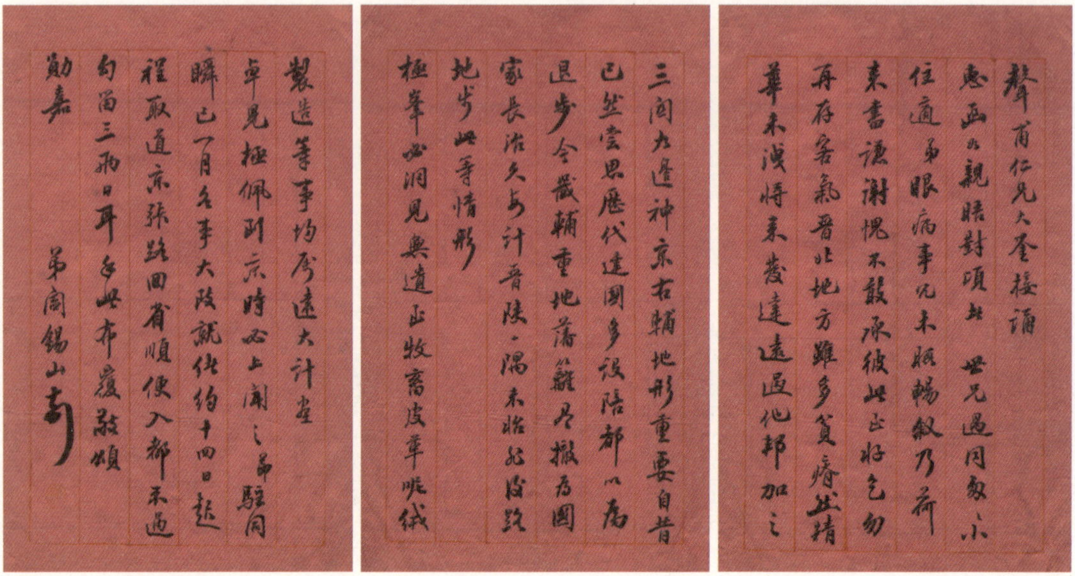

阎锡山致陆钟琦（声甫）函

宣统三年九月七日（1911 年 10 月 28 日），山西新军第四十三协第八十六标领了子弹，准备南下平乱。未料标统阎锡山调转枪头，杀死巡抚陆钟琦，成立军政府，被推为都督。朝廷派第六镇统制吴禄贞率部镇压，结果二人建立联军，试图阻止袁世凯入京任内阁总理大臣。袁使人将吴刺死，不久，朝廷又派张锡銮为巡抚，命曹锟统第三镇，围剿阎锡山。次年，宣统退位，阎锡山领兵据山西。这一据，就是三十多年。

嗣后不久，孙中山推崇阎氏：“去岁武昌起义，不半载竟告成功，此实山西之力，阎君百川之功……倘非山西起义，断绝南北交通，天下事未可知也。”

今天，我们检视辛亥革命，会以“一个时代过去了，一个时代开始了”来形容，殊不知，辛亥革命是一场不彻底的革命，其后数十年，整个国家依旧无法走出旧中国的阴影。

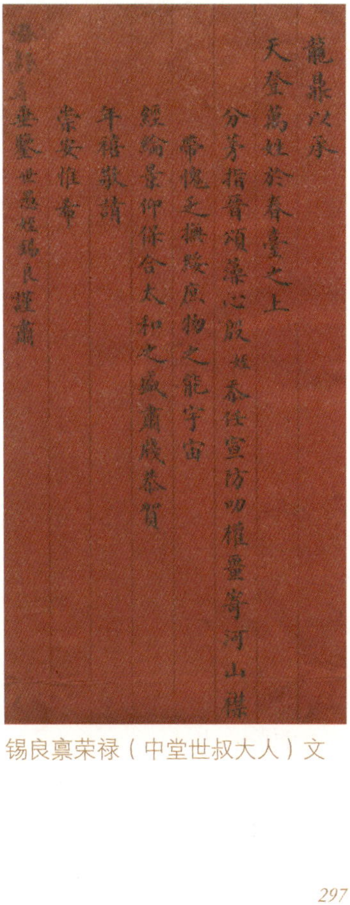

锡良禀荣禄（中堂世叔大人）文

如果将武昌起义等同于辛亥革命，是一种绝大的谬误。辛亥革命是由一连串事件组成的，其中，保路运动是武昌起义的序章。甚至可以说，没有保路运动，就没有武昌起义。

光绪二十九年（1903），朝廷允招商局集商股成立铁路、矿务、工艺、农务等公司。

四川总督锡良奏请自办川汉铁路，设“川汉铁路公司”。宣统三年四月十一日（1911年5月9日），朝廷下诏宣布铁路国有，二十二日（5月20日），盛宣怀和英、美、德、法四国银行团签订六百万英镑的《湖北湖南两省境内粤汉铁路、湖北境内川汉铁路借款合同》，期限四十年，以两湖厘金及盐厘税捐作抵押。

事实上，将铁路干线收归国有是一个完美的政策。四月初七（5月5日），给事中石长信就铁路建设筹措资金问题，建议将铁路收归国有。石氏经过调查认为，广东虽富裕，但修的铁路少；两湖落后，没有资金；四川朋党意见不一，动作迟缓。这一建议被朝廷采纳，并传邮传部研究。

但铁路国有政策触动了绅商的利益，认为朝廷不讲信用，与民夺利。一

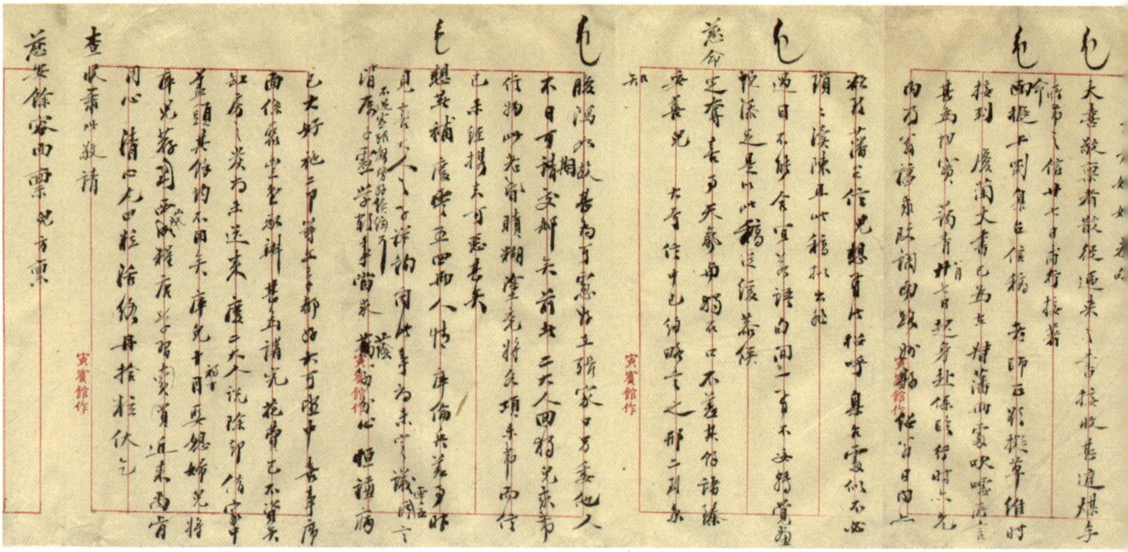

端方家书

场绅商主导的保路运动即将上演。

五月五日（1911 年 6 月 1 日），邮传部尚书盛宣怀和督办大臣端方联名向四川总督王人文发电：对公司已用之款和公司现存之款，由政府一律换发给国家铁路股票，概不退还现款。如川人定要筹还现款，则必借洋债，并将以川省财政收入作抵。川人以为盛宣怀卖国，成立保路同志会，发起请愿。王人文上折力争，弹劾盛氏，被罢。

朝廷著赵尔丰任四川总督，赵到任后，除开导群众，另参劾盛宣怀。

朝廷严令赵尔丰镇压运动，酿成“成都血案”。保路运动风起云涌，朝廷将赵氏撤办，派端方率湖北新军入川。不料，半路新军哗变，端方及其弟被斩首。

据有关史料，“各军士悉有死方（端方——引者注）于途之心……至资州又闻重庆独立，成都亦将宣告独立，各军士相与谋议……十月初七日，军士借要饷为名直入方坐帐。先一日方之幕僚镖客已尽逃，独方与其弟二人在帐中……遂挟方与其弟偕行。至天上宫……三十二标军士、荆州人卢保清者，素骁健，挥刀直劈其颈，断其半，遂仆，更截之，其弟骤欲奔，任永森拔指挥刀自后击之，应手头落。是日也，军中欢呼雷动，而资城人民安堵如垣”。弟兄两个的脑袋，泡在煤油里，被拿去找黎元洪请功。

随后，武昌起义爆发。四川官绅代表大会宣布独立，成立大汉四川军政府，军政部长尹昌衡平叛而为都督，将赵尔丰公审处决。

辛亥革命以武昌枪火为首义，一个极为重要的因素是端方率军赴川，导致武昌空虚，起义爆发。

宣统三年八月十九日（1911年10月10日），在蒋翊武、孙武、刘公等谋划下，武昌起事，湖广总督瑞澂弃城而逃，乘船奔上海。义军成立湖北军政府，推举黎元洪为都督，建元为中华民国。武昌起义之风迅速波及全国。彭寿松自日本回国，在福建新军协统许崇智等支持下，决定起义，闽浙总督松寿率军抵抗，失败，吞金自杀。《清史稿》云："宣统三年秋，鄂、湘、江、浙新军踵变，闽军乘之，将举事，使人要松寿，令缴驻防营军械，斥之，遂决战，初获胜，继乃大挫，愤甚，饮金以殉。"山东巡抚孙宝琦见机亦宣布山东独立，被推为大都督，十余天后，又宣布此系误会，调转枪头，镇压革命。湖南巡抚余诚格，其性秉直，武昌起义后，因湖南动乱，化装出逃上海。在武昌起义影响下，两个月内，十五个省宣布独立。

袁世凯担任内阁总理大臣后，黄兴等以中国拿破仑、华盛顿相期许。袁氏遂收买奕劻、那桐和隆裕太后贴身太监张兰德，以优裕条件，逼宣统退位。十月十二日（12月2日），革命联军占领南京，长江以南"解放"，两江总督张人骏、江宁将军铁良被免职，由张勋护理两江总督。四天后，监国摄政王载沣辞职。

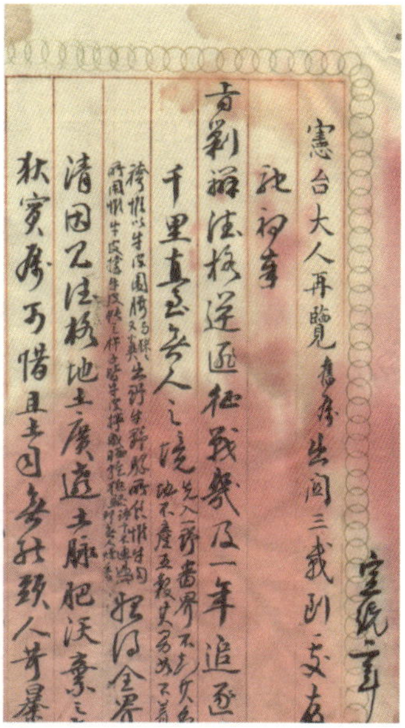

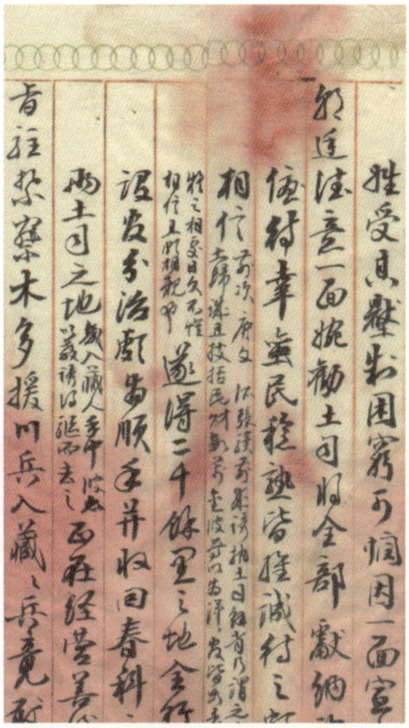

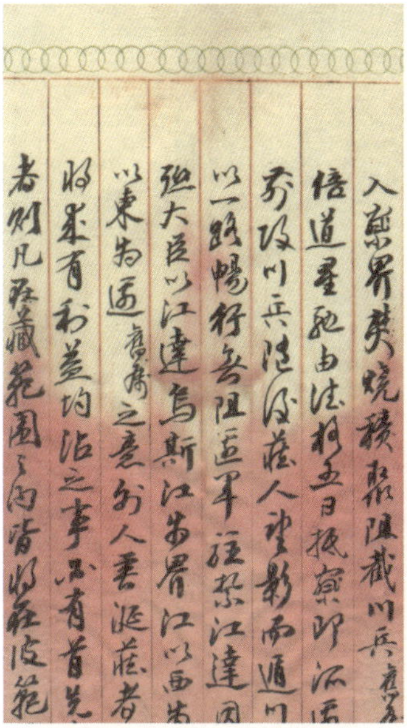

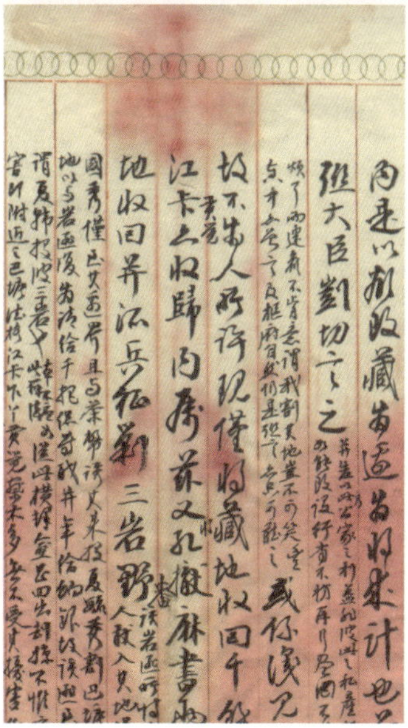

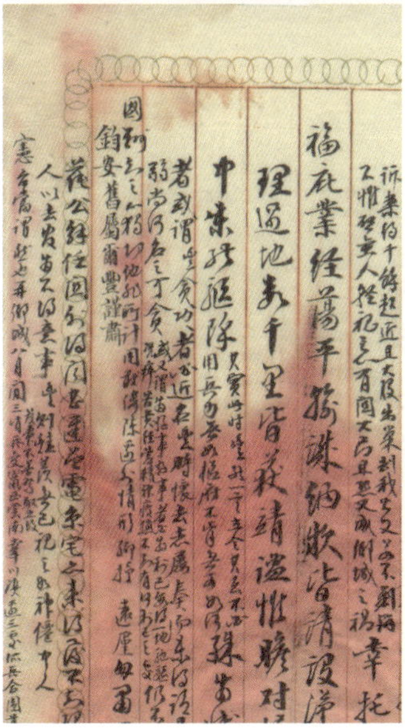

赵尔丰致锡良函

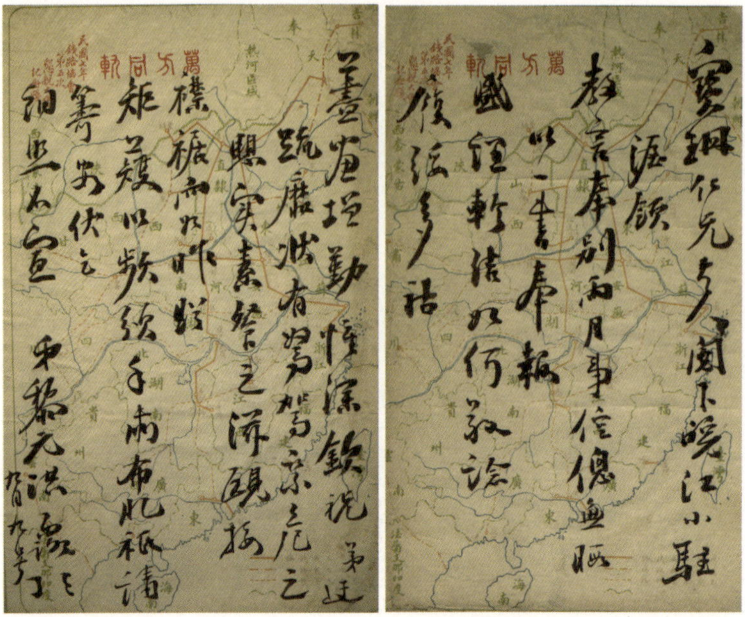

黎元洪致宝珊函

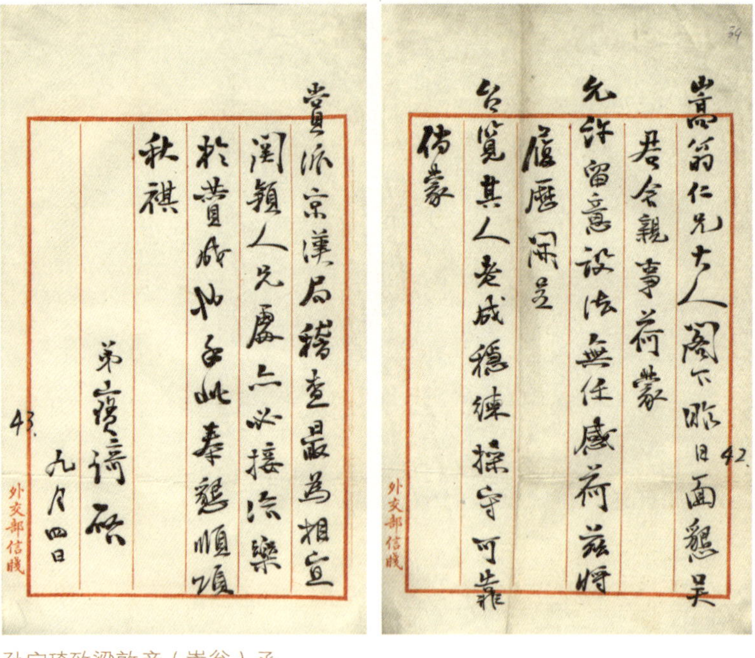

嵩翁仁兄大人閣下昨日面懇吳君令親事荷蒙允許留意設法無任感荷茲將履歷開呈台覽其人老成穩練操守可靠倘蒙

貴派京漢局稽查最為相宜閣穎人兄處亦必接洽樂於贊成也手此奉懇順頌

秋祺

弟寶琦頓

九月四日

外交部信牋

孙宝琦致梁敦彦（嵩翁）函

余诚格致李盛铎（木斋）函

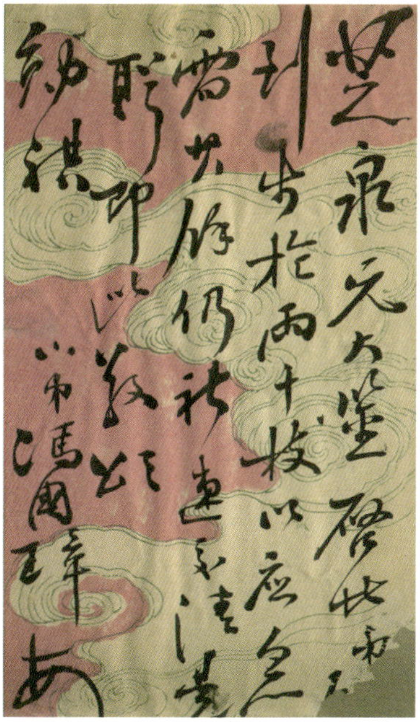

冯国璋致段祺瑞（芝泉）函

此时，袁世凯解除良弼禁卫军职务，以冯国璋代之，又令段芝贵率拱卫军驻京城，北京被袁世凯控制。十一月初六日（12 月 25 日），中华民国南京临时政府成立。四日后，选举孙中山为临时大总统，南北开始议和。次年 1 月 1 日，孙中山就任临时大总统。2 日，姜桂题、冯国璋、张勋、张怀芝、曹锟、张作霖等致电内阁，反对共和。3 日，陆征祥等驻外使节电请退位。12 日，奕劻主张退位，载泽、载洵、善耆、溥伟反对。26 日，段祺瑞等北洋将领“恳请涣汗大号，明降谕旨，宣示中外，立定共和政体”，2 月 2 日，朝廷决定皇帝退位。10 日，南京参议院通过《清室优待条件》《清帝退位诏书》，12 日，隆裕和宣统举行朝见仪式，颁布逊位诏书。

清帝退位后，溥伟、良弼、铁良、毓朗等不死心，组宗社党，企图复辟。溥伟（1880—1936），奕訢嫡孙。其人一向主张，“有我溥伟在，大清帝国就不会灭亡”，不仅组织“宗社党”，还试图搞“满蒙独立运动”，因袁世凯死，日本变更政策，事不克谐。1917 年 6 月 14 日，也发生了一件复辟事。张勋借口调停黎元洪、段祺瑞之争，率辫子军入京，复辟改元宣统九年，自为议政大臣兼直隶总督、北洋大臣，封康有为为弼德院副院长。不过，复辟仅十二天破产。

作为宗室和前摄政王，载沣去职后一直避免卷入政治斗争，不但对张勋复辟不热心，还对溥仪的“满洲国”表示反对。“九一八”事变后，日本建立“满洲国”，由溥仪执政，郑孝胥任国务总理，年号“大同”。不久，又将“满洲国”改为“满洲帝国”，溥仪名正言顺当起了傀儡皇帝，颇有意思的是，“满洲国”颇是吸引了一批遗老遗少。罗振玉（1866—1940），字式如，号雪堂，浙江上虞人，辛亥革命后，逃亡日本。曾应溥仪所召，入值南书房。因溥仪被冯玉祥驱逐，罗振玉和陈宝琛将溥仪偷送入日本使馆，后出任“满洲国”参议府参议、满日文化协会会长等。

与溥仪念念不忘皇帝梦一样，袁世凯也过了一把皇帝瘾。一般认为，洪宪帝制是长子袁克定撺掇而成的。袁克定（1878—1955），字云台，号慧能居士。袁世凯镇压了二次革命，袁克定希望能成为太子，便鼓吹帝制，不但发起筹安会，还伪造一份《顺天日报》，专门给袁世凯看，让其以为帝制是民心所向，遂有洪宪之丑举。袁世凯称帝后，曾封徐世昌、赵尔巽（赵尔丰之兄）、张謇、李经羲（李鸿章兄鹤章子）为“嵩山四友”，以表拥戴之功。令曰:

自古创业之主，类皆眷怀故旧，略分言情，布衣昆季之欢，太史客星之奏，流传简册，异代同符。徐世昌、赵尔巽、李经羲、张謇皆以德行勋猷，久负重望，在当代为人伦之表，在藐躬为道义之交，虽高蹈大年，不复劳以朝请，

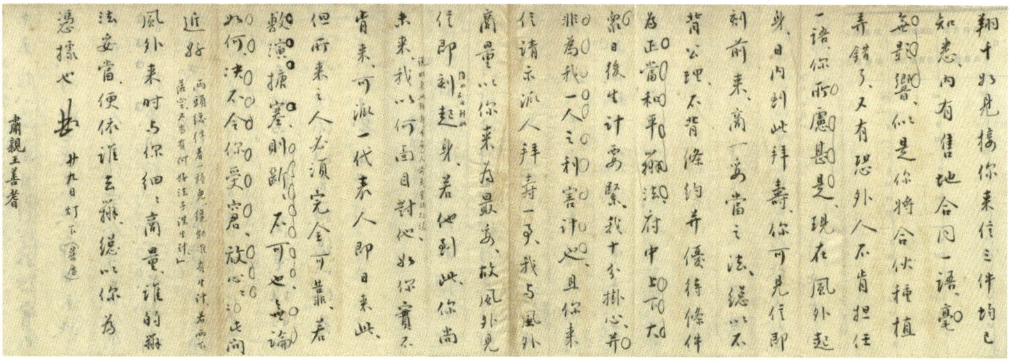
翔十弟覽：據你來信三件均已知悉。内有售地合同一語，毫無影響，似是你將合伙種植弄錯了，又有恐外人不肯担任一語，你所慮甚是。現在風外起身，日内到此拜壽，你可見信即刻前來，商一妥當之法，總以不背公理，不背條約，并優待條件為正當和平辦法，府中如何大衆日後生計要緊，我十分掛心，并非為我一人之利害計也。且你來信請示派人拜壽一事，我与風外商量，以你來為最妥，故風外見信即刻起身，若他到此，你尚未來，我以何面目對他？如你實不肯來，可派一代表人即日來此，但所來之人必須完全可靠，若敷衍搪塞，則斷不可也。無論如何，決不令你受屈，放心。

肅親王善耆

善耆信札

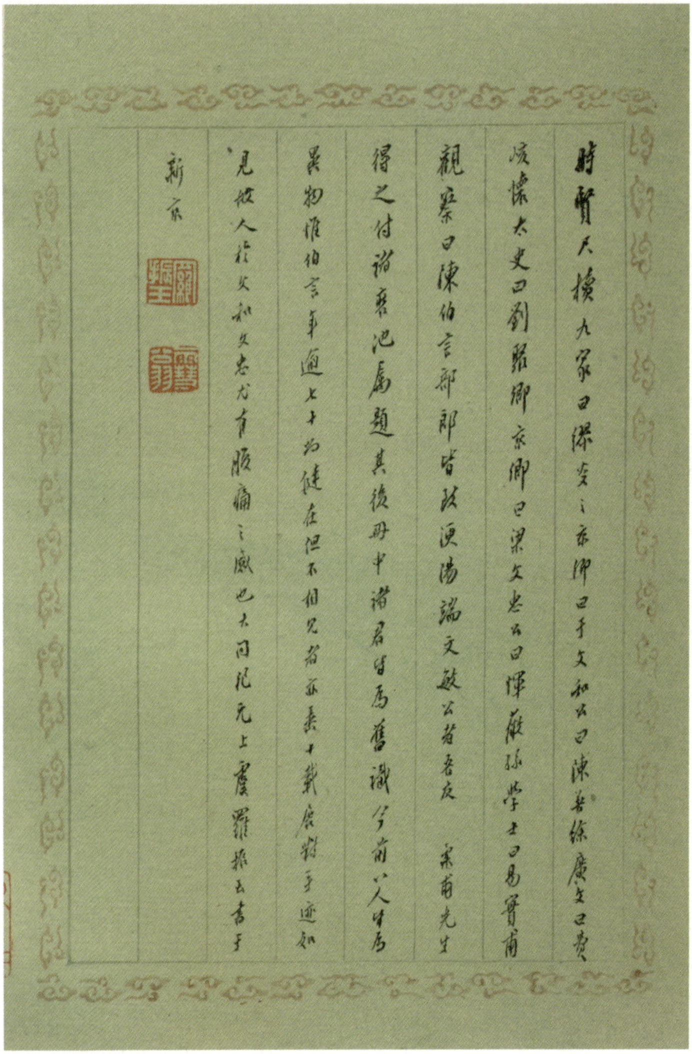

而国有大故，当就谘询，既望敷陈，尤资责难，匡予不逮，即所以保我黎民，元老壮猷，关系至大。兹特颁嵩山照影各一，名曰“嵩山四友”，用坚白首之盟，同宝墨华之寿，以尊国耆，其喻予怀，应如何优礼之处，并著政事堂具议以闻。此令。

罗振玉书《时贤尺牍》序言

极力劝进袁世凯称帝的，还有王揖唐、朱启钤、梁士诒、严复等近代史上的闻人。

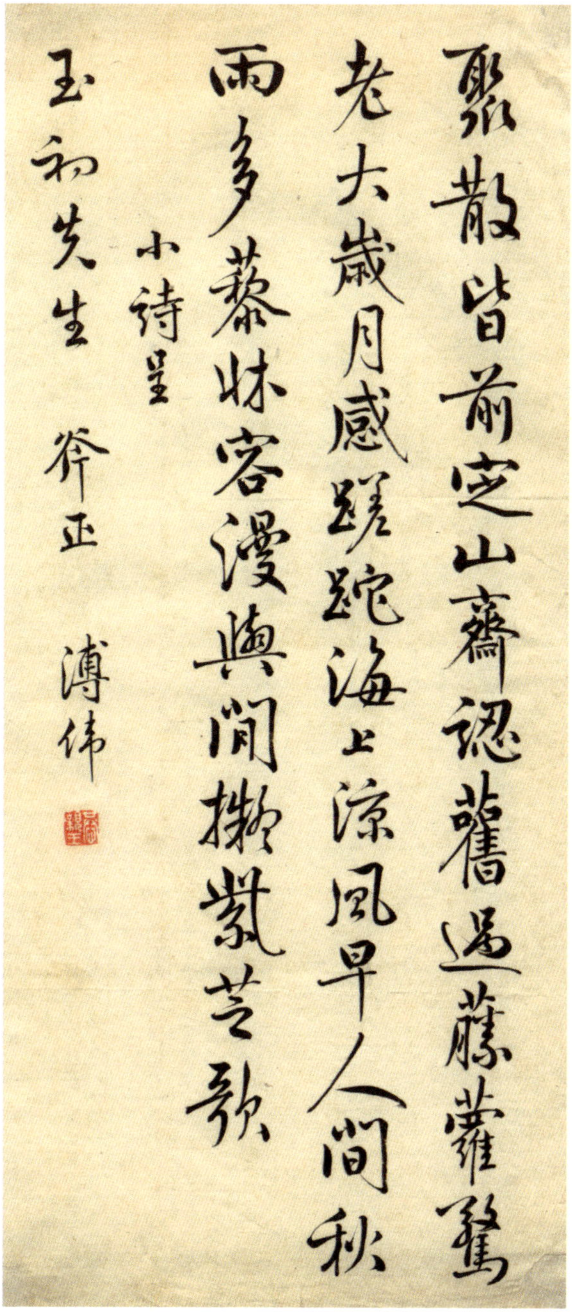
聚散皆前定山齋認舊遊藤蘿驚
老大歲月感蹉跎海上涼風早人間秋
小詩呈
玉初先生斧正
溥伟

溥伟赠劳乃宣（玉初先生）词稿

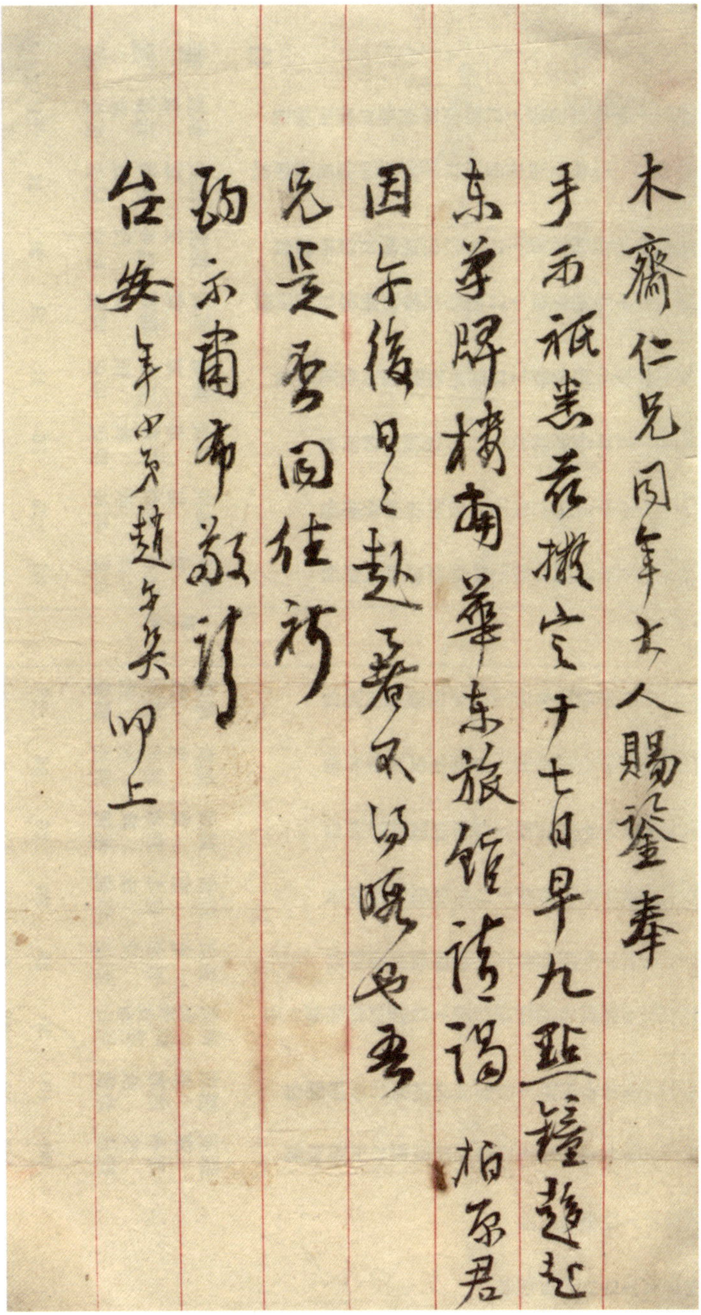

木斋仁兄同年大人赐鉴：奉
手示祇悉，兹拟定十七日早九点钟趋赴
东单牌楼南华东旅馆请谒 柏原君
因午后是日赴署，不能晤面，
兄是否同往，祈
赐示，肃布，敬请
台安 年小弟赵尔巽叩上

赵尔巽致李盛铎（木斋）函

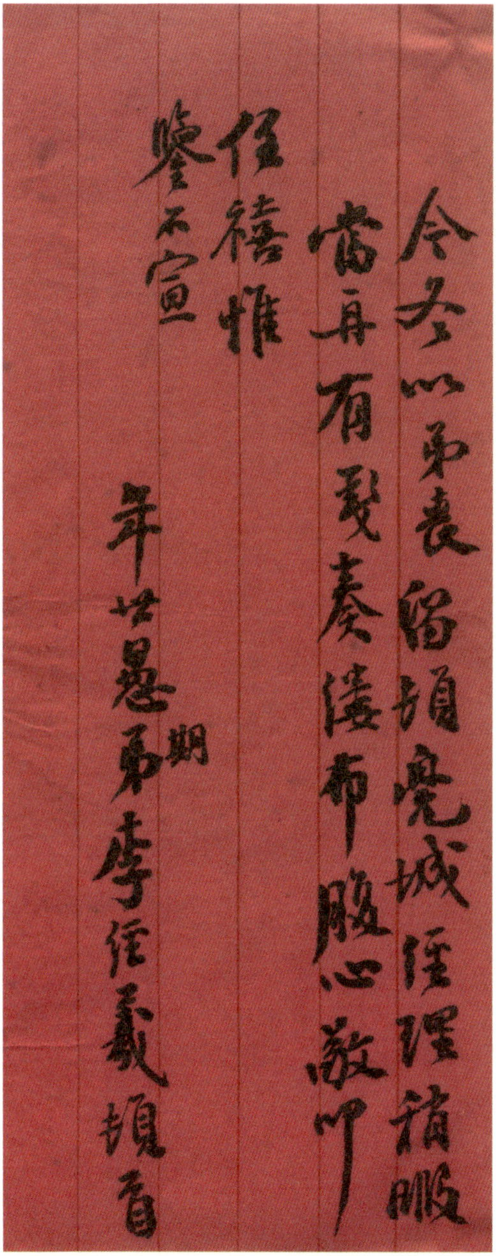
令叔以弟表留頌堯城經理積賑
當再有疏奏請節賑悃敬叩
任禧維
鑒不宣
年世愚弟期李經羲頓首

李经羲致端方便函

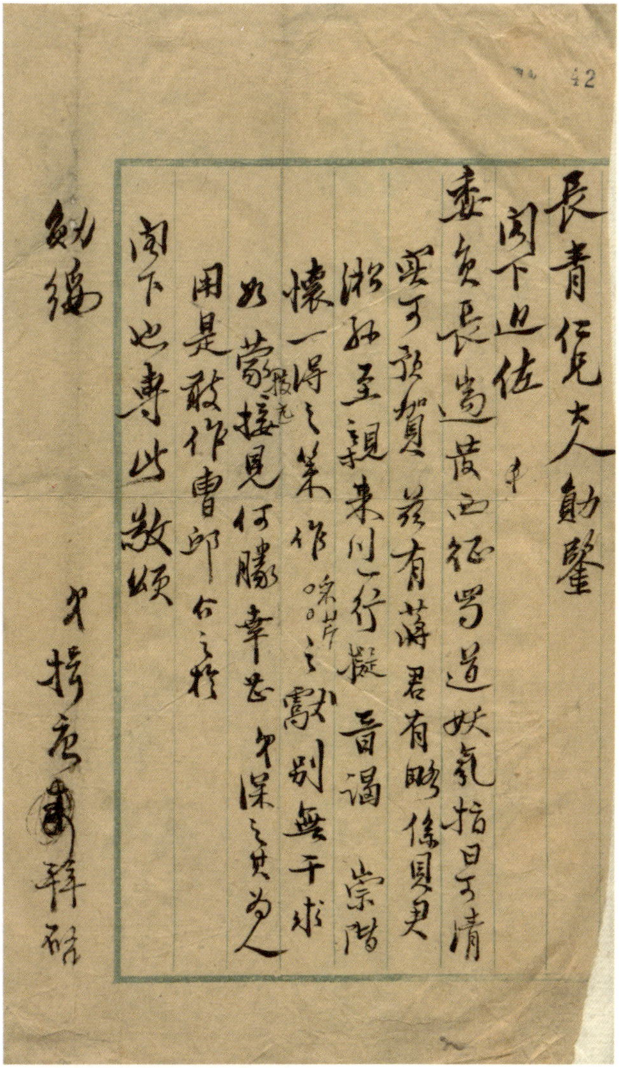

王揖唐致长青函

王揖唐（1877—1948），字什公，安徽合肥人，安福系主将，因劝进被封一等男爵。民国乱世，王氏几成不倒翁，先投段祺瑞，又以金钱操纵选举，任众议院议长，并帮助徐世昌选为总统。

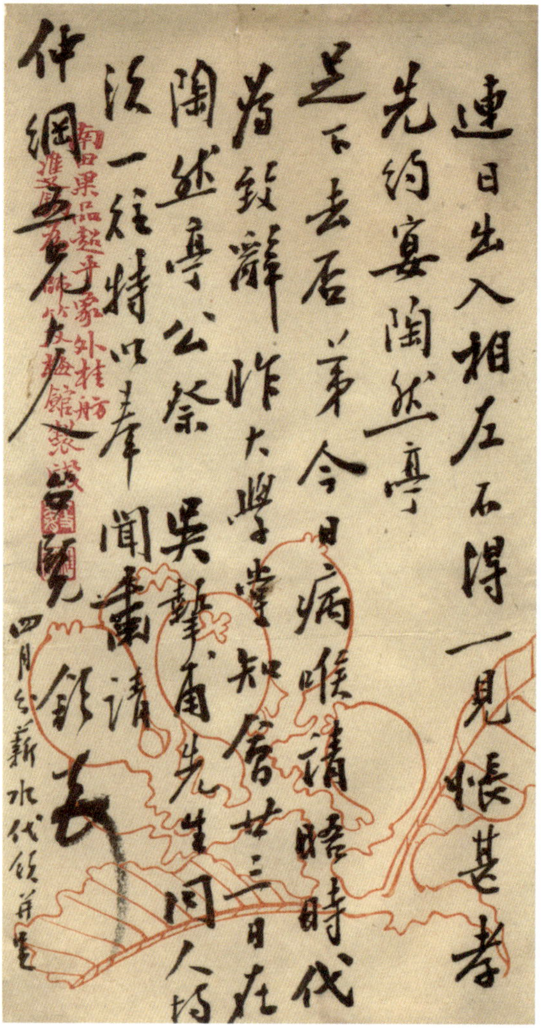

連日出入相左，不得一見，悵甚。孝
先約宴陶然亭，
足下去否？弟今日病喉，請臨時代
為致辭。昨大學堂知會廿二日在
陶然亭公祭吳摯甫先生，同人均
須一往，特以奉聞。肅請
仲綱吾兄大人台鑒 鈐 長
四月分薪水代領並呈

朱启钤致端绪（仲纲）函

朱启钤（1871—1964），字桂莘，号蠖园，贵州紫江（今开阳）人，曾任代理国务总理，极力拥护袁世凯称帝，担任登基大典筹备处办事员长。

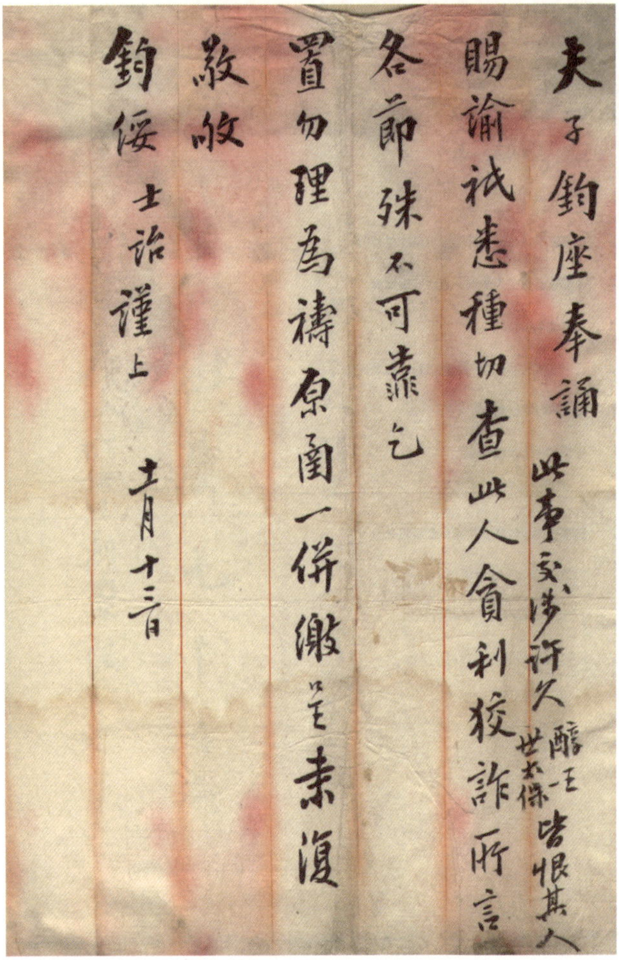

夫子鈞座奉誦
此事交涉許久醇王世太保皆恨其人
賜諭祇悉種切查此人貪利狡詐所言
各節殊不可靠也
置勿理為禱原函一併繳呈肅復
敬頌
鈞綏 士詒謹上
十二月十三日

梁士诒致夫子函

梁士诒（1869—1933），字翼夫，号燕孙，广东三水人，曾任总统府秘书长，袁世凯复辟的重要推手。

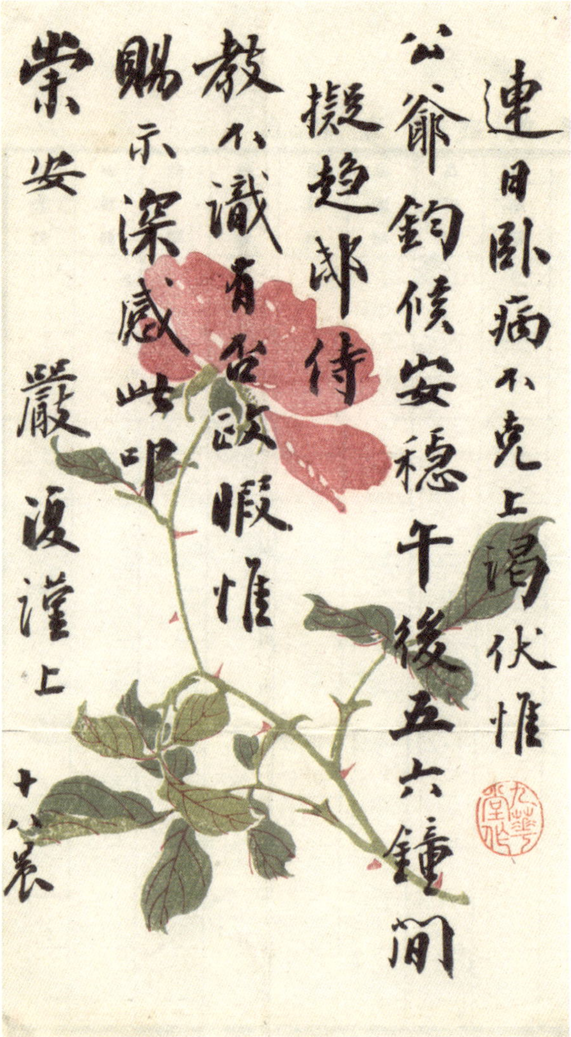

連日卧病不克上謁伏惟
公爺鈞候安穩午後五六鐘間
擬趋邸侍
教不識有否政暇惟
賜示深感此叩
崇安
嚴復謹上
十八晨

严复致公爷函

严复（1854—1921），字几道，福建闽侯（今福州市）人，近代著名启蒙思想家，因参与帝制运动，为筹安会发起人，一失足成千古恨。

世事巨变，人心亦乱。风云跌宕之际，各种人物如杨度、熊希龄、汤化龙等纷纷登台，上演了一出人生的悲喜剧。

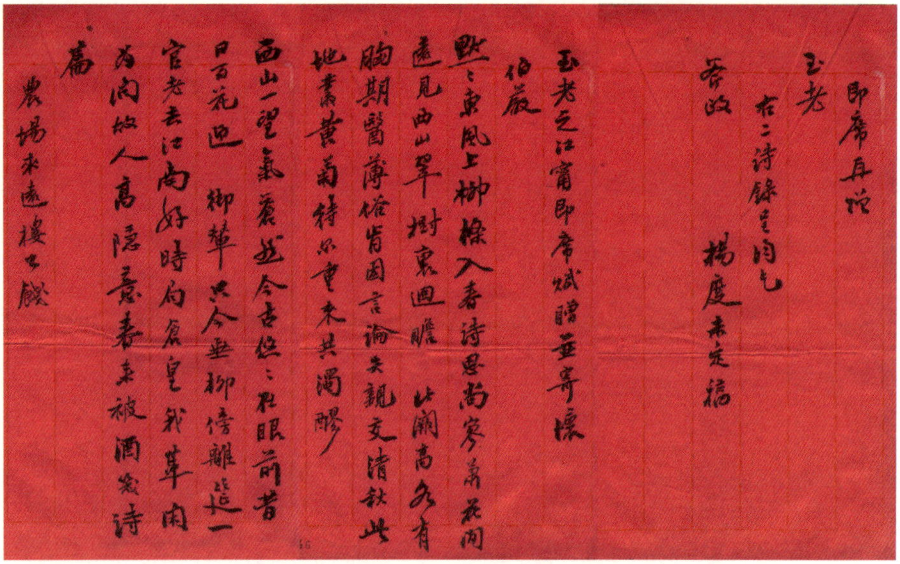

即席奉訪
玉老
右二詩録呈削乞
斧政 楊度未定稿

玉老之江甯即席賦贈並寄懷
伯嚴
默默東風上柳條入春詩思尚寥蕭花開遠見西山翠樹裏迴瞻北闕高多有胸期醫薄俗皆因言論失親交清秋此地叢黃菊待得重來共濁醪
西山一望氣蒼然今古悠悠在眼前昔日百花迎御輦只今無柳倍離筵一官老去江南好時向倉皇戰草間爲問故人高隱意春來被酒幾詩篇
農場來遠樓中飲

杨度赠劳乃宣（玉老）诗稿

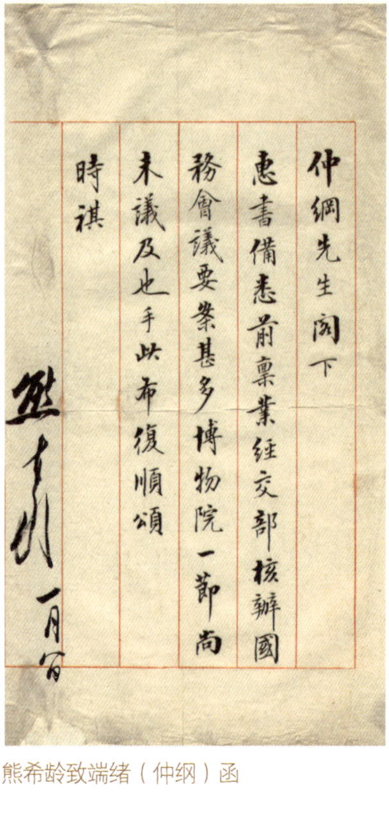

仲綱先生閣下
惠書備悉前稟業經交部核辦國
務會議要案甚多博物院一節尚
未議及也手此布復順頌
時祺
熊希齡 一月日

熊希龄致端绪（仲纲）函

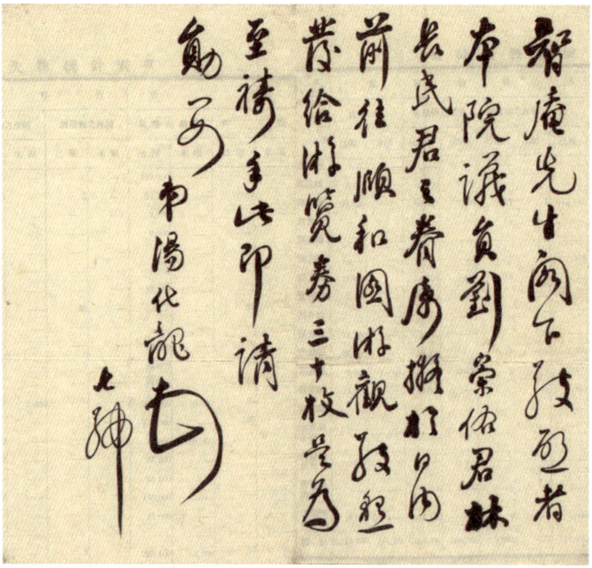

汤化龙致智庵先生函

高凌蔚书法扇面（吴成峰 藏）

由晚清而民国，政坛如此纷乱，足以说明，辛亥革命虽然结束了帝制，但帝王之心却如影随形，久而难祛——漫长的辛亥革命，远未结束。

跋

书札中的“隐秘”

黄自芳扇面（李瑾 藏）

书札，即现在意义上的书信，古代又叫手札、信札、尺牍、手翰、手启、手柬、手笔、手记、手帖、尺墨，等等。粗略估计，书札各类别名有数百种之巨，清代龚未斋《雪鸿轩尺牍》虽将书札分为十五类，但这只是一种笼统分类，类下自然可以另有分支。一句话，若想穷尽书札别名，实在有些困难。书札起源很早，一般将《左传》中的《郑子家与赵宣子书》《子产与范宣子书》视为最早的书信文体，遗憾的是这些文本只收录在经典中，并没有墨迹流传于世。《汉书·司马相如传》云："上令尚书给笔札。"造纸术发明以前，书信刻或写在竹简和木片上。蔡伦发明了纸，札被取代了，但名字却保留了下来。《古诗十九首》曰："客从远方来，遗我一书札。"书札自诞生之日起，除沟通信息，还承载社会功能，《汉书·薛宣传》："冯翊敬重令，又念十金法重，不忍相暴章。故密以手书相晓，欲君自图进退。"古文中的"书"，有的指书札、书信，如司马迁《报任安书》，但并不完全如此，李斯《谏逐客书》便是上书、奏章，乃臣僚向君主陈述政见的一种文体。书札有公私之分，《郑子家与赵宣子书》等是公函，而《报任安书》则是私信。除却社会功能、政治意蕴，书札附有强烈的艺术审美价值。

在一些知识分子笔下，书札被誉为"最温柔的艺术"，纸短情长，通过书札，可以跨越时空，和古人或他人"相识""相认""相通"。现存最早的纸质书札，是陆机的《平复帖》，是帖共九行、八十四字，乃晋武帝初年陆机用麻纸写给一个患病友人的，因帖中有"恐难平复"字样，故而得名。帖中个别字词痕迹模糊，不好辨认，故此有几个版本，通常的读法是："彦先羸瘵，恐难平复。往属初病，虑不止此，此已为节年使至。男幸有复失，甚忧耳。舍（庶）

子杨往，初来至，吾不能起。临西复来，威仪详时，举动成观。自躯体之恙也，思识梦之迈甚，执所恒与君。稍之闵凶，棠寇乱之际，闻问不悉（多）。”董其昌在帖后跋曰：“盖右军以前，元常以后，惟有此数行，为希代宝。”通常认为，书札写作随意，是作者在最放松、最松弛的状态下完成的，未经精雕细刻，属主观无意，乃一种中心书或自由书。特别是在魏晋时期，书札往往和个人尚简求易的心境密切结合，代表了书法艺术的最高水平。王羲之《快雪时晴帖》：“羲之顿首。快雪时晴，佳想安善，未果为结力，不次。王羲之顿首。山阴张侯。”《丧乱帖》：“羲之顿首。丧乱之极，先墓再离荼毒，追惟酷甚，号慕摧绝，痛贯心肝，痛当奈何奈何！虽即修复，未获奔驰，哀毒益深，奈何奈何！临纸感哽，不知何言。羲之顿首。”羲之子献之《鸭头丸帖》：“鸭头丸，故不佳。明当必集，当与君相见。”羲之侄珣《伯远帖》：“珣顿首顿首，伯远胜业情期群从之宝。自以羸患，志在优游。始获此出意不克申。分别如昨永为畴古。远隔岭峤，不相瞻临。”以上都是举世瞩目的艺术瑰宝。二王的行书，大都以书札形式保存、流传下来。

有意思的是，魏晋以后，很多书法史上的名作，本身便是书札。比如被称为天下第五行书的《韭花帖》，便和作者杨凝式这个书坛上的巨匠互为表里。《韭花帖》全文为：“昼寝乍兴，輖饥正甚，忽蒙简翰，猥赐盘飧，当一叶报秋之初。乃韭花逞味之始，助其肥羜实谓珍羞。充腹之馀，铭肌载切。谨修状陈谢伏惟鉴察。谨状，七月十一日。”该贴写在素纸之上，半行半楷，起笔稍重，顶锋入纸，点画自然，力贯始末，且布白疏阔，深得二王笔意。黄庭坚云：“世人尽学兰亭面，欲换凡骨无金丹。谁知洛阳杨风子，下笔便到乌丝阑。”杨风子便是杨凝式，黄庭坚如此称赞，可见其名不虚。到了宋代，

吴寿彭扇面（徐婉婉 藏）

传世书札更多，诸如米芾《清和帖》、曾巩《局事帖》等都是书法艺术的标杆。这些年，宋人书札屡现市场，价格多创新高，追捧者甚众。其中，最具代表性的是苏轼，留下了数通书札，以《东武帖》而言，札子笔意轻松自如、洒脱，令人沉醉，帖云：“东武小邦，不烦牛刀。实无可以上助万一者，非不尽也。虽隔数政，犹望掩恶耳。真州房缗，已今子由面白，悚息、悚息。轼又上。”

古人称纸中尺幅较小者曰“笺”，以之为书札称“信笺”，以之题诗名“诗笺”。魏晋时便出现花笺，以后愈成规模。南朝徐陵说：“三台妙迹，龙伸蠖屈之书；五色花笺，河北、胶东之纸。”李商隐《送崔珏往西川》曰：“浣花笺纸桃花色，好好题诗咏玉钩。”宋代孙光宪云：“襞花笺，艳思牵，成篇。”沈括《梦溪笔谈》记载：“予出使淮南时，见有重载入汴者，求得其籍，言两浙笺纸三暖船，他物称是。”李商隐提到的浣花笺是蜀中笺纸，又名“薛涛笺”“松花笺”。宋应星《天工开物》载：“（薛涛笺）以芙蓉等为料煮糜，入芙蓉花末汁，或当时薛涛所指，遂留名至今。其美在色，不在质料也。”两宋时期，制作笺纸成为一门较为瞩目的手工业，不仅颜色有别，且勾以画作，精美异常，除澄心堂纸最为著名，尚有碧云春树笺、团花笺、龙凤笺、金花笺等行世。当然，这种笺纸不仅用来写信，还以之为诗作文，甚至作小品画。明清以后，制笺技术更为精湛，涌现出《萝轩变古笺谱》《十竹斋笺谱》等名品。迭至晚清民国，诸多笺纸品牌风行一时。笺纸和个人书法技艺一样，是一种涵养的象征，《二十年目睹之怪现状》载：“上海有这许多的诗人墨客，为甚么总没人提倡，同他们弄些好笺纸？”旧时，唱酬和通信之笺纸印有八条红线，俗称“红八行”，文人雅士以为市井笺纸俗气，有伤雅意，便自制之，美其名曰“彩笺”“花笺”“锦笺”，若辑之成册，则称其为“笺谱”。俞樾、吴昌硕、郑孝胥、齐白石、陈半丁等人，经常自作笺纸笺画，供个人使用，以彰显其身份和品位。俞樾自号曲园居士，笺纸便标以“曲园”，且常有几笔简单画作。郑孝胥多用海藏楼自制笺纸，颇有抱负和雅意。

书札因私密性、唯一性和高度的个性风格，以及洋洋洒洒的意趣，已成为现代人关注的一个艺术门类。鉴于高古作品日渐枯竭，晚清民国的书札备受推崇，特别是那些对历史有补充作用、涉及重大历史事件、书写者和收信者都是历史名人的，更是引人注目，这些书札已超越艺术审美而成为独特的历史文献，比如鲁迅、胡适等人的书札，受追捧程度远远超过曾左、康梁，一些艺术巨匠的书札更是思之而不可得。不过，即便书札中饱含史料，但其中洋溢的却是个体情感。也就是说，书札中不排除藏有在场者对历史提供的

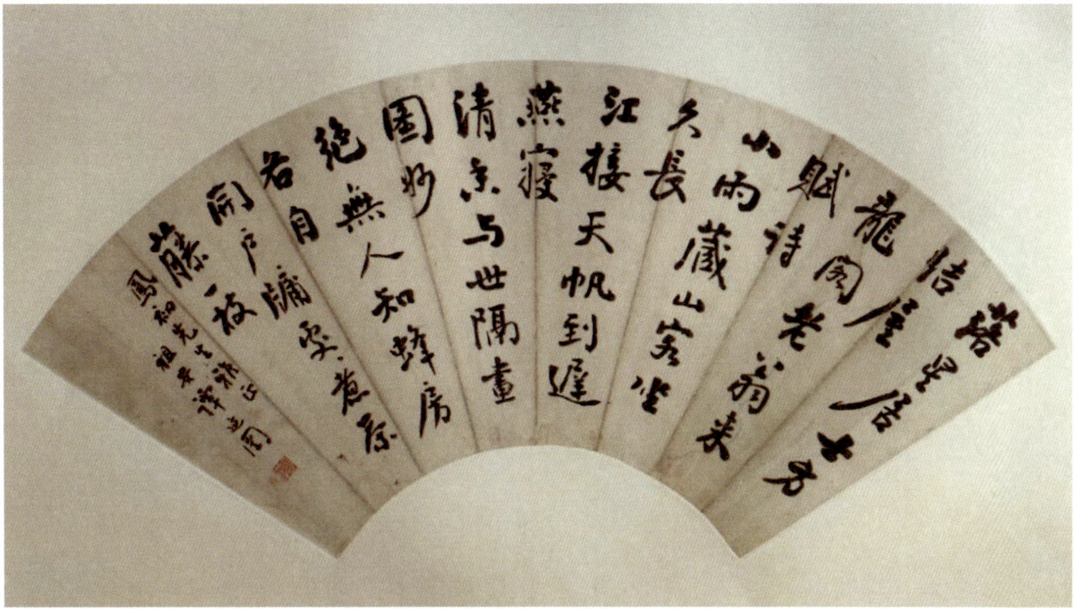

谭延闿扇面（吴成峰 藏）

一种见证，但整体而言，书札告别“峨冠博带”的端庄，而有苏轼“呵呵”之文学 / 艺术情趣。只可惜，如今书法和信札都被时代压缩成一个可有可无的边缘性工具，甚至连生活的边角料都算不上。若干年过去，恐后人求我们一通书札而不可得，可惜，可惜。

本书选取晚清历史上十九个重大事件，辅以一百六十一位名人的书札，诠释而成，目的是通过名人手札再现时代风云，使历史事件在具有质感的基础上，被赋予一种浓重的个人化的、艺术性的气息。这一百六十一位名人中，除极少数重量级人物如曾国藩、李鸿章、张之洞、翁同龢等的作品重复收录外，都是一人一件（一页或多页）。同时，为确保选录作品风格多样，除书札外，还选了几件扇面、诗札、奏折、电报、名片等。这些作品是我们走近古人，接受文化熏染最为直接的媒介。其中，一部分是李瑾、徐婉婉、吴成峰、庄剑锋、郑仁杰、刘春雨、王奇个人收藏的，两件（林则徐诗文札、孙衣言书札）来自网拍图片，其他均来自中国社会科学院近代史研究所，且经导师虞和平先生主编，在大象出版社以《近代史所藏清代名人稿本抄本》出版。本书即将出版之际，向支持本书写作的虞和平先生，向中国社会科学院近代史研究所、大象出版社及九州出版社二分社社长周春女史、张艳玲女史，表示衷心感谢。

李　俭

2020年6月30日

附

书札索引

图书在版编目（CIP）数据

墨色将至 ：晚清关键事件中的名人和书札 / 李俭著
. -- 北京 ：九州出版社，2020.1
ISBN 978-7-5108-8976-9

Ⅰ．①墨… Ⅱ．①李… Ⅲ．①清代历史事件－中国－清后期②名人－书信集－中国－清后期 Ⅳ．①K252.05
②K820.52

中国版本图书馆CIP数据核字(2020)第112902号

墨色将至：晚清关键事件中的名人和书札

作　　者	李俭　著
出版发行	九州出版社
地　　址	北京市西城区阜外大街甲35号(100037)
发行电话	(010)68992190/3/5/6
网　　址	www.jiuzhoupress.com
电子信箱	jiuzhou@jiuzhoupress.com
印　　刷	北京捷迅佳彩印刷有限公司
开　　本	720毫米×1000毫米　16开
印　　张	21.5
字　　数	245千字
版　　次	2020年8月第1版
印　　次	2020年8月第1次印刷
书　　号	ISBN 978-7-5108-8976-9
定　　价	88.00元